U0929539

戴建业精读老子

戴建业 著

上海文艺出版社

果麦文化 出品

“何曾料到”与“未曾做到”

——写在九卷本“戴建业作品集”出版之前

三年前，我出过一套五卷本的作品系列，书肆上对这套书反响热烈，其中有些书很快便一印再印，连《澄明之境：陶渊明新论》这种学术专著也居于图书畅销榜前列。今年果麦文化联合上海文艺出版社，慨然为我推出九卷本的“戴建业作品集”，它比我所有已出的著作，选文更严，校对更精，装帧更美。

时下人们常常嘲笑说，教授们的专著只有两个读者——责编和作者。我的学术著作竟然能成为畅销书，已让我大感意外；即将出版的这套“戴建业作品集”，多家文化出版机构竞相争取版权，更让我喜出望外。

我的一生有点像坐过山车。

中学时期我最喜欢的是数学，在1973年那个特殊岁月，我高中母校夫子河中学竟然举办了一次数学竞赛，我在这场两千多名高中同学参与的竞赛中进入了前三名。一个荒唐机缘让我尝到了“当诗人”的“甜头”，于是立下宏志要当一名诗人。1977年考上大学并如愿读中文系后，我才发现“当诗人”的念头纯属头脑发昏，自己的志趣既不在当诗人，自己的才能也当不了诗人。转到数学系的希望落空后，只好硬着头皮读完了中文系，毕业前又因一时心血来潮，误打误撞考上了唐宋文学方向的研究生。何曾料到，一个中学时代的“理科男”，如今却成了教古代文学的老先生，一辈子与古代诗歌有割不断的缘分。

从小我就调皮顽劣，说话总是口无遮拦，因“说话没个正经”，没少挨父母打骂。先父尤其觉得男孩应当沉稳庄重，“正言厉色”是他长期给我和弟弟做的“示范”表情，一见我嘻嘻哈哈地开玩笑就骂我“轻佻”。何曾料到这种说话方式，后来被我的学生和网友热捧为“幽默机智”。

我长期为不会讲普通话而苦恼，读大学和研究生时，我的方音一直是室友们的笑料，走上大学讲坛后因不会讲普通话，差点被校方转岗去“搞行政”。何曾料到，如今“戴建业口音”上了热搜榜，网上还不断出现“戴建业口音”模仿秀。

1985年元月，研究生毕业回到母校华中师范大学后，为了弄懂罗素的数理逻辑，我还去自学高等数学《集合论》。这本书让我彻底清醒，不是所有专业都能“从头再来”，三十而后再去读数学已无可能。年龄越大就越是明白自己的本分，从此便不再想入非非，又重新回到读研究生时的那种生活状态：每天早晨不是背古诗文便是背英文，早餐后不是上课就是读书作文，有时也翻译一点英文小品，这二十多年时光我过得充实而又平静。近十几年来外面的风声雨声使我常怀愤愤，从2011年至2013年底，在三年时间里我写了四百多篇文化随笔和社会评论，因此获得网易“2012年度十大博客（文化历史类）”称号。澳门大学教授施议对先生、《文艺研究》总编方宁先生，先后热心为我联系境外和境内出版社。当年写这些杂文随笔，只想发一点牢骚，说几句真话，何曾料到，这些文章在海内外产生了相当广泛的影响，博得“十大博客”的美名，并在学术论文论著之外，出版了系列杂文随笔集。

或许是命运的善意捉弄，或许是命运对我一向偏心，我的短处常常能“转劣为优”，兴之所至又往往能“歪打正着”，陷入困境更屡屡能“遇难成祥”。大学毕业三十周年时，我没日没夜地写下两万多字的长篇纪念文章，标题就叫《碰巧——大学毕业三十周年随感》。的确，我的一生处处都像在“碰巧”。也许是由于缺少人生的定力，我一生都在命运之舟上沉浮，从来都没有掌握过自己的命运，因而从不去做什么人生规划，觉得“人生规划”就是“人生鬼话”。

说完了我这个人，再来说说我这套作品。

这套“戴建业作品集”由三部分组成：六本学术专著和论文集，两本文学史论，一本文化社会随笔。除海外出版的随笔集未能收录，有些随笔杂文暂不便选录，已出版的少数随笔集版权尚未到期，另有一本随笔集刚签给了他家出版社，部分文献学笔记和半成品来不及整理，有些论文和随笔不太满意，有些学术论文尚未发表，业已发表的文章和出版的专著，只要不涉及版权纠纷，自己又不觉得过于丢脸，大都收进了这套作品集中。

每本书的缘起、特点与缺憾，在各书前的自序或书后的后记都有所交代，这里只谈谈自己对学术著述与随笔写作的期许。

就兴趣而言，我最喜欢六朝文学和唐宋诗词，教学上主要讲六朝文学与唐代文学，学术上用力最多的是六朝文学，至于老子的专著与庄子的论文，都是当年为了弄懂魏晋玄学的副产品，写文献学论文则是我带博士生以后的事情。文学研究不仅应面对作品，最后还应该落实到作品，离开了作品便“口说无凭”，哪怕说得再天花乱坠，也只是瞎说一气或言不及义。我在《澄明之境：陶渊明新论》初版后记中说过："古代文学研究的真正突破应当表现为：对伟大的作家、伟大的作品、重要的文学现象、著名的文学流派和社团，提供了比过去更全面的认识、更深刻的理解，并做出更周详的阐释、更缜密的论述。从伟大的作家身上不仅能见出我们民族文学艺术的承传，而且还可看到我们民族审美趣味的新变；他们不仅创造了永恒的艺术典范，而且表现了某一历史时期精神生活的主流，更体现了我们民族在那一历史时期对生命体验的深度。"虽心有所向，但力有未逮，研究伟大作家和伟大作品，既需要相应的才气，也需要相应的功力，可惜这两样我都不具备。

差可自慰的是，我能力不强但态度好，不管是一本论著还是一篇论文，我都希望能写出点新意，并尽力使新意言之成理，即使行文也切记柳子厚的告诫，决不出之以"怠心"和"昏气"，力求述学语言准确而又优美。

对于文化随笔和社会评论，我没有许多专家教授的那种"傲慢与偏见"。论文论著必须"一本正经"，而随笔杂文可以"不衫不履"；论文论著可以在官方那里"领到工分"，而随笔杂文却不算"科研成果"。因此，许多人从随笔杂文的"无用"，推断出随笔杂文"好写"。殊不知，写学术论文固然少不得才学识，写杂文随笔则除了才学识之外，"还"得有或"更"得有情与趣。仅仅从文章技巧来看，学术论文的章法几乎是"千篇一律"，随笔杂文的章法则要求篇篇出奇，只要有几篇章法上连续重复，读者马上就会掉头而去。

我试图把社会事件和文化事件视为一个文本，并从一个独特的文化视角进行审视，尽可能见人之所不曾见，言人之所未尝言。如几个月前北京大学校长林建华念错字引起网络风波，我连夜写下一万两千多字的长文《“鸿鹄之志”与网络狂欢——一个审视社会心理的窗口》，在见识的深度之外，还想追求点笔墨趣味。近几年我从没有中断过随笔杂文的写作，只是藏在抽屉里自娱自乐，倒不是因为胡说八道而害怕见人，恰是因文章水平偏低而羞于露脸，像上面这篇杂文仅给个别好友看过，没有收进任何一本随笔集里。

我一生都对自己的期望值不高，“何曾料到”最后结局是如此之好，而我对自己的文章倒是悬的较高，可我的水平又往往“未曾做到”。因此，我的人生使我惊喜连连，而我的文章却留下无穷遗憾。

自从我讲课的视频在网上广为流传以来，无论在路上还是在车上，无论是在武汉还是在外地，无论是男性还是女性，地不分南北，人不分老幼，总有粉丝要求与我合影留念。过去许多读者喜欢看我的文章，现在是许多粉丝喜欢听我讲课。其实，相比于在课堂上授课，我更喜欢在书斋中写作，我写的也许比我讲的更为有趣。

我赶上了互联网的好时代，让我的文章和声音传遍了大江南北；我遇上了许多好师友好同事，遇上了许多好同学好学生，遇上了许多好粉丝好网友，还遇上了许多文化出版界的好朋友，让我有良好的成长、学习和工作环境。我报答他们唯一的办法，是加倍地努力，加倍地认真，写出更多更好的作品，录下更多更好的课程，以不负师友，不负此生！

戴建业

2019年4月15日

剑桥铭邸枫雅居

目录

自序

拙著自十几年前在上海古籍出版社问世以来，在海峡两岸五家出版社出版了九版，印刷了几十次，仅在上海古籍出版社就出过好几版，还荣获过全国的图书奖。连书名前后也换了六个——《老子现代版》《老子智慧的现代转换》《老子心解》《老子的智慧》《民族的大智》《老子开讲》。修订版接受总编吴畏先生建议，将书名改为《戴建业精读老子》。比起过去的所有书名来，它更加准确和朴实，也更容易被读者所理解和接受。孔老夫子早就提醒过人们“必也正名乎”，好书名是一本书的好脸面，也是一本书的好开端，而“好的开端就是成功的一半”。

新版在文字上做了一点润色，内容上也做了相应的修订，责编又重新订正了少数错字，装帧比初版更雅致，排版也比初版更疏朗。

《老子》是先秦最为抽象的哲学名著，也是先秦唯一用韵语写成的诸子。“道，可道，非常道；名，可名，非常名。无，名天地之始；有，名万物之母。故常无，欲以观其妙；常有，欲以观其徼……”这是经虚涉旷的哲思，又何尝不是缥缈幽邃的诗境？它不只是思与诗的有机融合，而且就是思与诗的高度同一。其实，最精微的思同时就是诗，最空灵的诗同时也是思。既然老子当年能用韵语进行哲学著述，我们为什么非要用枯燥的论文来分析《老子》？拙著能为广大读者朋友接受，如果说有什么特点的话，除了各章的阐释有“一得之见”外，或许主要还在于它的言说方式——我用相对自由洒脱的随笔体式，用一种亲切自在的闲谈语调，并尽可能用机智优美的语言，像在茶室和朋友们娓娓道来，不是在讲坛上字正腔圆地演讲。

希望能一直这样写下去，一直这样讲下去，讲唐诗，讲宋词，讲老子，讲庄子，讲《论语》……

戴建业
2019年4月26日
剑桥铭邸枫雅居

绪论

老子与《老子》

引言

一位当代西方哲人曾半是俏皮半是无奈地说:“所谓经典就是人人重视而又人人不读的名著。”谢天谢地,他说的这种情况并不适合今天中国人对待传统经典的态度,如《论语》《老子》《孟子》《庄子》《易经》等经典,都是人们既“重视”也“爱看”的家常读物。人们都明白儒道互补共同塑造了中华民族的文化—心理结构,孔孟固然是百世为尊的圣人,老庄也同样是万代景仰的智者。

就《老子》一书而言,它的思想已经成了人们日用而不觉的行为准则,它的语言也成了大家常说而不知的口头禅,如“有无相生”(《老子》2章)、“无为而治”(3章)、“和光同尘”(4章)、“天长地久”(7章)、“功成身退”(9章)、“少私寡欲”(19章)、“自知之明”(33章)、“大器晚成”(41章)、“大巧若拙”(45章)、“出生入死”(50章)、“祸福相倚”(58章)、“根深柢固”(59章)、“千里之行,始于足下”(64章)、“天网恢恢”(73章)等等,不仍然还是我们日常口语中极有生命力的词汇吗？老子的思想如同《老子》的语言一样万古长新，绝不会随着世事的变化和时代的变迁而过时。

这里我们特地“恭请”老子这位智者直接面对今天的时代发言，但愿人们不会错失向他请教的良机，能从他那儿吸取更多的人生智慧。

1. 老子：为什么不称“李子”呢？

要在这儿为老子画一幅逼真的肖像，实在是一件十分困难的事情。他的生平我们知道得太少，唯一可靠的一点材料就是《史记》中的老子本传，而这篇传记不仅非常简略，而且少数地方还有点含糊其辞。当然，司马迁基本上还是肯定老子是春秋末年人，年龄略长于孔子，孔子还曾向他问过学。

下面这幅老子的模糊肖像，基本上是对《史记·老子韩非列传》中老子传的临摹——

老子出生在春秋时期楚国苦县厉乡曲仁里，姓李，名耳，字聃。那时楚国的苦县就是今天河南省的鹿邑县。李耳为什么被称为“老子”呢？史无明文交代。《神仙传》说：他在妈妈怀里整整七十二年才出世，一落下地就是一位白发苍苍的老头了，他母亲便把这个老头儿子叫“老子”。这作为笑话来谈谈当然开心，但要把它当作生平介绍那就真要闹“笑话”了。唐代陆德明在《经典释文》中说：“古者，称师曰子。”古人把老师称为“子”，“子”大概有点像我们今天所说的“老师”或“先生”。可是问题又来了，老子既然姓李，他为什么没有像“孔子”“孟子”“庄子”“墨子”那样，被人们称为“李子”呢？从《史记》本传中的记载推测，人们之所以尊称他为“老子”，或者是由于他享年高，或者是由于他德行高，总之，“老子”之“老”与姓老之“老”毫无关系，“老子”也许就是“老先生”的意思。

老子无疑是当时的饱学之士，在周出任过国家“守藏室之史”的官职，这个职务相当于今天国家图书馆馆长，一般都由学术界的领袖或名流担任。

孔子曾与鲁国的南宫敬叔一起到周的都城，向老子请教过有关“礼”的问题。临别时老子告诉孔子说：“富贵人家用钱财送人，有学问的人用言辞送人。我当然算不上富贵人，只是窃取了有学问的虚名，所以我还是用言辞为你送行吧。”他停了一会儿又接着说：“孔丘呵，你汲汲于想恢复的那个‘周礼’，当年倡导它的人骨头都朽了，周礼也失去了生命力。况且，君子时运来了就驾着车去做官，生不逢时就隐居起来深藏不露。我听说，善于经商的人把钱财藏起来，看上去像是个穷光蛋；有高尚道德的君子，那谦退的模样像是个笨人。抛弃你满身的骄气和过多的欲望，抛弃你做作的神态和过大的志向吧，这些东西对你没有任何好处。——我要送给你的话就只有这些。”

回到鲁国后，孔子对他的弟子们说：“我知道鸟会飞，我知道兽会跑，我知道鱼会游。会跑的可以挖陷阱去捕获它，会飞的可以用箭去射杀它，会游的可以用丝线去钓取它。至于龙，我就不知道该怎么办了，它是驾着风飞上天的。我见到的老子大概就是龙吧。”

老子虽然很有学问，虽然很关心现实，但他个人及其学说以不求闻达为旨归，他肯定不会像今天有些学者那样，为知名度不高而苦恼，更不会为著作的署名问题，与别人上法院去打官司。

他在周的都城待的时间一长，对统治者的腐败、愚蠢和荒淫越来越厌恶，加之周王朝日益衰微，大权逐渐落入各诸侯手中，于是他辞掉藏书史官的职务，决心一走了之，据说他骑着一头青牛向西域走去，远离了这个声色犬马、尔虞我诈的是非之地。

路过函谷关时，关令尹喜因久闻他的大名，盛情地款待了他。老子将要离开函谷关那天，尹喜对他说：“您就要隐居了，可您把那么多学问烂在肚子里，多可惜呀，为我们写一本书吧，难为您了。”

关令大人的饭当然不会让老子白吃，他死死缠着老子不放，于是老子就坐下来写了一本《老子》，“言道德之意五千余言而去”(《史记·老子韩非列传》)。

古人并不是随便把什么书都称为“子书”的，只有那些建立了自己的思想体系，卓然成一家之言的著作，才配称为“子书”。

写了这本书后就没有人知道他的下落，有的说他活了一百六十多岁，有的说他活了两百多岁，至于道教徒称他长生不死，那就说得太云里雾里去了。

司马迁在老子传后面附记了这样两段话：“有的人说老莱子也是楚国人，曾写书十五篇，阐述道家的作用，其生活时期大致与孔子同时。”由于老子与老莱子同为楚人，又同处一个时代，还同属道家这一思想派系，人们很容易误把老子当作老莱子。另一则附记是这样说的：“从孔子死后一百二十九年，史料记载周太史儋晋见秦献公说：‘秦开始与周是合在一起的，合了五百年周与秦就要分离，离开七十年后就会有霸王出现。’有人说这个太史儋就是老子，也有人说太史儋与老子是两个人。”

关于老子到底属于哪个时代的人，自唐以后一直争论不休，一派认同《史记》中的记载，肯定他是春秋末期人；一派则认为老子是战国中后期的人；一派甚至断言老子生活的时代更晚。

《庄子》《礼记·曾子问》《吕氏春秋·当染》和《史记》中多处记

载孔子曾向老子问学，老子比孔子年长这点是可以成立的。但因为后世儒学成了独尊的显学，两千多年来基本上一直是各朝各代的主流意识形态，所以许多儒门弟子矢口否认“至圣先师”曾受教于道家创始人老子这一事实。当年孔子坦然谦逊地向老子问“礼”，想不到孔子的弟子竟然如此小气狭隘，全忘了先师“三人行必有我师”的教诲，把孔子的谦虚好学看成一种羞耻！他们总想把老子的生年往后推延，甚至有的还想否定老子这个人的存在，就是为了抹杀孔子问学于老子的历史事实，真是荒唐而又可笑。

2.《老子》：何人所著？何年成书？

关于《老子》一书的争论就更激烈了，争论主要围绕着“《老子》的作者是谁”和“《老子》成书于什么年代”这两个问题进行。

《老子》一书的作者在《史记》中并不是一个问题，司马迁虽未直接说老子写下了《老子》，但他明白无误地说老子写下阐述“道德之意五千余言”的书后才离开关令尹喜的。可后来的疑老派故意把“老子”“李耳”“老聃”三者异名同谓的关系搅混打散，将三者分拆为三个不相关的人，然后又使老子与太史儋、老莱子重新组合拼凑，以便大大延后老子与《老子》的年代，并把《老子》的作者分派给几个分属不同历史时期的人，甚至还可以将历史上的老子虚化，这样，孔子问学于老子的历史真实就变成了子虚乌有的小道传闻。

因秦汉有些书中引用《老子》的言论，有时冠以“老子曰”，有时又指称“老聃曰”，有人便抓住这一点断言，“老子”与“老聃”是两个人，《老子》的著作权至少有部分属于“老聃”。其实，韩非《解老》《喻老》两文中的“老”字就是指《老子》一书，依照先秦以人名名其书的惯例，我们可从这一书名推知其作者为“老子”。《韩非子·难三》引用《老子》时明言“老子曰”,《韩非子·内储说》引用《老子》36章“鱼不可脱于渊”，则指明“其说在老聃之言失鱼也”，可见老聃就是老子，老聃也即《老子》一书的作者。《庄子·寓言》载:“阳子居南之沛，老聃西游于秦。邀于郊，至于梁而遇老子。”这也说明老子与老聃是一个人。《庄子·天运》篇中更把老子、老聃交相称呼，多次视老子与老聃为一个人。把老子与老聃分拆为二，不是无知寡陋便是居心不良，或是既无知寡陋又居心不良。

把老子与李耳分拆为二，再断定《老子》的作者是李耳而不是老子，这一做法与分拆老子与老聃同样荒唐。《史记》明白无误地记载老子名耳，如果对历史持虚无主义态度，那么对任何历史事实都可以否定，甚至还可以怀疑秦皇汉武的存在。

至于说《老子》的作者是太史儋或詹何，更是毫无历史根据的“想当然”，不值一辩。

《老子》成书的时间有几种不同的说法：一派主张成书于春秋末，《老子》是老子的语录，基本反映了老子的思想；一派认为成书于战国时期,《老子》是老子再传或三传弟子的记录；一派说成书于秦汉之间,《老子》是杂糅各家而成的混合体。各派或从《老子》的思想形成立论，或从《老子》的语言文字入手，或从《老子》的文体分析，为各自的观点提供辩护和论证。

1973年长沙马王堆汉墓出土《老子》两种帛书写本，其中甲本抄写年代在高帝时期(前206—前195)，乙本抄写年代在惠帝或吕后时期(前194—前180)。1993年湖北荆门郭店楚墓出土《老子》简本。简本分为甲、乙、丙三组，其中甲组抄写时间在公元前400年前后，甲组流行时间至少在公元前四世纪上半叶。从三组简本的文字异同看，它们抄自不同的文本，而《老子》的原始本“应该向公元前5世纪去寻找”（参见丁四新《郭店楚墓竹简思想研究》，东方出版社2000年版）。

郭店楚墓竹简《老子》抄本的发现，使各种争论可以休矣，也使我们可以公正地把《老子》的著作权判给老子：“《老子》一书从总体上来看当遵从《史记》的传统看法，为老子的著作，是老子思想的集中反映。”（同上）当然今传本《老子》不会像《史记》所说的那样，是老子饭后在关令尹喜强求下一时的“即兴创作”，它无疑有一个发展、定型的过程，老子的弟子或道家思想的信奉者，可能在局部对它进行过修改、补充和润饰，但它的主导思想仍属于老子是无可争辩的，而《老子》一书的大体规模在战国早期就已成形。

司马迁说老子“著书上下篇”，现通行的三国魏王弼《老子》注本也是分为上下篇，上篇三十七章称为《道经》，下篇四十四章称为《德经》，因而《老子》又被称为《道德经》。将它称为“经”地位就更高了，当然这大概是道教兴起以后的事，道教奉《老子》为最主要的经典，尊称它为《道德真经》。长沙马王堆汉墓出土的帛书《老子》,《德经》在《道经》之前，它是现存最古老、最完整的《老子》抄本。二十世纪九十年代在湖北荆门郭店楚墓出土的简本《老子》，虽时间上更早于帛书本，但没有帛书本《老子》那么完整。

今天大家读到的《老子》与司马迁当年读到的《老子》，文本基本没有什么差别，全书的字数都是“五千余言”，篇幅还不及大家通常见到的一个短篇小说那么长，但它和《论语》一样，堪称塑造中华民族灵魂的“圣经”。

3. 道：天地之根与万物之本

“道”是《老子》一书的中心论旨，因而尽管老子反复说“道”不可言说，但他仍免不了要反复说“道”。《老子》中言说“道”的次数最多——全书八十一章几乎章章说“道”，前后“道”字共出现七十六次。

“道”存在于耳闻目见的现象世界之外，往深处说真的是“玄之又玄”，对于它的存在特征，老子时而用“惚恍”“窈冥”和“混成”来加以形容，时而又用“无状之状，无物之象”来加以描述——

“视之不见，名曰‘夷’；听之不闻，名曰‘希’；搏之不得，名曰‘微’。此三者，不可致诘，故混而为一。其上不皦，其下不昧，绳绳兮不可名，复归于无物。是谓无状之状，无物之象，是谓惚恍。迎之，不见其首；随之，不见其后。”（14章）

“道之为物，惟恍惟惚。惚兮恍兮，其中有象；恍兮惚兮，其中有物。窈兮冥兮，其中有精；其精甚真，其中有信。”（21章）

“道”视之不见其色，因而称为“夷”；听之不闻其声，因而称为“希”；触之不得其形，因而称为“微”。“夷”“希”“微”三者浑然一体，无法对它进行深入的理论分析。它本身无“状”而万状由之以成，它自身无“象”但万象因之而显，它是没有形状的“形状”，它是没有形象的“形象”，说无却有，似实而虚，这种存在形态就叫作“恍恍惚惚”。可那“恍兮惚兮”中又有其形象，那“恍兮惚兮”中又有其实体，那“恍兮惚兮”中又有其精质。

为什么说无形无状的“道”其中有“物”有“精”有“信”呢？“道”既无形象又无声色，既不可道又不可名，因而老子说“道”是“无”；但它又生成天地孕育万物，所以老子又说“道”为“有”：“道，可道，非常道；名，可名，非常名。无，名天地之始；有，名万物之母。故

常无，欲以观其妙；常有，欲以观其徼。此两者，同出而异名，同谓之玄。玄之又玄，众妙之门。”（1章）

他在第1章谈“玄”论“道”，说“无”品“有”，开宗明义揭示了全书的中心论旨。“道”是天地的始基和万物的本源，就其潜在的无限可能性而言它是“无”，就其生成天地化育万物而言它是“有”。“无”与“有”是“道”的一体两面，老子说它们“同出而异名”，“无”指“道”之体，“有”言“道”之用。从逻辑上讲体先于用——皮之不存，毛将焉附？所以《老子》40章说：“天下万物生于有，有生于无。”从时间上讲体用又无所谓先后——有体就必然同时有用，所以老子说“有”“无”异名但同出于“道”。中华民族两千多年前就产生如此深刻的思想，我真想对老子这位先哲三鞠躬三跪拜。

他在书中再三强调“道”为天地之根和万物之本：“道冲而用之，或不盈。渊兮，似万物之宗；……湛兮，似或存。吾不知谁之子，象帝之先。”（4章）“有物混成，先天地生。寂兮寥兮，独立而不改，周行而不殆，可以为天下母。吾不知其名，强字之曰‘道’，强为之名曰‘大’。”（25章）“道生一，一生二，二生三。”（42章）也许老子觉得只空说“道”是宇宙之源和生命之母未免太笼统太抽象，他在6章中又把“道”形象地比喻为女性生殖器——“谷神不死，是谓玄牝。玄牝之门，是谓天地根。绵绵若存，用之不勤。”

“谷”是山谷的简称，这儿用它来形容一种中间空的形态。山谷中央空虚但仍然有形，至虚以至于无形者便是“谷神”。“牝”就是女性生殖器。“玄”形容深远幽暗的样子。“玄牝”是指一种深远幽暗的女性生殖器。谷中央空空如也，谷四周围着山丘，谷底又有淙淙泉水，古人便常以凹洼湿润的山谷比喻女性生殖器，《大戴礼记》中就已有“丘陵为牡，溪谷为牝”之说。“牡”恰好与“牝”相对，它是雄性生殖器。老子通过人类的生育来说明宇宙的生成。山谷与女阴其外形既非常相似，其功能又极为相同——前者能使草木生根发芽，后者能孕育新的生命。远古每个民族都有很长的生殖崇拜期。《老子》中以山谷比拟女阴，又以女阴比拟“道”，既是女性生殖器崇拜的孑遗，又是这一生殖器崇拜的理论升华；既是将形象上升为抽象，又是将抽象转化为形象。“牝”因其虚空而孕育生命，“道”因其虚静而生成宇宙，所以以“牝”喻“道”是再贴切不过了。

不过，再贴切的比喻也是“蹩脚”的，老子的这一比喻也不能例外。他以“牝”喻“道”虽然形象地说明了“道”为万物之本，但这儿的“本”只是“本源”而非“本体”。老子曾说过“道”“先天地生”，可见，“道”在天地万物之前，在时间空间之外，是天地之始、万物之母。“道”与天地万物的关系类似于母与子的关系，这一章中所阐述的还只是宇宙生成论而非宇宙本体论。真正本体论思维必须扬弃这种母子论式的思维形式，每一事物的本体就在其事物本身，本末或体用只是从不同层面指谓同一事物。第6章论理形象但却粘滞，第1章思辨精粹而又空灵，真可谓经虚涉旷，所论及的“有”、“无”、体、用才属于本体论范畴，因为这里的“有”、“无”、体、用都内在于“道”，这就是后世哲人所追慕的即体即用、体用一如的哲学本体论。

“道”既是天地之根和万物之本，也是自然规律和行为准绳，它展现为生活的方方面面，所以“万物莫不尊道而贵德”（51章），人类社会更应该“惟道是从”（21章）。老子认为人类得“道”则昌，失“道”则亡：“天下有始，以为天下母。既得其母，以知其子；既知其子，复守其母，没身不殆。”（52章）这章从“道”自身的本源性推衍到了人类守“道”的重要性：他说天下万事万物都有其共同的源头——“道”，这一源头就是一切生命的根基。一旦得知了万物之源——“母”

（即“道”），就能认识世间的万事万物——“子”；认识了万事万物后，还须坚守生命的根基——“道”，这样才能终身免于危险。

不管自然界如何沧海桑田，不管社会现象如何眼花缭乱，但变中有“常”，乱中有“理”，而左右万事万物变化的“常理”就是“道”。“道”是自然变化的规律，也是社会生活的法则。自然和社会处处都有矛盾——自然与造作，无为与有为，静与躁，弱与强，进与退，重与轻，俭与奢，拙与巧，仕与隐，战与和，祸与福……有矛盾就有运动，有运动就有变化——或由弱变强，或由强变弱；或因祸得福，或因福致祸；或由静而躁，或由躁变静……其结果到底是从坏变好还是由好变坏，这要看我们是守“道”还是违“道”，是得“道”还是失“道”，只有得“道”守“道”，事物才能朝我们希望的方向发展，我们自己才能“终身不殆”。人背离了“道”就失去了存在的根基和依据，就像树木离开了土和鱼儿离开了水一样。

4. 自然：大道的本性与人生的境界

尽管老子说“道”“玄之又玄”，尽管他把“道”描绘得“恍兮惚兮”，但《老子》中的“道”并非全不可捉摸。“道”既然创造出万事万物，万事万物当然就会禀有“道”的本性。什么是“道”的本性呢？《老子》25章为我们回答了这个问题：

“道大，天大，地大，人亦大。域中有四大，而人居其一焉。人法地，地法天，天法道，道法自然。”

老子之所以要用这种逐层铺垫的句式，无非是要凸显“自然”这一最高原则。说“道大，天大，地大”很容易理解，因为“道”无所不容，“天”无所不覆，“地”无所不载，说“人亦大”的原因何在呢？由于人效天法地而与天地相参，并因而与天、地、道并列。“道”是宇宙万物的最高实体，而“道”的本质特性又是“自然”。可见老子谈天说地是为了阐明“道”这一最高实体，而谈“玄”论“道”是为了确立“自然”的这一最高价值。

“自然”作为终极价值贯穿于人、地、天、道之中，而在“人法地，地法天，天法道，道法自然”这一句式里，“人—地—天—道—自然”五者中，“地”“天”“道”明显只是用作过渡，落脚点在于一首一尾的“人”与“自然”，老子要强调的是“人”与“自然”的关系。

现在我们要进一步追问的是：什么是“自然”？

老子那个时代所讲的“自然”不同于我们今天所说的“自然”。现代汉语中的“自然”通常是指自然界或大自然，而在先秦一般用“天地”或“万物”指称“大自然”或“自然界”，以“自然”来指称自然界是比较晚的事，据专家考证至少要到魏晋以后。《老子》中直接用“自然”这一概念有五处，而且每一处“自然”的内涵都是同一的。他所说的意思本来很容易理解，只是后来经过许多真格的和冒牌的哲学家多次解释，到现在才被搅得越来越难懂了。其实，《老子》中的“自然”就是“自然而然”，它是指一种没有人为的天然状态。现代一位大名人解释“自然”说：“‘自’是指自己，‘然’是指这个样子。‘自然’就是自己是这个样子，或者自己如此。”

在古代“自然界”的确完美地体现了“自然”的存在状态，但“自然”的存在状态并不等同于“自然界”。“自然”可以指自然界的存在状态，但更多的是指人类和人类社会的存在境遇。就老子而言，他关注的焦点是人类社会的生存状态，大自然的存在基本在他的视野之外，如“功成事遂，百姓皆谓‘我自然’”（17章），“希言自然”（23章），“道法自然”（25章），“道之尊，德之贵，夫莫之命而常自然”（51章），“以辅万物之自然而不敢为”（64章），在在都是讲人与自然的关系，句句都是在推崇人类“自然”地存在。

“以辅万物之自然而不敢为”，这种意义上的“自然”与“人为”相对。譬如说，牛马生下来就有四只脚，它在露天吃野草饮泉水，在森林原野自由自在奔跑游荡，这就是自然；而人类用辔头套在马头上，用缰绳穿过牛鼻孔，又在马脚底钉上铁蹄子，用马厩或牛栏把它们圈起来，这就是人为，人为也就违反破坏了“自然”。

落实到人类自身，“自然”就是指人本真的存在状态，也就是人的天然本性没有被人为地扭曲，就是人的真性情、真思想没有被矫饰遮掩，这种意义上的“自然”则与虚伪做作相对。在老庄那儿“真”与“自然”是同一概念——“真”的也就是“自然”的，“自然”的也同样是“真”的。

因而我们有充分理由说，老子的“自然”是“道”的本质特性，是他所赞美的一种存在状态，也是他所提倡的一种生活态度，更是他所崇尚的一种至高的人生境界。

随着人类文明的不断发展，不仅大自然遭到了人为的破坏，人类自身的质朴纯真也被虚矫做作所代替，袒露真性情被认为粗野，暴露真思想被认为幼稚，敷衍成了人们交往的主要手段，做作成了修养的重要标志。鲁迅有一篇散文《立论》，非常生动地揭示了人与人之间无时不在的说谎与欺骗——

“一家人家生了一个男孩，合家高兴透顶了。满月的时候，抱出来给客人看，——大概自然是想得一点好兆头。

“一个说：‘这孩子将来要发财的。’他于是得到一番感谢。

“一个说：‘这孩子将来要做官的。’他于是收回几句恭维。

“一个说：‘这孩子将来是要死的。’他于是得到一顿大家合力的痛打。

“说要死的必然，说富贵的许谎。但说谎的得好报，说必然的遭打。”

远离了自然的天性，抛弃了赤子的天真，大家还欣欣然自以为得计，人们似乎还没有认识到这是自己在给自己制造灾难和不幸。如果人与人之间没有真诚，相互理解和同情就是一句空话；如果彼此说谎和暗算，整个社会就成了一个大陷阱，他人就成了自己的地狱。

“逢人不可露真情，话到嘴边留三分。”“到什么地方唱什么样的歌，见什么样的人说什么样的话。”圆滑世故，八面玲珑，连在自己的丈夫或妻子面前也要伪装，这样活着不是太累了吗？连在自己的父母或儿子面前也不敢说真话，这样人间还有什么温暖和真情？

虚伪机巧是大道分裂后的社会病态，在大朴未亏的黄金时代，人们都剖肝露胆赤诚相见，任性而行不待安排，称心而言了无矫饰。儿童般的自然纯真状态，常常被认为是这种黄金时代的美好象征。然而，人类和个人都不可能永远是儿童，人类必然要走向成熟，个人同样要从儿童步入中年和老年。成熟和世故难道是一对难分难舍的同胞兄弟？经历了人生的坎坷，见惯了社会的险诈，难道必然就要变得伪善狡猾？难道“自然”就只能属于儿童，而做作虚伪必然是成人的宿命？

未必。

老子阅尽了人世的沧桑，饱尝过鸡虫的得失，明白人世难逢开口笑，更知道社会的黑暗丑恶，但他在看惯了这一切的同时也看穿了这一切，反而觉得人们的尔虞我诈虚伪做作，既可怜又可笑，因而自己又返回到自然纯真,《老子》20章中说：“众人熙熙，如享太牢，如登春台。我独泊兮，其未兆，如婴儿之未孩，儽儽兮，若无所归。众人皆有余，而我独若遗。我愚人之心也哉！沌沌兮！俗人昭昭，我独昏昏；俗人察察，我独闷闷。澹兮其若海，飂兮若无止。众人皆有以，而我独顽似鄙。我独异于人，而贵食母。”当“俗人昭昭”之际“我独昏昏”，当“俗人察察”之时“我独闷闷”，当“众人”精明世故时我独“如婴儿之未孩”。老子在第55章还说到“含德之厚，比于赤子”，这是他对时人和后人的要求，更是他自己生命存在状态的写照。他要孔子抛弃虚矫之气和做作之情，他要人们“复归于婴儿”以使“常德不离”（28章），悲伤时就抱头痛哭，高兴了开怀大笑，这样，就能从儿童那种无知无觉的自然天真，走向洒脱超旷的天真自然，比起前者来，老子“复归于婴儿”的天真自然应该说是一种更高更可贵的生命境界。

可见，世故和虚伪不见得是人类的必然归宿，人类社会无疑会返朴归真，到“复归于朴”时便“常德乃足”（28章）。

5．无为：治国之道与处世之方

怎样才能“回归自然”呢？老子给我们开出的药方是：要“回归自然”就必须“无为”——“为无为，事无事”（63章）。“自然”是其价值目标，“无为”则是其方法原则，这二者息息相关密不可分，所以后世人们常把它们合称为“自然无为”。

“自然无为”是《老子》一书的中心论旨，是老子思想的集中表现和概括。不过，“无为”不像“自然”那样容易对其内涵作出规定。“无为”之“无”是“有”的反义词，通常的字面意义是“没有”，是指从来不曾“有”过或曾经“有”过但又业已消失，或是对一种事物或现象的否定判断，即我们现在所说的“不”。可以肯定，“无为”之“无”不同于《老子》第40章“有生于无”之“无”，此处的“无”显然不是指一种哲学本体。“为”字如果独立解释其意义与“作”“做”相近，如《老子》63章中“图难于其易，为大于其细。天下难事，必作于易；天下大事，必作于细”。这句中的“为”字与“作”字可以互换，“为”与“作”二字是同义词。当然，“为”比“作”其涵盖面更广，其意义更抽象，它泛指人类所有有目的的行为、作为、行动或活动。因而，人们很容易将“无为”等同于“不为”。

但是老子的“无为”不是“不为”，它并不否定人类一切行为、作为和活动。《老子》64章结尾说“辅万物之自然而不敢为”，就一般意义而言，“辅万物之自然”就是在“为”。而老子一边说“辅万物之自然”，一边又说“不敢为”，可见在他眼中只有破坏或改变“万物之自然”才是“为”，而“辅万物之自然”并不算“为”，联系这一章前面所说的“为者败之，执者失之。是以圣人无为，故无败；无执，故无失”几句，就不难悟出老子的“无为”之“为”有其特定的内涵：它是指那些以个人私欲破坏天然，以矫揉造作代替真性，以主观意志干扰自然规律的行为，即所谓“不知常”的“妄作”（16章），也即《淮南子》所谓“用已而背自然”的妄为。“无为”不仅是对这种“妄作”的否定，而且是以否定的方式表达出来的某种肯定的行为原则，如“弃智”“守柔”“崇俭”“尚啬”“戒矜”“去欲”“希言”“绝学”“不争”“不怒”“非战”“勿强”“勿矫”等等，它包括一系列治国之道与处世之方。

“无为”在《老子》通行本中共出现十三次，几乎次次都直接或间接与“圣人”有关，如“圣人处无为之事，行不言之教”（2章），“是以圣人之治，虚其心，实其腹，弱其志，强其骨，常使民无知无欲。

使夫知者不敢为也。为无为，则无不治”（3章），“爱民治国，能无为乎”（10章），“我无为，而民自化”（57章），“圣人无为”（64章），可见，“无为”首先是一种“爱民治国”的原则，而“无为”的施行者又主要是“圣人”。

老子为什么特别强调“圣人”或君主应当“无为”呢？顺而不为才能达自然之性，因而不施才能畅万物之情。统治者如果去淳朴而用权谋，民风就会一天比一天奸巧诡诈；如果去宽厚而用严刑，社会就将越来越动荡混乱；如果去俭啬而尚奢侈，人民就会无以为生而铤而走险。这样，万物既不能得其正，百姓也不能安其生。物不能遂其性而人不得安其生，还能实现自然和谐的社会理想吗？戒贪欲、弃智巧、禁严刑、去奢华等命题都是君主“无为”这一原则的引申。

老子认为国家不可用严刑峻法来治理，社会也不能凭权术武力来控制：严刑峻法徒招民怨，权术武力反致国乱；“为”之所以败之，“执”之所以失之。因此，他提出君主治国要以“百姓心为心”（49章）——以人民意志为其依归，以人民心愿为出发点。他在第60章中还形象地说“治大国，若烹小鲜”，烹小鱼而不断翻动，翻得越勤就碎得越狠；治大国而朝令夕改，社会就别想太平，百姓就将永无宁日。我们不难理解他提出的“以无事取天下”（57章）的政治主张，因为“其政闷闷”则“其民淳淳”，“其政察察”则“其民缺缺”（58章），“故圣人云：我无为，而民自化；我好静，而民自正；我无事，而民自富；我无欲，而民自朴”（57章）。只要统治者能做到无为、无事、无欲，就无须施与而有仁，无须言说而有信，无须求取而有得，无须法令而成治。

老子在第17章中说：“太上，不知有之；其次，亲而誉之；其次，畏之；其次，侮之。信不足焉，有不信焉。悠兮其贵言。功成事遂，百姓皆谓‘我自然’。”老子心目中最好的统治者既不无端发号施令，也不有意立善施仁，既不要人民怀念感恩，也不要人民俯首听命。任万物枯荣而不滥施影响，让百姓作息而不横加干涉，等到万物勃兴，等到大功告成，老百姓谁也不认为这是什么人的恩赐，谁也不觉得这应归功于什么人的领导，大家反而都说“我们本来就是如此”。“无为”“无事”是最好的治国之道，淳朴自然是最佳的社会理想，而这一社会理想只有通过“无为”的治理方式才能实现。

作为治国之道的“无为”常常遭到两方面的误解或责难：今人指责它是“消极”“退避”的思想，古人却又把它说成“君人南面术”的权谋。

《老子》37、48章两次强调“无为而无不为”，“无为”只是方法与手段，“无不为”才是结果和目的。老子的“无为”不仅没有半点“消极”“退避”的意味，而且它还富于积极用世的精神，它要求人们“循理而举事，因资而立功”(《淮南子·修务训》)，因其物性而为，顺其自然而行。

将老子的“无为”误解或曲解为“君人南面术”，更是历时久远且其来有自。《老子》中“无为”的主体是“圣人”，这很容易让人错把他对统治者的“期望”，当成了他为统治者“着想”；错把他为救治乱世开出的药方，当成了他为统治者设计的权术。加之“无为”是一个否定性的表达式，对它的内涵难以作出清晰的界定，这更易于导致对它的误解和曲解——

“上必无为而用天下，下必有为为天下用，此不易之道也。故古之王天下者，知虽落天地，不自虑也；辩虽雕万物，不自说也；能虽穷海内，不自为也。天不产而万物化，地不长而万物育，帝王无为而天下功。”(《庄子·天道》)

“无为而尊者，天道也；有为而累者，人道也。主者，天道也；臣者，人道也。”(《庄子·在宥》)

《庄子》外篇中的《天道》《在宥》可能有庄子门人或后人的附益，清初宣颖就认为《在宥》这段引文“与本篇之义不类，全不似庄子之笔”(引自陈鼓应《庄子今注今译》，中华书局1983年版第292页)，王夫之也认为《天道》中这则引文是“秦汉间学黄老之术以干人主者之所作”(《庄子解》，中华书局1964年版第114页)。不管是出自庄子门人之手，还是经由后来“学黄老之术者”所作，这两则文字都说明秦汉间已将老子的“无为”思想权术化了。“无为”为君道，“有为”属臣道，君主“无为”而用天下，臣子“有为”而为天下用，这似乎已成了秦汉间各家各派的共识，连道家内部也是这么看这么说的，就更别提法家、儒家和刑名家了。于是，“无为”既“走了样”，“有为”也“变了味”，“无为”原本是要求君主简政、省事、绝圣、弃智、去刑、戒欲，“不知常”的“妄作”或“有为”，原本是对君主违反自然规律胡作非为的警告，后来这两个概念分别判给了君与臣：君无事而臣事事，君逸乐而臣任劳；臣尽力以善其事，君无为而享其成。这样一来“无为”就由“圣人”的无心而求变成了统治者的处心积虑。

一种有活力的思想既能适应不同的环境、不同的时代，也能为后来的接受者留下巨大的阐释空间，“无为”被后世统治者“改造”和“利用”，老子由暴君暴政的尖锐批判者，变成了君主统治的热心策划者，这无疑出乎老子本人的意料之外，但也许恰在历史发展的情理之中。

同时，“无为”在历代的接受过程中也发生了另一层面的“变异”：它从特定的管理方法变成了一般的生活原则，从“圣人”的治国之道变成了常人的处世之方。两千多年来，它深刻地影响了中华民族的思维方式与行为方式，从皇帝到平民，从显贵到白丁，从武夫到文士，从学富五车的骚人墨客到目不识丁的小贩村夫，无一不受到它或直接或间接的影响。君主用它来治国，将军用它来带兵，文人们用它来搞文艺创作，经理们用它来办企业，甚至父辈用它来教子孙。它在运用的过程中被不断丰富，在丰富的过程中又发生变异，在变异的过程中被历史延续，在延续的过程中又保持着它的某些本质特征——不仅君主明白治国要“处无为之事，行不言之教”，不言则无不教，无为便无不为；不仅文人深知艺术作品须得“巧夺天工”，更应该“天然入妙”，写诗最好应像是“脱口而出”，绘画最好应像是“随意挥洒”，过分吃力容易留下人工的痕迹，矫揉造作更有损“自然”；就是老百姓也懂得“性急吃不了烫粥”，违背自然则“有意栽花花不发”，因任自然便“无心插柳柳成荫”。

6. 悖论：抛弃智慧的智慧宝库

老子一生憎恶智巧，然而他却是古今的伟大智者；他一生痛恨阴谋，却又被许多人说成是大阴谋家；他一生讨厌权术，专讲权术的韩非却向他取经；他一生都在诅咒统治者的暴政，而历代的统治者却向他讨教治国方略。

你说这怪不?

一点也不怪。

老子认为人应该取法天地自然。自然界水流花开，鸢飞鱼跃，春华秋实，这一切都不是刻意追求的结果。大自然是无意识的，但处处充满了生机；天地并不想去实现什么，但又样样都实现了。而人类的无穷私欲却很少能得到满足，万丈雄心最终大多都化为泡影，千般愿望又有几多能够实现？不知多少人曾有过“心比天高，命比纸薄”的哀叹，不知多少人曾留下“壮志成虚”的遗憾。既然如此，人类何不像大自然那样以“无为”的态度对待世事对待人生呢？处处顺应自然的规律，不背离自然去追求个人的目的，这样反而能达到自己的目的——这就是老子所谓“无为而无不为”，一无所求却什么都能得到，毫不贪婪但任何愿望都能实现，无目的然而又合目的，“事无事”然而又无事不能办成。难怪从历代君主到当今的企业家，无一不对“无为而无不为”感兴趣了，这管理方法对于外国人来说也许奇特而神秘，但它在中国也许最常用也最有用。

卖弄小聪明只是自作聪明，投机取巧更是愚不可及，因为这样违背了自然无为的生活态度。老子认为只有抛弃机巧才是大巧：“大成若缺，其用不弊。大盈若冲，其用不穷。大直若屈，大巧若拙，大辩若讷。”（45章）最圆滑的东西好像有所欠缺，可是它的作用不会衰竭；最充实的东西好像仍旧空虚，可是它的作用不会穷尽；最正直的好像弯曲的，最灵巧的好像笨拙的，最好的口才好像结结巴巴的。“大巧若拙，大辩若讷”，以及由此引申出来的“大智若愚”，已经成了一种民族的智慧，它和“无为而无不为”一样，是老子“正言若反”（78章）这一独特反向思维的典型例子。老子认为人类纷争和烦恼的病根不是由于无知和愚蠢，而是由于大家过分的机巧滑头，如果社会上人人都诚实，那么谁也不会受到欺骗；如果个个都待人忠厚，那谁也不会被别人欺凌；如果大家都为人淳朴，无疑更容易取得他人的信任，也可能更容易把事情办成，所以美国人也常说“别太精明”（Don't be too smart），所以阿拉伯人说“傻子才想变精明”。弄巧必成拙，大愚却不愚。

当然，我们也忘不了老子那句“非以其无私邪？故能成其私”（7

章）的名言。有人把自私贪婪看成机灵，把大公无私当作傻气。他们像蠹虫一样为了填饱自己的肚子，宁可蛀空别人的大梁；他们为了煮熟自己的一个鸡蛋，不惜烧掉别人一栋房子。然而，自私者到头来总是一事无成，坑害别人最后必然坑害自己。让我们来听听老子的教诲吧：人们应该效法天地自然，俗话不是说“天长地久”吗？天地之所以能够长久，就是因为天地不为自己而活着。天无私覆，地无私载，正是因为不为自己生存它反而能得以长生。假如人能像天地一样，处处把自己摆在最后，那么自己反而能占先；时时把个人的安危置之度外，自己的生命反而能够保全；正是由于自己毫不自私自利，最终反而能够达到自己的目的。当然老子的原话比我说得更加精彩：“天长地久。天地所以能长且久者，以其不自生，故能长生。是以圣人后其身而身先，外其身而身存。非以其无私邪？故能成其私。”（7章）要是像天地那样不把自己的利益放在前头，就会赢得大家的尊敬和信任；要是总把别人的冷暖放在心头，就会被大家拥戴为首领；要是从来不打自己的小算盘，也许更易于成就一番自己的大业。

同样也是依据“自然无为”的原则，老子为我们留下了“守柔”“不争”“处下”的智慧。如今，人们总是尊敬“高高在上”的头面人物，谁还愿意去光顾那些“沉沦下位”的倒霉鬼？姑娘们总是青睐勇武刚强的小伙子，谁还瞧得上“甘于雌柔”的懦弱者？达尔文说“物竞天择，适者生存”，弱者在自然与社会中都遭到淘汰；拿破仑说“不想当将军的士兵就不是好士兵”，我们也早已把“人往高处走，水往低处流”视为当然。可是老子别有话说，他认为“柔弱胜刚强”（36章），“天下之至柔，驰骋天下之至坚”（43章），“天下莫柔弱于水，而攻坚强者莫之能胜”（78章），他在第76章中说得就更绝了：“人之生也柔弱，其死也坚强。草木之生也柔脆，其死也枯槁。”由此他得出的结论是："坚强者，死之徒；柔弱者，生之徒。是以兵强则灭，木强则折。强大处下，柔弱处上。"争雄逞强、出人头地、鹤立鸡群，现在已成为一个人能力或成功的标志，而在老子看来这正是一个人无能和失败的病根。花岗石该是够强硬的吧，最后总要被柔弱的水滴穿；大海之所以能成为众流向往的中心，就是因为它甘心待在一切河流的下游。假如大海也像我们人类一样，老是想跑到小河的"前面"或"上面"，小河就绝不会流向大海，大海当然也不可能汇聚众流成就它的浩瀚汪洋。要想成为万民之上的领袖，就必须站在万民之下；要想成为众人的带路人，就必须把自己摆在众人的后边；要想天下人都争不赢你，你就必须不与天下人争斗。

有人因此说老子是个大阴谋家（参见钱穆《庄老通辨》，三联书店2002年9月版），有人因此说老子尚权术奸诈（参见程颢、程颐《二程全书·遗书》18卷；张舜徽《周秦道论发微》，中华书局1982年11月版）。张舜徽说老子"道论"的核心就是"南面术"，其手段"可用一个'骗'字"和"装"字来"概括"（张舜徽《周秦道论发微》，中华书局1982年11月版第12页）。张先生戴着这样的"有色眼镜"来"看"老子，所以他觉得老子的每一句话都是阴谋，甚至《老子》第20章中"俗人昭昭，我独昏昏；俗人察察，我独闷闷"这段话，也被他说成是老子不过是教人故意"装"出"糊涂相"，既可掩饰自己的无能也可"骗"取别人的信任（张舜徽《周秦道论发微》，中华书局1982年11月版第13页）。就此陈鼓应先生曾写过一篇《误解的澄清》，他认为老子不仅不是什么"大阴谋家"，而且还是个"朴素的自然主义者"（陈鼓应《老子注译及评介》，中华书局1984年版第15页）。这里的确有进一步澄清的必要。老子不过是说能"下"才能"上"，守"弱"才能"强"，此处的"上"和"强"是不期而来不争而得，其出发点仍是他那"自然无为”的原则，他崇尚的仍是诚实、忠厚、朴拙的品性——“弃圣绝智”便是最高的智慧，不用机巧才是大巧。而“为了”将来能够“高高在上”而装成“谦逊卑下”，“为了”以后能够“逞强”而装成“柔弱”，那才是有意伪装玩弄权谋。在老子看来不只有意伪装违背“自然”，玩弄权谋同样愚不可及，只有像天地一样无为无私，只有像江海一样居卑处下，我们的心胸才能像天地那样博大，我们的事业才能像江海那样壮阔。就像鲁迅先生说的那样伪装弄权“有术，也有效，然而有限，所以以此成大事者，古来无有”(《南腔北调集·捣鬼心传》)。

老子这种不用机巧的巧妙，不用智慧的智慧，使他成为中国乃至世界大智若愚的典型。

老子是一位崇尚自然诅咒智巧的先驱，而《老子》却是一座人类智慧的宝库。

7.《精读老子》：和老子“对谈”

几年前我曾在《老子：自然人生》一书的《后记》中说：“世事虽然沧海桑田，时代虽然日新月异，但人们依旧为孤独、烦恼、焦虑、痛苦所困扰；衣着虽然不断更新，发型虽然总在变换，但人们依旧要去面对虚伪、做作、狡猾和阴险。”老子之所以伟大而又精深，就在于他从不回避人生的苦难，他敢于正视社会的不公，他能够直探人类心灵的深处，他论及的是人类必须永远面对的“母题”。当然，每个时代都有各自的烦恼，每个时代各有不同的痛苦和焦虑，因此我们特地“恭请”老子这位伟大的智者来做我们这个时代的“心理医生”，让他来治愈大家心灵上的创伤，让他来抚慰人们情绪上的焦虑。

《精读老子》的基本构想是，“请”老子直接走上前台面对我们这个时代发言，与我们进行面对面的“对话”。

因而，《精读老子》并不是《老子》依样画葫芦的翻译，而是老子思想在现代社会的发展和延伸，是老子智慧的现代转换。借用冯友兰先生的话来说，《精读老子》既是“照着”《老子》讲，更是“接着”《老子》讲。

我无意把这本书写成“标准”的论著形式，如果将它写成呆板僵硬毫无个性的“论著”，我在老子面前会无地自容。《老子》五千言岂止是“思”与“诗”的“对话”，完全就是“诗”与“思”的“同一”——它是深刻的“思”，也是优美的“诗”。大家不妨念念《老子》的第1章：“道，可道，非常道；名，可名，非常名。无，名天地之始；有，名万物之母。故常无，欲以观其妙；常有，欲以观其徼。”其思辨是那样经虚涉旷，其文笔又是这般灵动飘逸，无论哪个民族都会为有这样伟大的哲人而骄傲和自豪。可以想象，老子当年写作《老子》的时候，肯定不是为了得学位，也肯定不是为了评教授，所以他没有将这部民族的经典写成四平八稳的“专著”。为了大致对得起老子，我选择用文学随笔的形式来阐释它，力争将每一节都写成一篇既有深度也有文采的学术随笔，尽可能将语言写得生动、优美、机智。

《老子》每一章的义理非常抽象，文字又十分凝练，思绪更极其飘忽，不少章甚至具有诗的跳跃性，要将每一章写成一篇优美机智的学术随笔谈何容易！写这本书我可以说是呕心沥血，写这种学术随笔我丝毫也不敢随意，比我过去写任何一本学术专著都更加认真。写作过程倒是又艰苦又畅快，至于是否达到了目的，我可是没有把握也没有自信，好在老子的在天之灵自有评断，今天的读者也自有公论。

《老子》八十一章并不是每章一义，其中有些章节从不同的层面论述同一个内容，这不可避免地在内容上乃至文字上有部分重复，为了最大限度地减少重复，我在每一章中强调其不同的侧重点，如原第3章我就集中笔墨阐述他“不尚贤”的思想。

我将《老子》八十一章的基本内容分为十一章，前面的“绪论”为全书的总纲，正文从“道与德”—“自然与造作”—“无为与有为”……一直到最后一章“修身与养生”，全书都是“道”逻辑上的展开，这一结构所依据的是“以一统众”的原则。书中的每一章又分为若干节，前面另写一则“引言”以突出全章的中心论旨，“引言”后的每一节又根据内容加上小标题。《老子》原文中偶尔一章有两个以上的论点，为了避免在阐释时遗漏老子的旨意，每遇上这样的章节我就将其写成两篇，两篇文章有时分放在《精读老子》的不同章节里。有时为了充分阐明老子的思想，《老子》原文每章一意时我也将它写成两篇文章，如第4章《拙与巧》的第2、3节《抛弃聪明机巧》《再说抛弃聪明机巧》，当然这种情况不多。

为了帮助读者加深对《老子》的理解，我特意在全书后附上《老子》的原文，并作简注和提要。又在《精读老子》的每节后面注明“参见原第 × 章”，以便读者朋友每读完我写的一节就可以去对照原文，好将我写的任何一章与《老子》的原文进行比较。如果哪位朋友发现“和尚念歪了经”，不妨及时通知我。

但愿本书既能让古代的老子首肯，也能使今天的读者点头。

第一章

道与德

引言

“道”与“德”是《老子》中的两个核心范畴，因而《老子》又被人们称为《道德经》。

那么什么是“道”呢？老子深刻地认识到，作为宇宙的本源、万物的实体、自然变化的规律和人类社会的法则，“道”既不可能用语言来说明，也不可能用概念来规定，因为一经语言的言说和概念的规定，形而上的“道”就变成了形而下的“器”，就由天地之根和万物之宗母变成了万物中之一物。老子说我们将“道”名之为“道”，只是为了表述方便而万不得已的权宜之计。

“道”既不是世间的一种或一类事物，它便在耳闻目见的现象世界之外，视之不见其色，听之不闻其声，嗅之不得其味，触之不得其形，但同时它又内在于万事万物之中，我们可以从存在的万事万物（“有”）中去窥见“道”的广大无边，“道”虽无处可见，但又无处不在。

既然天地因“道”而生，万物因“道”以成，那么天地万物和人类社会就无不唯“道”是从。

“德”在儒、道两家的学说中都是一个极重要的概念，但儒、道两家对“德”内涵的理解却是各说各话。在《老子》中“德”是一个等差概念，它可以进一步细分“上德”和“下德”。“上德”以“道”为体，以“无”为用。“上德”之人德合天地却不自以为有德，所以老子说“上德不德”。“下德”是“大道”分裂后才出现的，是人们因欲而兴、因求而得的产物，它的具体内容包括世俗所谓“仁义礼智”，“下德”又可再分为“上仁”“上义”和“上礼”三个层次。

1. 说不出口的“道”

可以用语言表达出来的“道”，就不是永恒不变的“道”；可以通过语言说出来的“名”，就不是永恒不变的“名”。

作为万物的生成者和宇宙的本源，“道”并不是万物之中的某一类或某一个事物，其包蕴至大，其外延至广，我们不可能用文字来规定它，也不能用语言来表述它。一经文字的规定或语言的表述，也就失去了“道”之所以为“道”，因为文字规定和语言表述必定要“指事造形”，形而上的“道”便变为形而下的“器”，便成为可视而见、可听而闻、可察而知的具体事物，而某一类具体事物当然不能生成万物，不能成为宇宙的本源，也不能成为促使万物运动变化的规律。

“道”既然不可言说、不可思议，自然也就不能给它命名，因为名称来源于事物的性质和形状，而“道”其外既无形状，其内性质又不可规定，甚至它压根儿就无所谓内与外，这样永恒不变的“道”就不能被冠以名称。当我们思议、言说某物时，该物就成了我们思议言说的对象，就成为与思议、言说者相对的客体；当我们给一物命名时，该物便被固定为“此”而非“彼”。一成为主客相对的一方，一分出“彼”与“此”，无论是“主”“客”还是“彼”“此”都受限于具体的时间与空间；落入了时间就必有久暂的变化，框入了空间就必有大小的不同，而有了久暂之分与大小之别就不可能永恒和无限，所以，还是别枉费心机去言说“道”或称述“道”吧。

“无”是万物之始，“有”为万物之母，而“有”又来于“无”。万事万物的形成必有它最先最早的源头，这里所谓“最先最早”不是时间上的“最先最早”，而是指逻辑上的“最先最早”。我们如果把“有”生于“无”理解为天地初开之时，既没有物体也没有形象，茫茫宇宙是一片空虚，然后从这片空虚的“无”中生成出万事万物（“有”）来，那么“无”和“有”都统进了“先”与“后”这张“时间”的大网中。“时间”这张大网中的一切都不会永恒不变。上面已经说过任何事物都是有名的，“道”不是任何一类或一种事物，它无形无名因而也就是“无”。“无”或“道”永恒不变，它超越时间与空间。我们说“有”生于“无”，是在逻辑上肯定“无”或“道”作为一切存在的始基与本源。为什么说“有”是万物之母呢？“道”作为潜在的无限可能性是“无”，作为能生成万物实现万有而言又是“有”。“无”言道之体，“有”言道之用。

我们常从“无”处了解“道”的精微奥妙，从“有”中观察“道”的广大无边。“无”和“有”二者同源而异名，它们都非常幽深玄妙，幽深而又幽深，玄妙而又玄妙，因而是一切变化的总门。

（参见原第1章）

2. “道”是万物之母

“无边”的大海其实有“边”，如大西洋海岸、太平洋海岸；耸入云天的高山自然也有“顶”，如喜马拉雅山的珠穆朗玛峰、泰山的日观峰；源远流长的江河总有尽头，如黄河源头、长江出海口。大自然的每种事物都有其极限，社会中的任何人更是短暂而又渺小：再长的寿命也终归黄土——“老少同一死，贤愚无复数”；再辉煌的事业也是过眼云烟——“唐虞揖让三杯酒，汤武征诛一局棋”；再宽广的胸怀仍不免狭隘——不仅卧榻之侧不容他人酣睡，宰相肚里也只能“撑船”，最多不过是“周公吐哺，天下归心”而已。

有形的实体——不论是人还是物——都有它的限度，时间上有久暂，空间上有广狭，功能上有大小，超过了这个限度就会走向反面，要么质变，要么毁灭，要么消亡。大自然尚有沧海桑田，天荒地老，喜马拉雅山几千万年前还是一片汪洋大海，大西洋中某些洋盆亿万年前曾是峻岭崇山，人世荣华更是转瞬即逝，“滚滚长江东逝水，浪花淘尽英雄”。不管多么显赫的权势也不可能主宰万物，任何强人都不能成为万物的宗主。陶渊明曾迷惘地探询：“三皇大圣人，今复在何处？”苏轼也曾不冷不热地问道：当年曹操这位“横槊赋诗”的“一世之雄，而今安在”？毛泽东更是大不以为然地评头论足：“惜秦皇汉武，略输文采；唐宗宋祖，稍逊风骚。一代天骄，成吉思汗，只识弯弓射大雕。”我们的后人又何尝不会询问：二十世纪那些搅得天翻地覆、杀得尸横遍野的一世枭雄“如今在何处”？

无论“地”如何辽阔，不效法“天”它就不能保其宁静；无论“天”多么浩渺，不效法“道”它就不能有其清明。就感性世界而言，物盛则衰，器满便溢；但对于超形绝象的“道”来说，不管物的形状有多大，它们都不至于影响“道”之体，任其事怎样繁多，它们都不至于超过“道”之量。物大不可能使“道”充盈，事杂也不能有损“道”的虚静。“道”永远虚静渊深，永远不会充满盈溢，它的作用也永远不会穷尽，因而只有“道”才是万物的宗主，世界的本源。

“道”磨掉锋芒而不损其体，超脱纷争而不累其神，涵敛光耀而不显得污浊，混同尘世又不改其真性，它是那样幽深隐约，似亡而实存。“地”再广也不会超过“道”之所载，“天”再大也不能超越“道”之所覆，因“道”是天地之始、万物之母，“天”之精“地”之广当然不能与“道”相提并论。谁也不知道“道”是从哪儿产生的，似乎在天地之前就已存在，不过，这不是说它存在于开天辟地的万古以前，而是指它完全在时间与空间之外，它从来就是自本自根——自己是自己产生的原因，用后世西方哲人的话来说也就是“自因”。

（参见原第4章）

3. 山谷与女阴

农夫早有“山尖石硬，山谷土肥”的说法，诗人也有“郁郁涧底松，离离山上苗”的歌咏，意思不外乎是说山顶贫瘠裸露，顶上又黄又瘦的小草耷拉着脑袋，而山谷中的松树则参天挺立，枝繁叶茂，郁郁葱葱。山谷地形低洼空虚，土壤松软肥沃，泉流汩汩不绝，山泉滋润着沃土，沃土上万木争荣百花斗艳，泉水旁紫藤缠绕绿叶纷披。地形、土壤和湿度都有利于植物生长，树木在这儿哪能不葱茏？百草在这儿如何不丰茂？

山谷中央虚空但仍然有形，至虚以至于无形者便是“谷神”。“道”

以其虚空，所以喻之为“谷”，以其因应无穷，因而称之为“神”。谷神无形无影，无逆无违，处卑而不动，守静而不衰，万物因它而生但不知何以生，万类因它而长却不见其何以长。道体“无”而静，它的变化永远不会停歇。

水注入川而名为溪，水流入溪便称为谷。谷中间空空如也，谷周边围着山丘，谷底又有淙淙泉水，古人常用这种凹洼湿润的地方来比喻女性生殖器。古人认为“丘陵为牡，溪谷为牝”(《大戴礼记》),“牡”即雄性生殖器,“牝”指雌性生殖器。“牝”字右边的“匕”古字形更像女阴。至今贵州、四川、云南等省份的偏僻地区的乡民，仍然喜欢把山洼视为女阴，而且经常在山洼旁举行类似生殖崇拜的仪式。这一点不仅古今一样，似乎也中外皆然。希腊神话中月亮女神狄安娜的禁地就是一处清泉流淌的幽谷，现代精神分析学鼻祖弗洛伊德也说“山谷常常是女阴的象征”。法国农民从前有一种风俗：他们把凹湿之处想象为女阴，还用木棍在其中来回摆动，这种仪式显然是象征男女交媾，象征天地和合，他们以此祈求人丁兴旺和五谷丰登。

山谷与女阴外形既非常相似，其功能又极为相同——前者能使草木茁壮，后者能孕育生命。人们把山谷喻为“牝”——女阴，又把“谷神”称为幽深神奇的“玄牝”。“玄牝”像谷神一样虚而无形，孕育万类却不见其踪影。

人类的生命都从女阴(“牝”)口出生，万物的生命也从神妙的“玄牝”口产生,“玄牝”之门就是天地之根。万事万物由其中而出者为“门”，万事万物由此而生者为“根”。我们以山谷来喻女阴——牝，以神妙的母体——玄牝来比拟道。“牝”因其虚空而孕育生命,“道”因其虚静而生成天地，所以说“玄牝”是天地之所以产生的根源。

“玄牝”性本“虚”,“道”体源自“无”,“玄牝”之“门”是无门之

“门”，“天地之根”是无根之“根”，此“门”此“根”都不是可见可触的感性存在。说“玄牝门”和“天地根”存在吧，人们又见不着它们的形状；说它们不存在吧，万物又从它们那儿生成。它们虽视之不可见，听之不可闻，而功用却不可穷尽，总是那样绵绵不绝，总是那样生生不息……

（参见原第6章）

4. 看不见摸不着的“道”

谁曾见过日月升自西边？谁曾见到河水流往高处？谁曾听说过有人越活越年轻，像广告词中许诺的那样“今年二十，明年十八”？谁曾经历过像冬天一样寒冷的盛夏，大地上“千里冰封，万里雪飘”？

这显然是人们头脑中的奇思异想，绝不可能成为大家耳闻目睹的事实，要是真的出现了这些现象，人们不仅要大呼“反常”，而且非惊叫“世界末日”不可。瞬息万变的自然其实变中有“常”，眼花缭乱的现象背后也必定有“理”，左右自然和人类生成变化的“常理”就是所谓“道”。

你看每天太阳总是东升西落，月亮从来就有阴晴圆缺；每到春天便“艳杏烧林，缃桃绣野”，大地处处叶绿花红，一入秋天就“江枫渐老，汀蕙半凋”，四野“满目败红衰翠”；如花少女婀娜多姿，步履轻盈，八旬老翁皱纹满面，蹒跚迟缓。无论是人还是物都不可能抗拒自然规律，大自然春夏秋冬周而复始，人类也是生生死死代代无穷，“道”是自然和人类冥冥之中的主宰，万事万物都别想与“道”相违。

“道”既是宇宙的本源，是万物的实体，是大自然运动的规律，是人类社会发展的规则，也是人们行为的准绳。

然而，“道”并不是世间的一种或一类事物，它存在于耳闻目见的现象世界之外。它没有颜色，视之不可见，因而名为“夷”；它没有声音，听之不可闻，因而名为“希”；它没有形状，触之而不可得，因而名为“微”。由于无色、无声、无形，这三者也就无从穷根究底，它本来就是浑然一体的。

现象世界的物体通常处上则明而居下则暗，但是“道”在上面不显得明亮，在下面也不显得阴暗，它绵绵不绝却不可名状。悄无声息地创生万物，而它自己又复归于无形无象的“无物”状态。说它是“无物”吧，世界万物又因它而成；说它是“有物”吧，我们又看不到它的形状。它本身无“状”而万状由之以显，它本身无“象”而万象因之而现。所以，“道”是没有形状的“形状”，没有物体的“形象”，疑于“无”而非无，执于“有”而非有，我们把这种情况叫作“恍恍惚惚”。因为“无”而非无，其来无始，迎面不能见其首；因为“有”而非有，其去无终，尾随又不可见其后。

虽说古今不同，虽说时移俗易，可古往今来万事万物莫不因“道”而成。我们可以经由体悟古已有之的“道”，来驾驭和引导当今事物的发展变化。能够认识宇宙原始的情形，可就算是了解了“道”的规律。

谁要是忽视“道”或违反“道”，谁就要受到“道”的惩罚，常言说“得道多助，失道寡助”，人与人相处是如此，人与自然相处也同样如此。逆历史潮流而动定要被历史所淘汰，违反自然规律蛮干必将遭到大自然的报复。今天南方夏秋季节涝灾不断，北方又长年干旱缺水，春夏之交更是沙尘弥天，就是我们长期破坏植被和滥伐森林付出的代价；癌症发病率的直线上升和怪病的不断出现，就是我们污染环境所得的报应。

“道”虽无处可见，但它又无处不在。

（参见原第14章）

5. “空心人”

道作为万物因之而生的世界本原，作为万物因之而长的世界基质，其本身既不可言说又不可把捉，说无而又有，似实而又虚，只好用“恍恍惚惚”来形容它。可那恍恍惚惚中又有形象，那恍恍惚惚中又有实物，那深远暗昧中又有生命的精质，这精质是那样真实、那样可信。它从古至今不可命名，但它的名字又永远不可废去。我们是从万物的开端来认识“道”的，而之所以知道万物的开端，又是从“道”这儿认识到的，——这大概就是现代解释学所谓的“认识的循环”或“解释的循环”吧。

“道”虽然不可道不可名，虽然那样恍兮惚兮，可古代圣哲为了“闻道”“体道”“证道”执着而又虔诚。且不说道家创始者强调体道和履道了，儒家圣人孔子也说“朝闻道，夕死可矣”，告诫弟子“士不可以不弘毅，任重而道远”，释家也有许多投虎求佛和面壁证道的故事。虽说儒、释、道各道其所“道”，但各自对道的诚信是无可怀疑的。大德大贤的一言一行一举一动，无不“惟道是依”“惟道是从”。

“道”不仅是世界的本原与基质，也是万事的真谛和生活的准绳，更是我们生命的根基、力量的源泉和精神的支点。东方圣哲深知“道”对一个人生命的意义，他们强调“惟道是从”，甚至主张“从道不从君”，西方圣哲也声称“吾爱吾师，吾更爱真理”，他们始终保持着对“头上星空和心中律令”的敬畏。

如今，人们破除了对鬼神的迷信，也丧失了对“道”的虔诚；打破了对权威的盲目崇拜，也丢掉了对“道”的自觉服从。我们不信邪也不信“道”，怀疑上帝也怀疑真理。“天上没有玉皇，地上没有龙王，我就是玉皇，我就是龙王”，个体似乎变成了上帝，人好像快要变成神。事实上我们的生命像一根没有根蒂的飘蓬，精神一直处于没有皈依的六神无主状态。一位当代诗人在一首名为《回答》的诗中说：

我不相信天是蓝的，我不相信雷的回声；我不相信梦是假的，我不相信死无报应。

诗中这种可怕的怀疑情绪，表明我们缺乏坚定的信念和执着的人生态度，内心深处一片苍白空虚，大家已经或正在变成“空心人”。有位西方现代诗人真切地表现了“空心人”的生命形态：

我们是一些空心人，像是制成的标本；我们相互靠在一起，头脑中填满了草梗！

空虚的根源就在于我们失去了生命的根基，就像身体抽去主心骨，像汽车丢了方向盘，像轮船没有了指南针，因而我们的人生没有前进的方向。

古代的人生箴言是“惟道是从”，今天的生存方式是“跟着感觉走”。

“跟着感觉走”就难以确定矢志不渝的人生目标，大家都随着世俗的潮流一起东碰西撞。即使像找终身伴侣这样的人生大事，自己也拿不定主意，大兵吃香时就去追求大兵，大学生走俏时就去追求大学生，时下腰缠万贯的大款行情看涨就赶忙去傍大款。有时看起来是我们自己在拿主意，是我们自己在独立思考问题，其实这是一种假象，如我们去商店买一件新潮时装，误以为真的是自己“感觉”这种样式特别好，实际上是电视广告告诉我们穿上它才入时才潇洒才自信。

“跟着感觉走”就会使人心失去监控，私欲被世俗煽动起来就将无所顾忌，觊觎富贵便是“人生正道”，追逐金钱便成为“正当功课”。只要能赚到金钱就不惜出卖肉体，只要能换取高官便不惜卑躬屈膝，只要能满足自己的欲望，只要能得到荣华富贵，人格、尊严统统都可以“抵押”，灵魂、肉体统统都愿意“典当”，甚至不惜豁出身家性命去铤而走险，坑蒙拐骗，行贿造假，放火杀人，无恶不作，无所不为。

这里所谓“惟道是从”的“道”，其内涵就是淳朴、本真、自然、无为。只有“惟道是从”，才能使灵魂有所皈依，使行为有所收敛；只有“惟道是从”，才能还人世以淳朴，还生命以真性。

（参见原第21章）

6. 为什么物极必反？

“反者道之动”指“道”之体，“弱者道之用”言“道”之用。“弱者道之用”倒不难理解，而“反者道之动”可就难以阐明。

为什么说“反”的运动变化是“道”之体呢？“道”无定体而唯变是体，只有“大道”运动变化才大化流行。同样，“道”无定用而唯化是用，只有在“道”的运动变化中万物才生生不息。

“反”既是“道”运动变化的存在本体，那么“反”的内涵是什么呢？

很少人窥见此处所谓“反”的奥妙，对它的解释不是失之片面便是流于肤浅，要么只是把它释为正反之“反”或违反之“反”，要么只把它训为返回之“返”或往返之“返”。这两种释义的意指又正好相反，前者之“反”指其“违”或“逆”，后者之“反”指其“归”或“还”。一“反”字而生出相反二义，注释家们又各执一义互不通融，真的是“东向而望不见西墙，南向而视不睹北方”，训释“反”义变成了割裂“反”义。

“反者道之动”之“反”一字而融贯正反两义，兼赅“反”意与“返”意，现在我们来分述“反”所兼容的正反内涵。

“反者道之动”之“反”所蕴含的正反之“反”，主要强调天地万物普遍存在的内在矛盾，正是由于万物自身存在着对立面，才引起万物常生常灭、自生自化的运动。如“道”自身就是“无”与“有”的统一，就其无形无名而言它是“无”，就其生成天地创造万物而言它又是“有”。借用黑格尔的辩证法术语来说，当“道”处于潜在的无限可能性时是“无”，而“无”这种扬弃了所有规定的抽象同一性，其自身又潜在着各种差异性，由于内在矛盾的运动变化，潜在的各种差异性得以展开为现实的多样性，现实的多样性呈现于我们眼前，就是大家天天耳闻目睹的鸟语花香、高山流水、楼台亭阁、珍奇野兽等万事万物。“反”或者说矛盾无处不在：人有老与少，家有富与贫，国有治与乱，地有远与近，色有黑与白，水有浊与清……

“反者道之动”深刻地揭示了有“反”才有“动”这一本质规律。英国诗人布克莱在《天堂与地狱的联姻》中也说：“没有‘反’便没有‘动’，没有矛盾便没有发展：吸引与排斥、理性与能量、爱恋与憎恨，没有这些就没有人的生存。”岂止人是这样，万事万物又何尝不是这样呢？没有“反”就没有“动”，没有“动”就没有万物的生生不息，就没有大地的四季更替，就没有树木花草的“一岁一枯荣”。

“反者道之动”之“反”所蕴含的返回之“返”，其主要内涵是指万事万物的矛盾运动总是向其相反的方向转化，“终而复始”，“否极泰来”，也就是那条家喻户晓的成语所说的“物极必反”。

“物极必反”这一现象普遍存在于自然与社会之中：天上“日中则移，月盈则亏”，地上“花开则谢，叶绿则枯”，人间“乐极生悲”“苦尽甜来”，事物“木强则折，物壮则老”，国家“分久必合，合久必分”。我们在前文曾经说过：万物都在蓬勃生长，我们从此看出它们循环往复；万物尽管变化纷纭，最后又各自返回它们的本根。

由于事物无成而不毁、无往而不复，总是向自身相反的方面发展，所以“委曲反而能保全，弯曲反而能伸直，低洼反而能注满，破旧反而能生新，少取反而能多得，贪多反而会迷惑”。

我们何不运用这一规律来指导自己为人处世呢？想要收敛的东西不妨先让它扩张，想要削弱的对象不妨先让它增强，想要废弃的东西不妨先让它兴盛，想夺取的东西不妨事先施与，自觉地引导事物向其反面转化，最终完满地实现自己的主观愿望。

（参见原第40章）

7. 为什么说“道生一”？

“道生一，一生二，二生三，三生万物”，这四句的文字倒简单易识，而其意蕴却索解为难，从古至今仍无确解。

如果把“道生一”理解为“道”生成或产生“一”，那么“道”就成了“一”的上位概念。现代哲学家冯友兰就是这样解释的：“道生一，所以道是‘太一’。这个‘太’，就是‘太上皇’‘老太爷’那个‘太’，皇帝的父亲称为‘太上皇’，老爷的父亲称为‘老太爷’。‘一’是道之所生，所以道称为‘太一’。”（《中国哲学史新编》第二册，人民出版社1984年版第49页）冯友兰将“道”与“一”的关系说成了父与子的关系。

现在的问题是：如果“道生一”成了“太上皇”生出“皇帝”或“太一”生出“一”，那“一”也就不成其为“一”了。所谓“一”是指至大无外、无偶、无对待，汉朝严遵曾这样描述“一”：它虚而又实，无而又有，为于不为，施于不与，无外无内，可左可右，混混沌沌，茫茫泛泛。正因为它无上无下无内无外无左无右，没有任何对偶或对待才称为“一”，假如“一”上面还有个“太一”，那还能说“一”是“一”吗？

“一”是至大无外、无偶、无对待，“道”也同样是至大无外、无偶、无对待。“一”如有对待就不是“一”，“道”如有对待也不为“道”，因而“道”与“一”的关系并不是父子关系，这两个概念处于逻辑上的“同一关系”，也就是说这两个概念的外延完全重合，“一”和“道”只不过是从不同方面来表述同一对象。说通俗点，“一”也就是“道”，“道”也就是“一”。《韩非子·扬权》篇说得最直截了当：“道无双，故曰一。”“道”是无双或无偶的，所以称为“一”，反过来说也是一样，“一”正因为是无双或无偶的才称为“一”，成双或成偶就成“二”了。《淮南子·原道训》篇也有近似的论述：“所谓无形者，一之谓也；所谓一者，无匹合于天下者也。”“无匹合于天下”就是“一”。

可是问题又来了：既然“道”与“一”是同一关系，为什么又说“道生一”呢？很显然“道生一”的“生”其本意是分化、发展，与本章《说不出口的“道”》一节联系起来看就不难理解。在那儿我们说过“无”为天地之始，“有”为万物之母，虽然我们肯定“有生于无”，但同时我们也指出“无”与“有”同源而异名。其实“道”统“有”“无”：“无”言“道”之体，“有”言“道”之用，作为潜在无限可能性，“道”是“无”，作为生成万物实现万有之母，“道”又是“有”。“无”与“有”是“道”的一体两面。同样，“道”与“一”也都是指同一对象，正如“等边三角形”与“等角三角形”是指同一对象一样，只是它们各自表述对象的不同侧面罢了。“道”强调它为宇宙的始基，“一”强调它为万物的根源。

“一”与“道”都不能作为言说、思议的对象，一经语言表达出来的“道”就不是永恒不变的“道”，一经语言说出来的“一”也就不是“一”。《庄子·齐物论》中对此有深刻的论述：“既已为一矣，且得有言乎？既已谓之一矣，且得无言乎？一与言为二。”这段文字的大意是：既然是“一”还用得着言说它吗？既然已经言说“一”了又能再说无言吗？以“言”来言说“一”，而“言”又并不是“一”，既已有了“一”又有了“言”，“一”加上“言”变成了“二”，可见“一”一成为“言”的对象就不再是“一”了。

“道”自身是“无”与“有”的统一，但它是自对自也即无对待的抽象同一，这种抽象同一就是天地未判之前的混沌一气。抽象同一中必然潜伏着差异，也就是说“混沌”之中又潜伏着阴阳二气。阴阳相交又形成调适的冲和之气，阴、阳与冲和之气一起就成了“三”，阴阳冲和便孕育出天地万物。所谓“一”“二”“三”正是指由“道”生成天地万物的历程，混沌未分的“道”则为“一”，“道”的抽象同一中又禀有阴阳二气。《易经》中也同样认为一阴一阳之谓道，天地万物便是阴阳冲和的结果，所以我们说天地万物无不负阴而抱阳。

“道”与“一”是逻辑上的同一关系，但“道”与“物”、“一”与“众”则是生成与被生成的关系，我们曾将“道”比喻为女性生殖器

（绪论第3节《道：天地之根与万物之本》），就像儿女都生自母体子宫一样，万事万物也无不由“道”而生、因“道”而成。

由于“道”先天地而生，它在时间和空间上处于天地万物之前之外，是天地之始万物之母，这里主要阐述的还是宇宙生成论，不能将此处“道”为万物之体理解成本体论，因为宇宙之体——“道”生成天地万物，“道”与“物”或“一”与“众”只是一种母子关系，而本体论思维的本质特征是体即用、体用一如。

（参见原第42章）

8．怎样体认“道”？

天地如此美丽却从不言说，四时运行有序而从不议论，万物之生有其规律但从不倾诉。体“道”者推原天地之美而畅达万物之情，处无为之事，行不言之教。得“道”的人并不议论，议论的人则没有得“道”；知“道”的人缄默无语，喋喋不休的人则不知“道”。

“道”视之不见其形，能见到的便不可能是“道”；听之不闻其声，能听到的便不可能是“道”；抚之不得触其体，能触到的便不是“道”；当然它更不能被议论、被言说，能被议论和言说的便不是“道”。

因而，体“道”就得抛弃耳、目、口、鼻、心这些感官作用，塞住视听的窍穴以闭聪塞明，关上认知的大门以使心不外务，不露锋芒以消除个人异见，超脱纠纷以便超然物外，因为“道”并不是感性知觉、逻辑议论和理性思辨的对象。《庄子·大宗师》中记载了孔子与颜回师生之间这样一则对话——

颜回高兴地对老师孔子说：“我最近大有长进了。”孔子问道：“说给我听听，你怎么个长进法？”“我忘掉礼乐了。”“很好，可这样还不够。”几天后颜回又对老师孔子说：“我又有长进了。”“这次是在哪些方面有长进呢？”“我忘掉仁义了。”“很好，但光忘掉仁义还不够。”再过几天后颜回又跑去对老师孔子说：“我又有长进了。”“说给我听听，这次又有什么长进？”“我坐忘了。”孔子大为惊异地问道：“什么是坐忘呵？”颜回回答说：“所谓坐忘，就是忘记了自己的肢体，摒除了自己的聪明，抛开了自己的形体，弃绝了自己的智慧，最后达到与大道同体与天地同流的境界。”孔子听后十分满意地说：“与大道同体就没有个人偏好，与天地同流就没有个人私心，你能做到这一点就算得上真正的贤人，我今后愿意认真地向你学习。”

除了上面提到的“坐忘”以外，庄子在《人间世》中还说到名为“心斋”的得“道”之方：“无听之以耳而听之以心，无听之以心而听之以气。耳止于听，心止于符。气也者，虚而待物者也。唯道集虚。虚者，心斋也。”不用耳去倾听而用心去体会，不用心去体会而用气去感应。为什么要这样呢？因为耳、目、口、鼻等感官容易为见闻所迷惑，主观思虑又容易为语言符号所束缚，而气则虚静澄明并能容纳万物，能达到虚静澄明的心境便能与“道”同体了。这种虚静澄明的心境就是“心斋”。

“坐忘”也好，“心斋”也罢，其主旨不外乎我们刚才所说的摒弃耳、目、口、鼻等感官作用，也就是不为自己感官所干扰，不为主观智障所遮蔽，不为世俗功利所束缚，甚至不为个人生死所左右，从而达到与大道同体与天地同流的生命境界。

臻于与大道同体与天地同流境界的人，人世既不可能对他亲近也不可能对他疏远，既不可能使他获利也不可能使他受害，既不可能让他显贵也不可能让他卑贱，这是由于处于该境界中的人完全超脱了世俗的声名、功利、穷通、贵贱，甚至也忘记了个人的形体壮弱与生老病死。只有那些尚未超脱人世亲疏、利害和贵贱的人，人们才能以亲疏、利害和贵贱来摆布他，而与大道同体与天地同流的人，个人的生死尚且无动于心，人世的贵贱还能让他萦怀吗？

（参见原第56章）

9. 道：善人之宝

“道”为万物之宗，善人之宝，不善人之所保。

善人体“道”则有求必得，不善人守“道”则有罪可免，因为善人体“道”便求善而得善，不善人化于“道”则去恶而行善。天子王公拥有玉璧、驷马，还不如怀有无为之“道”。玉璧、驷马再贵也市场有价，而无为之“道”则价值无限。

动人的语言可以博得人们的尊敬，良好的行为可以成为世人的楷模，而体“道”者则同于“道”，同于“道”便像“道”那样无言而自化，无为却感人。我们来看看《庄子·德充符》中的一则对话——

春秋时鲁哀公问孔子说：“卫国有一个样子奇丑的人叫哀骀它，男人和他相处后就舍不得离开，女人见了他后就恳求父母说：‘与其做别人明媒正娶的妻子，还不如去做这位先生的小妾。’这样的女子还不是一个两个。没有听到他发表什么高论，只见他颔首应和而已，他既无权势以解救危难，也无钱财以赈济贫民，既听不到他惊人的妙语，也看不出他超人的才华，那模样之丑陋倒是让人惊骇，然而女子、男人都想亲附他，可见他必定有高于或异于常人的地方。我召他来后，果然见他的面目丑陋得骇人听闻，但是和他相处不到一个月，我就觉得他有过人之处，不出一年我就非常信任他。那时国家正好空缺宰相一职，我放心地把国事委托给他。宰相之职可说位极人臣，权力在一人之下万人之上，是别的大臣求之不得的高位，他却淡淡然似乎无意承应，漫漫然却又未加推辞，那样子使我感到十分惭愧，最终还是把国事委托给了他。没过多久他就离我而去，我忧闷得好像丧魂失魄一样，好像国内再无人可托国事、再无人可与享太平似的。他究竟是个什么样的人呢？”

孔子回答说：“我曾经去过南边的楚国，在那儿恰巧碰见一群小猪在刚死的母猪身上吃奶，不一会儿就惊慌地逃离了母猪，因为母猪已经全无意识，不像它活着时的神情。可见小猪之所以爱母猪，不是爱母猪的形体，而是爱主宰形体的精神。战死疆场的战士行葬时不用棺饰，砍断了双脚的人不再爱惜原先的鞋子，做天子嫔妃的女子不剪指甲、不穿耳眼，为求形体的完整尚且如此，何况德性完全的人呢？更何况与‘道’同流的人呢？你刚才说的哀骀它，没有开口就能取得别人的信任，没有功业就能赢得别人的尊敬，没有显示才干别人就愿意委以国事，不正是由于他身上‘德性完整’，不正是由于他与‘道’同流吗？”

有“道”者可以使人忽略他形象的丑陋，可以使人忘记他身体的残疾，无须漂亮的外貌，无须动人的言辞，无须盖世的功业，无须过人的才华，就能赢得别人的喜爱和亲附，就能博得别人的信任和敬重，不正说明“道”是比形象、身体、言辞、功业、才华等更为尊贵的东西吗？

“有道则尊”不只体现在哀骀它身上，它可以说“放之四海而皆准”——对任何时代的任何人都完全一样，否则，怎么能说“道”为万物之宗，“道”又怎么会为天下所贵呢？

（参见原第62章）

10. 听听道家谈道德

“德”在儒道两家的学说中都是一个重要范畴，但儒道对“德”内涵的理解却是各说各话，有些地方二者的观点甚至针尖对麦芒。在儒家那儿“德”是指人们行为的准则与规范，指个人言与行的适宜，其具体规定包括孝、悌、忠、信、敬等，能做到这些就能像孟子所说的那样，“仰不愧于天，俯不怍于人”。我们这里道家所说的“德”是一个等差概念，可进一步细分为“上德”与“下德”。

“上德”或至德以“道”为其体，以“无”为其用，庄子在《天道》篇中说至德“以天地为宗，以道德为主，以无为为常”。

人们从“道”那儿获得“德”，并通过用“无”以尽其“德”。经由“道”才有其“德”，用其“无”才能厚德载物，堕入“有”则狭隘偏私。如能去其私而无其心，那么四海远近莫不归附，若是突出己且怀其私，那么亲生骨肉也会变成仇人。

具有最高德性的人或“上德”之人效天法地，其“德”得之于自然，无为无名无形无迹，他们自己无心无执于“德”，其“德”以无为而集，以无虑而安，以无用而固。不为而无所不利，不求而无所不成，“德”合天地却不自以为有“德”，正因为不自以为有“德”才真正有“德”。

等到大朴既亏、大道已裂之后，人们便有意而为，用心而求，存心而得，于是便有了君子小人之分，便有了善恶好坏之别，有了君子小人和善恶好坏的意识后，略施小惠便以为恩泽无量，稍有微善便觉得大德配天。

自以为有“德”便没有“德”。回头再看看上古大朴未亏的时代，有“道”而无名，有“德”而无心，那种精神境界后世真是望尘莫及，让人不得不由衷地赞叹：“无怀氏之民欤？葛天氏之民欤？”

存心去求而得之，有意去为而成之，则必然施教以化民，立善以治国，施教立善自然就“德”名昭彰。然而，求而得之必有失，为而成之必有败，善名立则不善生，君子成则小人至。无所为才无所偏，无心求才无所失。不能无心无为而存心为之便属于“下德”。“下德”包括常言所谓“仁义礼智”，“仁义礼智”都是因欲而兴、因求而得的产物。

在“下德”之中又可再分为上中下三个层次：“上仁”有所作为却出于无意，所以属于“下德”中的第一个层次；“上义”有所作为并出于有心，所以在“下德”中居于次一个层次；“下德”中最低的层次是“上礼”，“上礼”存心而求却又得不到回应，于是就伸拳挥臂、吹胡子瞪眼睛强迫人们听从。

“上仁”虽出于无意但毕竟有所作为，有所作为就必有所偏失，功再大也必有不济，名虽美而伪必生，因为无为无名是其本，有为有名则为末，为之求之就是舍本逐末，不能做到不为而成不兴而治，则必然要推行普施博济的仁爱。不过这种爱意发自于内心，绝不是为了求得别人的报答。

当仁爱不能普施博济的时候，就开始强调正直、公正和义理，批判邪恶而维护正义，要求处事必须公正，待人必须守信用，这些扬此抑彼的行为完全出于有意，是明确要达到某种社会效果，所以“上义”是存心要有所作为。

当对正直、正义缺乏虔诚的时候，就开始注意外在的礼节，以文采来修饰或者掩饰内在本质，以礼貌来装点或者遮蔽真实情感。然而，需要修饰的情感必不诚，需要掩饰的本质必不正，需要遮盖的物体必不精。礼过繁则情必伪，文过繁则质必衰。母女之爱和父子之情，淳朴自然而不拘泥于任何礼节。因而礼是挚爱、忠贞、诚信淡薄后的产物，是社会产生虚伪和争斗的开端。

从上面这些分析可以看到，“大道”无形、无名、无为、无欲，虽有盛“德”却不自以为有“德”，等到不能无为、无名的时候，就有了对“德”的自我意识；等到“德”开始下衰的时候，就注重博施广济的仁爱；等到仁爱不能博施的时候，就崇尚正直、扶持正义；等到正直和正义也做不到的时候，就只得实行礼节和修饰了。难怪人们常说，丧失“道”而后才有“德”，丧失“德”而后才有“仁”，丧失“仁”而后才有“义”，丧失“义”而后才有“礼”。

德国哲学家，从康德到马克思，都阐述过历史与道德的二律背反，随着历史的不断前进，随着文明的日益进步，随着人类文化心理逐渐变化，上古无为、无欲的至德也逐渐瓦解，从前那种崇高的道德逐渐消亡，过去那种天真无邪也为文明理性所取代。贪婪、奸诈、阴谋、争夺、邪恶、淫欲伴随着历史的脚步迈进文明社会的门槛。黑格尔和恩格斯都认为，正是恶劣的情欲、无限的贪欲和膨胀的权力欲，成了历史发展的杠杆和动力，推动历史前进和文明进步的动因不是“善”而是“恶”。（参见黑格尔《法哲学原理》第18、139节及恩格斯《路德维希·费尔巴哈和德国古典哲学的终结》）

庄子虽然没有达到德国这些哲学家们的思想深度，但比他们早两千多年就阐述过道德在历史中不断失落的历程及其原因。《庄子·缮性》篇中具体生动地描绘了由“道”而至“德”，再由“德”而至“仁”“义”与“礼”的道德下衰过程——

“远古时候，人们处于浑沌茫昧之中，彼此都恬淡寡欲无名无求，那时阴阳和顺宁静，鬼神不扰不惊，四时合于节度，万物不相伤害，所有生物不会夭折，人纵然有智巧也无处可用，这时可称为完满纯一的至治之世，那时人既无所作为而物也因任自然。

“等到大道分裂而德性失落，燧人氏、伏羲氏开始治理天下时，只能顺应民心却不能完满纯一；到神农、黄帝出来治理天下时‘德性’又再度下衰，就只能安定天下而不能顺应民心；到尧、舜治理天下时‘德性’就更加衰退了，大张旗鼓地讲仁义、兴教化，浇薄淳厚离散真朴，背‘道’而求善，离‘德’而行事，舍弃本性而顺从心机，人与人彼此暗算，心与心相互猜忌，这天下也不足以安定了。接下来就是附丽以文饰，增益以博学。真质为文饰所掩，心灵为博学所蔽。这样人民就将迷惑混乱，再也无法恢复恬淡的性情，再也无法回归自然的起点了。

“由此可见，人世丧失了‘大道’，‘大道’也远离了人世。人世与‘大道’相互离失，有‘道’之士怎么能兴起于人世，人世又怎么能复兴‘大道’呢？人世既然无法复兴‘大道’，即使体‘道’之士隐遁山林，他的‘德性’也将隐而不显。”

可悲的是，人们并没有意识到文饰繁则真性蔽，机心重则奸巧生，反而将娴于礼节、善于掩饰看成“明达老练”，将逞智斗巧说成有“先见之明”。殊不知越是用智斗巧，人间就越发变成阴谋的陷阱；越是善于文饰遮掩，人们就越是丧本离真。

文饰是失“道”后的虚华，智巧是走向愚昧的开始。

大丈夫应立身淳厚而不居于浇薄，存心朴实而不显得浮华，待人忠厚而不用机巧。无为无欲则人心返淳，事用其诚则民德归厚。

（参见原第38章）

第二章

自然与造作

引言

《老子》25章中说："人法地，地法天，天法道，道法自然。"他用这一逐层铺垫的句式，无非是要凸显"自然"这一最高原则，凸显"自然"是大道的本性，凸显"自然"作为天地万物和人类的终极价值。"道"虽是天地之根和万物之本，可"道"的本质特性或基本原则就是"自然"，因而崇尚"道"也就是凸显"自然"的价值与原则。

不管是为人、治国、用兵、养生还是审美，在每一个领域老子都崇尚自然。自然生成的东西样样真而且美，一经人的手就变得造作而又丑陋。随着人类的发展和文明的推进，人为的东西越来越多，自然的东西越来越少，就是大自然也经过了人工的雕琢，至于人自身就更是如此了。

人类并不是越文明就越自然，相反越文明就越不自然甚至越反自然。现在难得见到赤身裸体的粗野，可也难得见到剖肝露胆的赤诚；难得听到高声大气的粗鲁，可也难得听到发自内心的声音。我们从一个人的表情不能了解他的内心，从一个人的语言不能了解他的思想；笑不见得就真的高兴，哭也未必就真的悲伤；到处是言不由衷的应付，到处是客客气气的敷衍，人间难得是真情。老子说，要想人类能生活得幸福，彼此能够真诚相待，大家就得重新回到赤子的状态——纯真、自然。

这一章我们将阐明什么是自然，我们又怎样才能返回自然。

1. 道法自然

尽管现代人对宇宙的形成提出了种种科学假说，做了种种猜想论证，做了种种实验分析，可人们望着浩渺星空和茫茫大地，仍然还是满眼狐疑与困惑，仍然还是要像古代诗人一样地追问："明月几时有？把酒问青天。""江畔何人初见月，江月何年初照人？"

其实两千多年前先哲就告诉过人们，"道"是天地万物之母，它虽然浑然一体不可得知，既听不到它的声音，也见不到它的形状，可万物由之以成，天地因之而生，在时间和逻辑上它都是宇宙万物存在的前提与依据。

"道"无物相匹而廓然无偶——它"独立"无待；不断变化却不失其常——它万古不改；往复运行而永不停息——它"周行不殆"。它既内在于天地万物，又是天地万物之母。

名号根据事物的形体与性质而确定，称谓则根据人们的主观认识而产生。"道"其外既混成无形，其内又不可把握其本质，视之不见其形，听之不闻其声，考之不得其性，它既不可抽象和规定，人们自然就不知其名。

然而，名字是对一事物的规定，也是对一事物的肯定。“道”虽无形无声无影，但万物无不由它而生因它而成，所以我们勉强将它称为“道”；又因为天下万物无与其匹，廓然旷荡莫之能加，高而无上，旷而无外，我们又勉强将它称之为“大”。其所以说是“勉强”，一方面是由于名之为“道”称之为“大”并不是它的准确称谓，它压根儿就不能“名”不可“称”，称“道”名“大”只是言谈方便的一时权宜；另一方面这又见出人类自己在“道”面前的无奈，也显示了人类语言在它面前的苍白。譬如将它称为“大”吧，有所“称”必定有所“分”，有所分别必定有所对应，有所对应必然就有所对待，因为称“大”就必有“大”“小”之分，说“高”就必有“高”“低”之别，有了“大”“小”之分和“高”“低”之别，“道”就不是无限至极和混成不分的了，这样，对“道”的肯定就变成了对“道”的否定。

“道”之为“大”并非如天那样常覆在上，也不像地那样常载于下，它不固守一方，也不待在一处。不固守不呆滞便周流不息无远弗届，无远弗届便回归本原，它从不随其所适而改其混成之体——“道”永远就是“道”。

常言说，道大，天大，地大，人也大。说“道大”，因为它包罗天地无所不容；说“天大”，因为它笼罩万物无所不覆；说“地大”，因为它辽阔无垠无所不载。那么，说“人大”又是指人的哪些方面呢？就其形体来说，人显然不能与天地相比，但天地之性人为贵，万物之中人为灵，所以人得以与天地相参，能够与道、天、地并列，宇宙中有“四大”而人居其一，“四大”之中而“道”尤大。

说“道”在“域中”或宇宙之中，是指“道”内在于万物而言的，是指它其小无内的一面，但“道”同时又有其大无外的另一面，它在时间和逻辑上都是“先天地生”，它在本质上又是超时空的。

道、天、地、人四者之中，人法地之清静而万物生长，地法天之无言而四时更迭，天法道之无为而宇宙生成，道法自然而不违其本性。

在“人法地，地法天，天法道，道法自然”这一逐层铺垫的句式中，无非是要凸显“自然”的最高原则。“道”作为宇宙的本原和最高实体，其本质就是“自然”。可见，“自然”是贯穿于道、天、地、人的终极价值。

取法自然就是要人们在方而法方，在圆而法圆，不无端扰乱世事的进程，不无理干涉事物的变化，不蛮横破坏外物的特征。

（参见原第25章）

2. 什么是自然？

“人法地，地法天，天法道，道法自然”，由此可见“自然”不仅是“道”的根本特性，也是天、地、人的终极价值，岂只是“道”纯任自然，天、地、人何尝不视“自然”为自己的最高存在状态？

那么，什么是“自然”呢？

后世注家王弼认为自然是“无称之言，穷极之辞”（《老子》第25章，王弼注），它是指宇宙万物没有人为干扰时的本来面貌，是一种无须用语言也无法用语言解说的存在状态或天然本性。西哲海德格尔对自然的言说与王弼某些地方不谋而合，他在《存在与时间》第一篇第三章中说：“从存在论的范畴的意义来了解，自然是可能处在世界之内的存在者的存在之极限状况。”（《存在与时间》，三联书店1999年第二版第77页）

听上面两位哲人解释“自然”，就像是在寺院里听和尚念经，或者是在教堂中听牧师布道，越听越糊涂，越听越乏味，越听越烦躁，要是听着听着能昏昏欲睡还算八辈子福气。

庄子关于“自然”的警言妙语倒是趣味横生，我们来听听他是怎么说的：“河神分不清什么是自然，什么是人为，一天他跑去问北海神：‘请问什么是自然？什么是人为？’北海神给他打比方说：‘牛马生下来就有四只脚，这就叫自然；用辔头套在马头上，用缰绳穿过牛鼻孔，又在马脚底钉上铁蹄，这就叫人为。不要用人为去毁灭自然，不要以造作来破坏天性，不要因贪得去求名声，谨慎地守护着自然之道，这就叫回归到了本来的天性。’”

两千多年前人们讲的“自然”与今天大家说的“自然”内涵并不相同。现代汉语中的“自然”常指自然界或大自然。先秦人一般用“天地”或“万物”来指代自然，而他们所谓的“自然”则是自然而然，指万事万物未经人为干扰的天然状态，这一层面的“自然”与“人为”相对。

现代文明使人样样都崇尚人为，样样都用机械来代替天然。我们强使北方的土地种出南方的庄稼，强使冬天的季节长出夏天的瓜果，强使直木变成弯曲畸形，强使河水流往高处……我们人为地灭绝某一类动物，又培育出另一类动物，把浩瀚的湖泊改为万顷农田，把翠绿的森林砍成荒山秃岭，把天然草场弄成无边沙漠……把自然的生态平衡完全破坏，如今我们已得到了大自然的无情报复。人自己也不愿意接受自然的安排，譬如老天已经给每人造了一张脸，有些人偏要去想法给自己另造一张——美容院里不知制造了多少人间的悲喜剧；又如老天已给每人指定了一种性别角色，有些人偏要男变女或女变男——变性手术台上天天在为人间制造假“男”假“女”。

落实到人类自身，“自然”是指人们的天然本性，或者是指生命存在的本真状态，也就是人的真思想、真性情，这一层面的自然又与虚伪相对。

在道家那儿“自然”与“真”这两个概念是同一的——“真”的也就是“自然”的，“自然”的也就是“真”的。套用卢梭在《爱弥儿》一书开端的名言来说：出于自然之手的东西真而且好，一到人手里就变得伪而又坏。

自然是一个人生命真性的真实展露。无论是谁，不真诚就不能动人，勉强挤出来的泪水，看起来悲痛却不能使人哀伤；佯装火冒三丈的大怒，尽管样子吓人却并不叫人害怕；违心地和别人拉关系、套近乎，虽然笑容可掬但并不让人觉得可亲。真诚的悲痛，即使没有哭声也让人落泪；真正的愤怒，即使不发火也使人觉得威严可畏；真心相爱，哪怕不露笑容也使人觉得甜美亲切。

可悲的是，人类并不是越文明就越自然，相反越文明就越不自然，甚至越文明就越反自然——如今人们不像先民那样茹毛饮血，可也不像先民那样质朴纯真；不像先民那样粗声大气，可也不像先民那样坦露真情。

人呵，什么时候我们大家才能真的“返回自然”？

（参见原第25章）

3.“我们本来就是这样的”

从古到今历史上并不缺少清正廉洁的官吏，施政以仁，待民以慈，居己以俭，他们生前受到百姓的欢呼爱戴，死后受到人们的怀念追思，辖地人民还为他们树碑立传，有的甚至还修庙立祠，代代祭奉，如成都祭祀诸葛亮的武侯祠，柳州祭祀柳宗元的柳侯祠，潮州祭祀韩愈的韩文公祠。由此可见人们对这些官吏是如何感恩戴德，如柳宗元在柳州刺史任上惠政爱民，使其治内百姓各安其业，“宅有新屋，步有新船”，少有所养而老有所归，所以老少相互勉励“莫违侯令”，柳州人民至今仍然崇敬他、悼念他。

不过，这些人虽算得上廉吏但还算不上最好的官吏，他们在任上实行仁政，利泽施于人，恩惠昭于时，美名传于后，老百姓将社会的安宁、经济的繁荣和生活的幸福都归功于他们，他们也理所当然地赢得了老百姓由衷的尊敬和赞誉，众口一词地说：要是没有某某我们仍然处于泥涂之中，要不是某某我们仍然生活得穷困潦倒，要是没有某某我们可能还在做亡国奴，某某是我们的大恩人，某某是民族的大救星，如此等等，不一而足。

最上立德，其次立功，再次立言，是古代儒家所谓三不朽。立德也好，立功也罢，无非是自觉地为国家为百姓做些好事，让国家更加强大繁荣，让百姓更加富裕幸福，也好让自己流芳百世。虽然其德可怀，其功可嘉，但他们仍心存功名之念，百姓因而也以美名相报。心存功名之念便会着意立善行施，在上的一“着意”便使自然朴散淳漓，在下的颂德报恩便使官与民裂而为二，上与下不能相忘于“道”。

因而，最好的统治者从不有意立善施仁，也从没有想到要百姓感恩怀念。他们处无为之事，行不言之教，让万物生长而不滥施影响，让百姓生息而不横加干涉，人们按着自然的节律日出而作日入而息，全然感觉不到统治者的恩惠仁慈，只是知道有一位国君罢了。

到有意为百姓施恩行善，让百姓为其树碑立传、修庙祭祀，就已经远离无为而治的精神，这样的统治者自然也就稍次一等了。相传舜处处标榜仁义以收买人心，虽然也能讨得人们的欢心，但他本人并没有超脱功名的牵累；而更古的国君泰氏就大不一样，其德性是那样高尚，其言谈是那样诚信，任别人称自己为牛，任别人称自己为马，任别人说好说坏、论是论非，这些都无妨他睡时的香甜安适，无妨他醒后的自在清明，他完全摆脱了一切外物的拘系。舜为政与为人的境界远低于泰氏。

再到统治者对百姓指手画脚的乐趣取代了对百姓的仁慈之心的时候，仅仅靠刑法来威吓人民，靠政教来统治人民，人民虽不敢不老老实实地听命就范，但他们只畏其威而不敬其人，只避其刑而不耻其心，这样的统治者就更次一等了。

最后到刑法已被当权者践踏，政教对人民也毫无作用，那些自诩为百姓“父母官”的统治者，就不得不用奸诈来欺骗百姓，用权术来愚弄百姓，用极刑来恐吓百姓，百姓也用冷嘲热讽和诅咒反抗来作为回应。不用说，这样的统治者最凶残、最糟糕。

今天西方的政客们利用现代传媒，成天叽叽喳喳地自吹自擂，经济稍有改善便贪天之功据为己有：“这全归于民主党的有效管理”“这应归功于共和党经济政策的正确”“这应归功于社会党的及时动员”……社会一出现问题都连忙推卸责任：“问题出在共和党捣乱”“这是民主党的政策失误”“这是社会党无能的必然结果”……竞选期间每位候选人都大开空头支票，一登上宝座便将从前的许诺忘得一干二净。统治者本来就没有任何诚信可言，叫老百姓如何去相信他们呢？

英明的统治者从不轻易发号施令，功绩广被天下却像与自己毫不相干，恩泽遍施万物而百姓却感觉不到有所依靠。

等到大功告成万事如意，老百姓并不认为这是什么人的恩赐，都说“我们本来就是这样的”。

（参见原第17章）

4. 大道废弃，才尚仁义

如果我们每个人都百病不生，那还要医院和医生干什么呢？如果我们每个人都遵法守纪，世界上还要那么多警察干什么呢？如果社会上没有任何纠纷和官司，那律师不是都要失业了吗？如果天下太平百姓幸福，谁还去歌颂尧舜这样的英明君主？如果社会上的官吏个个正直廉洁，又会有谁去盼望包青天？

的确，身患疾病才去求医生，有人违法才少不了警察，处处是纠纷才离不开律师，世逢纷扰才颂贤尊圣，官吏腐败才称道包公。

我们几千年来一直在赞美仁义，孔孟将“仁”作为“人”最本质的规定，是区别“人”与“兽”最重要的准绳。孔子称“仁以为己任”，也即把推行仁义于天下作为自己毕生的使命。后世称孔子为“圣人”，称孟子为“亚圣”。然而有多少人知道正是大道废弃才倡导所谓仁义，出现了聪明智慧才有了奸猾虚伪，家庭陷于纠纷才推崇所谓孝慈，国家昏乱不堪才显出忠臣义士。

想想看，我们天天喊着学雷锋，就是因为雷锋这样的人太少了，假如大家都是雷锋，还用得着去“学”雷锋吗？报纸、电台总在宣扬大公无私，就是因为如今人们各扫门前雪，不管他人瓦上霜，假如人人都公而忘私，那大公无私还是值得讴歌的品德吗？社会上大力提倡和表彰什么道德品质，不正是由于社会上太缺乏这些品质吗？我们称赞孔繁森、焦裕禄这样的干部，不正是由于这样的干部还太少吗？

在远古大道尚没有废弃的黄金时代，人们的心灵坦诚而不虚伪，为人朴素而无须装饰，内在心性合于道，外在表现合于义，言谈简略但合于理，行为随便而顺乎情。大家安闲而无所为，优游而无所往，口中含着食物嬉戏耍闹，挺胸拍肚四处遨游。君主就像树梢上的枝条，虽然高高在上却全然无心，绝不因为自己所处的地位而颐指气使。老百姓就像快乐悠闲的野鹿，自由自在无拘无束，从不知道什么君臣之礼，更不知道向什么人磕头谢恩。人们与禽兽同居，与万物并处，压根儿就没有君子与小人之分。彼此都不存机心，生命的本性就不会扭曲；彼此都没有贪心，人人都会朴实真纯。大家一身正气却不知道什么是义，相亲相爱却不知道什么是仁，真诚实在却不知道什么是忠，任真得当却不知道什么是信，互相帮助却不知道什么为恩赐。

等到那些“圣人”出来急急求仁、汲汲为义之日，就是天下人心开始迷惑混乱之时；“圣人”痴痴为乐、拘拘行礼之日，也就是社会中各色人等开始分离之时。

完好的树木如果不被砍削雕刻，怎么能做出酒杯？洁白的玉如果不被毁坏琢磨，怎么会制成玉器？原木残破后才有器皿，人患疾病后才会找医生，本性破坏后才讲仁义。大道尚未废弃的时候，每个人都按自己的本性生活，性情从不偏离自然正道，要礼乐有什么用呢？天然的情感没有被损害，要仁义教化干什么呢？有道是：

> 太平治业无象，野老家风至淳。只管村歌社饮，哪知舜德尧仁？

（参见原第18章）

5. 归于婴儿

民族的发展也像个人的发育一样，存在幼年、青年、中年和老年的不同阶段，当然整个人类的发展也有类似的情况。一个人在幼年的时候十分纯真，高兴时就开怀大笑，痛苦后便放声大哭，爱就表现出亲热，恨就流露出厌恶，自己的天性没有任何扭曲、压抑和摧残，一举一动没有半点虚伪和造作，从内心到外表都透明澄澈。婴儿看起来是那样柔弱，而生命力却极其旺盛。《庄子》里有一则描写婴儿的段落："婴儿每天长时间大哭大叫，而咽喉从不会沙哑，那是由于柔和之气已到极致的缘故；婴儿整天紧握着小拳头，而手却从不会疲倦，那是由于这合于自然的道理；婴儿可以长时间目不转睛地注视一件东西，而他盯着某东西时却毫无意识，他的思想和情感仍然天真无邪，对这一东西没有任何贪婪占有的欲望；婴儿走路没有明确的目的，在家里也不知该做什么，他的一切行为都顺应事物的自然变化，不掺杂一点人为的因素。"

等到长大成人以后，见惯了世事的不公，经历了人事的打击，成熟了因而也世故了，失去了早年的幼稚，也失去了早年的天真。

有一次我们一家三口去朋友家吃饭，他家的主妇热情好客，为我们操办了一大桌菜肴，可惜我那位朋友和他的太太都不善于烹调，菜的碗数虽很多，有味道的却太少。

女主人十分歉意地说："你们随便吃。我这位老公是个地道的书呆子，我自己更笨手笨脚，两人都不会弄饭菜，你们千万别饿着肚子回家。"

女主人说的倒是实话，满桌的菜不仅没有什么味道，有些菜不是太生就是过熟，而且不少应热吃的却成了凉菜。道道菜都不可口，我们不知道该如何下筷子。

女主人仍在一个劲地劝吃，还把蒸得半生不熟的鱼夹在我们面前："别讲客气，别放筷子，是我的菜不可口吧？"

我妻子摆出一副非常真诚的样子说："你做的菜很合我们的口味，爆猪肝我们也喜欢爆老一点，蒸鱼我们家也从来是刚熟就吃。今天的菜我吃得很多，再填也填不进去了。"

其实，她并没有动筷子。

女主人又把鱼夹到我儿子碗里，儿子马上把鱼肉倒回原处，直言不讳地对阿姨说："这些东西不好吃，一点味道也没有。"

女主人满脸通红。

我满脸尴尬。

我妻子连忙表示歉意说："小孩娇惯得不成样子，什么好东西都说不好吃。"她还随口瞎编了一些例子，一边又批评孩子嘴太娇。

儿子虽然给朋友家带来了难堪，但他是怎么想就怎么说的，完全依自己的天性行事，从外表到内心都是透亮。我妻子当然顾全了主人家的面子，但这是通过违心地说谎来达到的。

时下人们的日常交往中，敷衍和说谎成了主要手段，甚至成了涵养的主要标志。试想当时我妻子要是也随着儿子说："这些菜的确一点也不好吃。"我和朋友全家都不会夸奖她为人真诚直率，反而定会认为她精神出了毛病；而她所说的"这些菜味道都不错"，谁都知道是在敷衍和说谎，但大家都觉得这样说是理所当然。

这就是我们文明的一大特点：说真话的被认为幼稚，甚至被认为是犯傻，而所谓修养就是把自己真实的思想情感隐藏起来的技巧。

于是，虚伪就可以招摇过市，直率反而畏畏缩缩地不敢出门。

于是人与人之间没有真诚，人与人之间缺乏理解，因而人与人之间也不可能有同情，彼此都礼貌周全地欺骗，大家都温文尔雅地敷衍。

假如我们都能像赤子一样真诚，人们的理解和沟通将多么容易！

猜忌、冷漠、暗算和讹诈就找不到市场。

假如我们能像赤子一样直率，虚伪和造作就会感到脸红。

（参见原第28章）

6. 知道白，守着黑

我们是些被文明化和世俗化了的社会动物，社会和父母教会了我们许多做人之道。

当子女刚刚牙牙学语的时候，爷爷奶奶爸爸妈妈就要告诉他们说：“要见什么人说什么话，话到嘴边要留三分，逢人不可露真情。”

这些为人之道，即使父母不教，我们长大后也不学而会、不教而能，因为周围的环境逼得你非如此不可。你不“话到嘴边留三分”，心中怎么想嘴上就怎么说，那你就会与周围的人都闹僵；你逢人就露出自己的真情，有些人转脸就来给你小鞋穿。吃了几次亏，自然就学了几分乖，见人就知道打哈哈了事。

“会做人”在今天的真实涵义就是会敷衍、会欺骗，待人能八面玲珑，在任何人面前都能巧舌如簧，在不同场合都能随机应变，已经成了比变色龙不知精明多少倍的“人精”。越会做人就越世故，离自然的天性就越远。

我们怎样才能返璞归真？怎样才能找回久已失去了的自然天性？

人们当然不可能闭着眼睛生活，眼睛一睁就能见到逢迎讨好，眼睛一闭就能听到阿谀奉承，谁在社会这个染缸里面能不变得圆滑世故呢？有的人用心计阴谋一夜暴富，有的人靠吹牛拍马平步青云，叫我们如何归真呢？

两千多年前的道家创始人同样也看到了这些现象，他认为要保持自己的天性，我们就要做到虽然明知圆滑的好处，自己却甘于诚实；虽然懂得谄媚会给自己带来利益，自己照样挺起胸膛来做人；虽然知道在众人面前抛头露面会扬名四海，自己还是坚持默默地耕耘；虽然明白富贵荣华使人羡慕和尊敬，自己却安于过贫贱卑微的日子；虽然也知道美味佳肴能使人享口腹之乐，自己还是津津有味地享用粗茶淡饭。

做人应该像天空一样，虽然有不少乌云在它上面飘过，但雨过天晴，乌云散尽，它仍然还是湛蓝如洗，一尘不染。

做人又应该像白玉，不管埋在什么地方都不改变自己洁白的本性。

（参见原第28章）

7. 顺应自然

“道”生成万物，“德”畜养万物，自身的物性使万物呈现出各种形态，具体的环境又使万物得以长成。“道”与“德”是万物生成化育的根本，所以万物无不尊“道”而贵“德”。

“道”之所以被万物所尊崇，“德”之所以被万物所珍惜，全在于它们从不干涉万物而任万物自然生长。

天地无心于为而物自生，无意于成而事自成，天地尚且因任自然，人类岂能妄施造作？

人生天地之中当然应法天效地。

体“道”者无一不委任自然，甚至连儒家所推崇的尧、舜也同样如此。《周易·系辞下》说："尧、舜垂衣裳而天下治。""垂衣裳"就是垂衣拱手自然无为。《论语·泰伯》记载了孔子对尧的由衷赞叹："尧这样的君主是多么了不起呵！只有天最伟大，只有尧能效法它。舜和禹是多么了不得呵！他们身为天下的君主却不干扰天下的事务。"尧、舜遵循天道自然的原则行事，不刻意去"励精图治"，不存心追求"流芳百世"。可他们无心于教而风俗淳厚，无心于治而人民安乐。五六十岁的老人击壤嬉戏于村头，五六岁的小孩欢歌笑语于路旁，谁也没有想到这是尧善于施政的结果。旁观的人看到此情此景感叹说："今天头发斑白的老人和牙牙学语的儿童都怡然自乐，真是多亏了尧的英明德政呵！"正在击壤游戏的老人听后反驳说："我们太阳出来便下地种田，太阳下山便荷锄回家，凿井而饮甘泉，耕地而食稻谷，这里哪有尧的什么功劳呢？"百姓不为尧歌功颂德恰恰说明尧自然无为的德性。

"天道"自然无为而不别出心裁，春到并非为了万物的萌生，夏至并非为了万物的成长，秋降并非为了万物的成熟，冬临也并非为了动物的冬眠。然而，春来花开草绿，夏至枝繁叶茂，秋来遍地金黄，冬至万类休藏，天地无心施与而仁厚，无意于为而无不为。

天地对于万物都一任其自然，从来不违背它们的本性，让鱼儿畅游于河中，让野兽奔驰于山上，让鸟儿翱翔于天空，为的是让它们能适其性任其情。我们什么时候看到过天地赶着鱼儿上山丘，逼着老虎下江河，强迫鸟儿钻入地下？天地只会让万物适性安生，绝不会破坏它们的自然本性。

体"道"者与天合其德性，与地同其操行，据说在上古的黄金时代，居者从容安详，行者优游自得，人民心中没有什么君主，君主眼里没有什么贱民，就像鱼虾相忘于水，又像禽兽相忘于林，人们相忘于世，君臣相忘于治。

天道生成万物却不据为己有，化育万物而不自以为有功，因为这一切都是委任自然所致。春天不为花开而至，花草也无须回报春天；秋风不因枯叶而来，落叶也无须埋怨秋风。有“道”之君没有需要治理的人民，淳朴的人民也没有需要报答的君主，这样的世道才可以称为至治之世，这样的君主才称得上有道之君。

（参见原第51章）

8. 再说顺应自然

“因任自然”的原则可用于治国也可用来治身，用于治国则国无不治，用于治身则身心坦然。

陶渊明是东晋深受老庄影响的大诗人，为人与为诗都达到了一种最高的境界：自然。前人称其诗“淳真高古”，赞其诗“质朴自然”。他说自己特别喜欢饮酒，可“家贫不能常得”，亲戚和朋友知其如此，有的特地买酒招他去家里饮酒做客，每次做客总要把酒瓶喝得底朝天，不醉不算，醉了便摇摇晃晃地回来。他在《晋故征西大将军长史孟府君传》一文中阐释了酒中妙趣：畅饮能让人融然远寄任真自得，在酒中可以使人“渐近自然”。

同样他也将个人的生死看作自然的事情。“既来孰不去，人理固有终”，“运生会归尽，终古谓之然。世间有松乔，于今定何间？”他一百多首诗歌中几乎有一半讲到生死，每次提到死时态度总是那么平静，语调尤为安详。他说那些一听说死就吓得面如土灰的人不明自然之理。生死对于任何人都是公平的，从三皇五帝到平民百姓，从白发老翁到黄毛孺子，每个人都要从出生走向坟墓，他在《形影神》一诗中写道：

> 三皇大圣人，今复在何处？彭祖爱永年，欲留不得住。老少同一死，贤愚无复数。

诗中提到的彭祖是传说中的高寿翁，据说他一生经历了夏、殷、周三个朝代，共活了八百多岁。这样的大寿星也免不了一死，三皇大圣和彭祖如今都在哪里呢？既然每个人都难免一死，那么我们要如何面对死亡呢？还是来听听诗人在同一首诗中是怎么说的：

> 甚念伤吾生，正宜委运去。纵浪大化中，不喜亦不惧。应尽便须尽，无复独多虑。

对于死亡的过度恐惧表明恐惧者还心中有“私”。他们把自己的生命体验作为自己的一种私有财产，因此想死死抓住自己的生命不放。有占有的欲望就有害怕失去的忧虑，有“私”有“欲”就不可能“渐近自然”，就不可能平静坦然地面对死亡。要超脱死亡的束缚就得让自己从自我占有中解脱出来，让自己与宇宙大化融为一体，只有“纵浪大化中”才能“不喜亦不惧”。对生死明智的态度是任其自然，当生命该完结时就让它自然地完结，这样才能达到一种无挂无碍、不沾不滞的精神境界。他在《归去来兮辞》中也说：“寓形宇内复几时，曷不委心任去留？胡为乎遑遑欲何之？富贵非吾愿，帝乡不可期。怀良辰以孤往，或植杖而耘耔。登东皋以舒啸，临清流而赋诗。聊乘化以归尽，乐夫天命复奚疑！”“委心”是听任内在的自然，“委运”是听任外在的自然。可见，他完全是以“任其自然”的方式对待死亡，认为个人生命是自然大化的一部分，死亡不过是“回归自然”罢了，“去去欲何之，南山有旧宅”。返回自然便与自然和同一气，“纵浪大化”便随大化而永存。

他临死前两个月写一篇《自祭文》，说自己活了六十多岁死去“可以无恨”，“从老得终”是人之常理，自己一生都“乐天委分”，现在死去还有什么割舍不下的呢？

写了《自祭文》后不久，他又接着写《拟挽歌辞三首》，一下笔就说：

有生必有死，早终非命促。

有生就必然有死，生死属于天理自然，对此他倒没有什么顾虑和忧伤的，唯一的遗憾就是：“但恨在世时，饮酒不得足。”

死倒没有什么值得悲哀的，只是生前没有把酒饮足有点遗憾，真是幽默而又豁达。

只有以“任其自然”的态度对待死亡，我们才能死得豁达坦然；只有死得豁达坦然，我们才能活得洒脱大度。

（参见原第51、64章）

9. 人算不如天算

“天网恢恢，疏而不漏”现已成了常用的成语，我们用它来形容作恶者最终要受到国法的制裁，可它的原意是指“天网”（即“天道”

或“自然之道”）所覆盖的范围广大无边，“网孔”虽然稀疏却无半点失漏。

常言道“人算不如天算”，“天谋胜过人谋”。人勇于坚强反而可能丧命，勇于“不敢”反而可能得生；工于心计反而会失算，老实笨拙反而会有成。

孔子弟子子路也许是个因勇敢而掉脑袋的典型例子。据司马迁的《史记·仲尼弟子列传》载，这位老兄从孔子问学之前为人粗野，头上戴着雄鸡状的帽子，腰间缠着画有公猪的佩带，遇事总要逞凶斗狠。师事孔子后还询问老师说：“君子也崇尚勇武吗？”孔子警告他说：“君子好勇而无义则乱，小人好勇而无义则盗。”老师这些忠言他哪里听得进去？孔子看到他仍然我行我素，曾痛心地说：“像子路这样好勇逞强的人，将来一定不得好死。”老师的话不幸而言中，后来子路为卫大夫孔悝的邑宰，因不愿跟随孔悝迎立蒉聩为卫公，蒉聩命令将他杀死，死时还戴着那顶帽子。

纵然神机妙算也可能遭人暗算。《庄子·外物》篇说：宋元君半夜梦见有个披头散发的人在侧门探头探脑地说：“我来自宰路的深渊，本是作为清江的使者到河伯那里去，不料半路被渔夫余且捉到。”元君醒后使人占卜才知道这是只神龟，侍臣还告诉他的确有个叫余且的渔夫。余且奉命向宋元君献上神龟，宋元君杀死神龟用来占卜，占了七十二卦没有一卦不灵。庄子借孔子之口感叹说：“神龟能托梦给宋元君，却不能躲避余且的渔网；机智能占七十二卦而且卦卦灵验，却不能避免刳肠剖肚的灭顶之灾。由此看来，再机智的人也会陷入困境，哪怕神灵也常有智所不及。”

就为人来说，或因机巧而致败，或因勇敢而招灾，老天之所好恶，谁知是什么缘故呢？

就身体而言，或厚自奉养却早衰，或因任自然而高寿，老天的好恶爱憎，谁又能猜测得到呢？

不过自然之道最显著的特征是：不争斗而善于取胜，不言说而善于回应，不召唤而自动到来，虽迟缓而善于谋划。

无欲就不会“争斗”，无为也用不着“言说”，无求又何须“召唤”，无心又怎么去“谋划”？

寡私欲而弃机智，守柔弱而去雄强，为无为而戒争斗，尚淳朴而绝巧伪，做到无为、无欲、无心、无求，就能坦然地顺应自然的变化，就能与天同一，就能与“道”同体。

（参见原第73章）

10. 儒道两家能说到一块吗？

人们渴求真、善、美的统一，也就是孔子所谓“文质彬彬，尽善尽美”的境界，它的实现必须有一定的外在条件或逻辑前提——就个人而言应天真未丧，就社会而言应世风淳朴，就其本质而言应大道未裂。在这种情况下，人们任性而行不待安排，称心而言无须矫饰，高兴了就开怀大笑，苦闷时就失声痛哭，亲爱就现出亲昵欢悦之情，憎恶就形诸鄙夷不屑之色，从人们的表情就能了解其内心，从人们的语言就能知道其思想，此时真、善、美就能统一甚至同一——真的也就是善的和美的，美的同时也就是真的和善的。

等到混沌既凿、天真全丧、大道已裂之后，美和真、善也同时分裂甚至对立了，装出来的笑脸并不能表明内心亲热，挤出来的眼泪并不真的说明精神痛苦，每一个人都不敢坦露自己生命的真性，不敢向人敞开自己的心扉。既想追逐世俗的浮名，又想得到社会的实惠，在疯狂的贪婪追逐之中，生命也逐渐丧本离真。人们酷似舞台上的戏子和电影中的演员，一辈子都在为观众们“做戏”，总是在扮演世俗所期望和指定的角色：诚惶诚恐地侍奉君王，满脸堆笑地讨好上司，恭恭敬敬地对待父母，客客气气地对待同事……总之，他们是大家称道的忠臣、孝子、同事、正人，但从来就不是他们自己。谁都不敢在人生舞台上卸下自己的面具，人们的形象就是他们的假像，人们的身份就是他们的伪装：奸贼时时要装扮成忠臣，忤逆也要装扮成孝子，负心郎不得不装成痴情汉，偷情的荡妇更要在自己的丈夫面前表露忠贞。

当人们的一言一行都是为了捞取世俗的“好处”——如高官、显位、美名、暴利——的时候，语言就不是用来表白真情而是用以遮蔽真性。真心话用不着漂亮言辞来修饰，漂亮的言辞说不出真心话；巧舌如簧的人就不善良，善良的人就不会花言巧语；真正知“道”的人不卖弄广博，卖弄广博的人并不知“道”。

《庄子·知北游》中也说：“炫耀广博的不一定有真知，能言善辩的不一定有慧见。”体“道”者从来就不炫博善辩。得“道”在于向内抱“一”守“真”，不在于向外贪多求博，因而得“道”的人从不叽叽喳喳，叽叽喳喳的人就没有得“道”。“道”既不可“名”又不可“道”，所以我们应该像维特根斯坦所说的那样：凡是不能言说的就应当沉默。庄子在两千多年前就告诫过人们“明见无值，辩不若默”。

然而，人们既不可能无为也不可能沉默，为了巴结上司，为了取悦观众，为了讨好情人，为了……一句话，为了实现个人的野心，为了满足自己的贪欲，每个人都得学会“包装”或“化装”。只有学会了“包装”和“化装”术，才有可能在官场上骗取要职，在竞选时骗取选票，在情场中骗取爱情，在舞台上骗取喝彩和掌声，在学术界骗取赞美和尊敬……

“智慧出，有大伪”，在这一点上儒道两家总算是有了共同语言。孔子在《论语》中也多次感叹说：“巧言令色，鲜矣仁！”“木讷近仁。”巧言令色所“包装”的可能是一个虚伪的小人，滔滔雄辩所“包装”的可能是一颗丑恶的灵魂，斯文渊博所“包装”的可能是一颗浅薄无知的心灵。

饰其外者必伤其内，炫其形者必累其神，重其文者必丧其真，这是伴随着大道分裂所出现的必然现象，陶渊明早就给人们提过醒：“真风告逝”后必然是“大伪斯兴”，要想真、善、美重归于统一，人们就得返朴归真。

（参见原第81章）

第三章

无为与有为

引言

一本《老子》其中心论旨可说就是“自然无为”，其他如“弃智”“主静”“希言”“守柔”“去欲”“戒矜”等思想全由“自然无为”引申而来。

“自然”是老子所推崇的最高境界，而要达到“自然”又必须“无为”，《老子》63章劝告人们说“为无为，事无事”——以“无为”为为，以“无事”为事。时下许多哲学家和哲学史家对此一直存在着无意的误解和有意的曲解，他们一口咬定老子的“无为”“表现了消极的处世思想”。(《哲学大辞典·中国哲学史卷》，上海辞书出版社1985年版第63页)事实上，老子的“无为”并不是“不为”，更不是要大家躺在沙发上无所事事，它只是强调顺应万物本性而不人为干扰，遵从自然规律而不人为破坏，所以《淮南子·原道训》说：“所谓‘无为’者，不先物为也；所谓‘无不为’者，因物之所为。”“因物之所为”就是顺应事物本性或遵从自然规律。只要因任自然就能达到自己的目的，违反自然胡作非为的结果必定是“凶”(《老子》16章)，只有“无为”才能“无不为”，这类似于康德所谓“无目的而合目的”。可见，老子的“无为”不仅与“消极”“退避”“无所作为”完全沾不上边，而且它还具有一种积极的用世品格，本质上它是要求人们“循理而举事，因资而立功”，也就是因其自然而为，循其事理而动，顺其本性而行。

当然，千万不能将“无为而无不为”，理解成“通过无为以达到无不为”，如果这样，“无为”就走向了它的反面变成“有为”。“无为而无不为”是无心而成、无意而得，“通过无为以达到无不为”则是因欲而动、有意而求。

顺应“自然”还是违反“自然”是“无为”与“有为”的分水岭。只有“无为”才能“自然”，同时“无为”本身也就是“自然”，因而，“无为”既是手段又是目的，既是功夫又是境界。

“无为”这一观念对中华民族思维方式和行为方式的影响既深且远，从皇帝到平民，从武夫到文士，从学富五车的骚人墨客到目不识丁的小贩村夫，或直接或间接都受到了它的影响。有人用它来治国，有人用它来治兵，有人用它来搞文艺创作，现在又有人用它来办企业，人们在运用它的同时又在不断地丰富它。有了它，治国者懂得要“处无为之事，行不言之教”，老百姓明白了“有意栽花花不发，无心插柳柳成荫”，作家艺术家更知道创作要“笔致自然而无人工的痕迹”。

近半个世纪，我们国家在生产建设中违反自然的“有为”和“妄为”，造成经济停滞和环境破坏的后果令人触目惊心，交了这一笔沉重的“学费”后，现在大家都乐意聆听老子“无为”的教诲，也会认真记取他那“不知常，妄作，凶”的警告。

1. 无为与有为的界限

“无为”在道家思想中属于核心概念之一，它不仅成了后世不少统治者的治国方法，也成了百姓们自觉或不自觉的处世方式，并成了我们民族传统文化的重要因子，当然也融入了我们民族的文化—心理结构。

那么，什么是“无为”呢?

《老子》64章的结尾曾说过“以辅万物之自然而不敢为”，这句话的意思是说辅助自然万物发展但不敢有为。这真的使人越听越糊涂了，“辅助万物”不正是在“为”吗？怎么又说“不敢为”呢？一边说正在辅助“万物”，一边又说“不敢为”，这不是自己在掌自己的嘴吗？“辅”不是“为”又是什么呢?

大家如果联系到前文讲到的“为者败之，执者失之”，就不难悟出此处所谓“为”的特定内涵：它专指那些在自然发展规律之外另搞一套，用主观意图来扰乱自然趋势的行为，如喝令水倒流，拉着马犁田，强迫牛打仗，命令公鸡下蛋，强使老虎下水，这些违反自然本性的行为就是“为”，我们在其他地方又把它称作“有为”。刘安在《淮南子》中将“有为”界定为“用己而背自然”——从一己的私心出发反自然而行。

“无为”并不是说“凝滞而不动”(《淮南子·主术训》)，也不是说受到外物刺激而没有反应，受到外敌攻击而不躲避和反击，面临困难而不想办法克服，它是指“私志不得入公道，嗜欲不得枉正术，循理而举事，因资而立功”(《淮南子·修务训》)。顺其正道而行，循其公理而为，因其本性而动，也即“辅助自然万物的生长发展”而不进行任何人为的干扰，因任自然而不用私欲，这一类“行为”就算是“无为”。如行舟于绿水，策马于平原，积土以为山丘，挖沟以为河道，这些都属于“循理而举事，因资而立功”的“无为”。

可见，是否顺应了自然的发展规律，是否违背了万物的本性，便是衡量“无为”与“有为”的准绳，遵循自然的规律和顺应万物的本性就是“无为”，反之将个人意志强加于自然或以个人私欲扭曲物性的行为就是“有为”。

自然的发展变化有一定的规律，我们把这种规律称为“常”，“常”也就是事物万变之中不变的规则。在前文我们曾郑重地警告过统治者：“不知常，妄作，凶。”（16章）不认识自然发展的规律，甚至违反这些规律轻举妄动胡作非为（“妄作”），非闯出大乱子或遭受大损失不可（“凶”）。

（参见原第16、37、38、64、75章）

2. 一切肯定皆否定

前面我们曾说过，超形绝象的道原本浑朴无名，既不可称呼也不能言说，更不可分出什么美丑善恶来。等到“朴散为器”也即道裂为万物的时候，就开始有了美丑、善恶、高下、长短的不同，人们在观念上也就有了美丑、善恶、高下、长短的分别。世人都知道“美”之所以为“美”，不仅言外别有“丑”在，而且本身也就成为“丑”；世人都知道“善”之所以为“善”，不仅言外别有“恶”在，而且本身也就成为“恶”。

春秋时，阳子来到宋国都城商丘，在一家豪华的旅馆下榻。富有的旅馆老板养了两个年轻的小妾：一个美得惊人，一个丑得吓人。那位美妾苗条的身段婀娜多姿，双眸顾盼生辉，两眉弯如新月，从乌发到素足般般入画。岂止秀色可人，更是能歌善舞，谁见了都要动心。那位丑妾就别提了，皮肤黑而又糙，身材粗而且短。阳子弄不懂这位精明能干的老板怎么会爱上了她。可是，他住了几天后便发现情况和他想象的完全相反，那位丑妾受到旅馆上上下下所有人的尊敬，老板更是和她形影不离；而那位美妾却受到众人的鄙视，老板对她似乎也不太感兴趣。阳子觉得十分蹊跷，就留心观察个中原因。原来那美妾对其美貌的自我意识太强，时时处处感到自己美似天仙，把所有人都看成丑八怪，神情又冷漠又高傲，老想别人拜倒在她的石榴裙下仰慕她，恭维她，那份骄矜之气真叫人受不了。而那位丑妾并不回避自己生理上的不足，也不因此自卑得抬不起头来，她待人接物平易随和，从不因为与老板的特殊关系而对店员颐指气使。美妾自以为独冠群芳，总是以美自媒自炫，因而大家由反感她而厌恶她，慢慢看不出她美在何处了；丑妾因其为人亲切诚恳，人们反而忽略了她的丑陋，看多了反而越看越顺眼。

美与丑是这样，善与恶也是这样，何止是美丑善恶呢？万事万物无一不是这样。过了两千年后的十八世纪西方哲人斯宾诺莎也说“一切肯定即否定”。

彼此对立的事物总是相互依存，双方都以对方的存在为自己存在的前提，没有对立的一方，另一方也失去了存在的依据，因而，有与无相互生成，难与易相辅相成，长与短相互凸现，高与下相互包含，音与声相互应和，前与后相互随顺，得与失相携而行，大与小相对而生……没有“小”就无所谓“大”，没有“无”就说不上“有”，没有“后”又哪来的“前”？没有“短”又谈什么“长”？

所以圣人治国以“无为”处事，以“不言”行教；“不言”则无不教，

"无为"便无不为。君主肯定某物必定隐含着否定另一物，倡导某事必定隐含着制止另一事，表彰某种行为必定隐含着惩罚另一种行为。有"为"就会有所不为，有"言"就将有所可否，有可否就有赏罚，而君主的赏罚可否自然将影响百姓的爱憎趋避，爱之所在便趋之若鹜，憎之所在避之唯恐不及。

楚灵王好细腰，人们为了讨他欢心而争相节食，致使许多臣妾饿死宫中；越王勾践好勇而揖斗蛙，国人不惜抛头颅、洒热血，以致许多人为此丧了性命。世上有谁喜欢忍饥挨饿？有谁不珍视和依恋自己的生命？更有谁不恐惧和逃避死亡？可是由于国王的提倡和奖赏，人们竟然争着去饿肚子，甚至竞相抛弃各自的宝贵生命。国王宠爱那些身材苗条的臣妾，无疑就冷落了那些粗短身材；奖励那些轻身斗勇的赳赳武夫，肯定就冷落了那些文质彬彬的斯文君子。

君主应该效法"道"来治理国事，像"道"那样包裹天地而禀授无形，让万物自然兴起而不加倡导，育成万物而不据为己有，抚育万物而不自逞其能，万物长成而不居功夸耀。正因为能不居功夸耀，人们反而归功于他，他的功绩也永远不会泯没。

（参见原第2章）

3. 天地不讲仁义

地球上四只脚蹦跳的动物都只有本能，而两只脚行走的人则除本能外，还有叫"人"也觉得荒唐可笑的虚荣心。

邻居的小女孩因有一个全班最漂亮的笔盒，她每次拿笔时总要故意把笔盒弄得吱吱作响，好让所有的同学投来羡慕的目光；陈小姐最近买了一件进口的连衣裙，她逢人就想告之这件裙子的产地，唯恐别人鱼目混珠或将“洋”当“土”；张先生的祖父据说曾被某位大人物接见，此事他给太太已经说过不下五百次了，只恨没有自己的电台和报纸，不能让国人和他一起分享荣耀。

个人如此，人类亦然，只是人类虚荣心的表现形式稍有不同罢了。“人类”虽然不屑于在“虎类”“猫类”“鼠类”或“驴类”面前夸耀自己，但总禁不住要自吹自擂地说什么“人是宇宙的精华，万物的灵长”，说什么“世间万物中，数人最灵智”，还老是自作多情地想象老天唯有待自己最厚。墨子就眉飞色舞地说天对人是如何如何仁爱，特地降下雨露以生长五谷桑麻，好让人能吃饱穿暖；列子也认为天时时处处为人着想，特地生出许多鱼鸟鸡鸭让人享受；亚里士多德也想当然地说天为了人才生出各类禽兽，生马以供人骑坐，生牛以代人耕种，生兔以供人食用；还有人说天为了人便于工作才造出明亮的白昼，为了让人好休息又造出了宁静的黑夜；更多的人则声称太阳和月亮都围绕着地球转动，人是地球上的灵长，地球是宇宙的中心，如此等等，不一而足。

突然有一天哥白尼跑出来说，不是太阳围着地球转，相反是地球围绕太阳转；接着达尔文又站起来说，人类并不是什么上帝的选民，而是从猴子进化而来的动物。人们用不着特别的研究也能看出，天对人丝毫没有什么特别的仁慈，固然“为人”生出了牛马兔，可也“为人”生出了苍蝇蚊子；有时风调雨顺让五谷丰登，有时又大旱连年使寸草不生；生出了许多药材让人治病，可也生出了许多病毒让人丧命……

这些都不是令人类洋洋得意的发现，因为它们刺伤了人类的虚荣心，难怪那些不受欢迎的发现者，或被杀害，或遭诅咒，或受冷落，难怪我们迟迟不愿意接受这些“铁的事实”了。

可是哥白尼、达尔文等人的发现毕竟是“铁的事实”，而墨子、列子、亚里士多德等人说的那些甜言蜜语只能满足人类的虚荣心。

还是面对“事实”吧。

天地纯任自然，对万物既无所作为也无所造化，既不施以恩惠也不加以破坏，让它们枯荣相继自生自灭，毫无仁慈恩爱可言。假如天地真的因人喜欢吃羊肉、穿羊毛而对羊特别偏心，让地球上到处是咩咩叫的雪白绵羊，那人类就别想再有绿茵如盖的草原了。大草原很快将退化为大沙漠，如今天内蒙古、甘肃、宁夏等地过度放牧造成草原沙化，二三月间见到的不是“草色遥看近却无”的初春美景，而是“千里黄云白日曛”的沙尘暴；假如天地因蛇会伤人而把蛇都灭绝，没有了蛇这一天然克星，老鼠就会漫无节制地繁殖生长，人们走路固然再用不着提防蛇咬，但又要面临更可怕的鼠灾——田地里的稻谷还没有收进农民的粮仓就已填进了老鼠的肚子。天地如真有仁慈之心就必定有所作为，有所爱憎。有所作为将使万物丧真伤性，好似人因爱鸟而把鸟关进笼中，因爱观鱼而把鱼放进缸里；有所爱憎就不会亲疏一等，要么由于“新松恨不高千尺”而揠苗助长，爱之实所以害之，要么使被爱者过分强盛而危及被憎者的生存。天地如此厚此薄彼怎么可能使万类勃兴？万类不能并存又哪有自然界的生态平衡？

幸好天无私覆、地无私载，万物才各得其所，万类才相克相生。

天地无心于万物而任其自生自灭，君主应无仁于百姓而任其自作自息。执政者若心怀仁慈就免不了有爱憎，有爱憎就免不了有拣择，这样在他治下的百姓肯定是“几家欢乐几家愁”——某些人受到偏袒，另一些人就可能受到压制；这部分人成为座上宾，那部分人便可能成为阶下囚。君主应像天地那样纯任自然，其于百姓一如天地之于万物，因其自然而无施无为，无恩无威，让百姓各遂其生，让每人各适其性。

打铁时用来鼓风煽火的风箱中间廓然空虚，因为空虚它永不会穷尽，因为空虚越鼓荡其风越大。天地之间也酷似风箱荡然空虚，太虚中空则万物并作，元气鼓荡则大化流行，任万类繁衍而不为，任万物滋生而不竭。君主治国要取法天地虚静无为，弃己任物则物无不理，冲虚自守则事无不成，政令烦苛反加速败亡，横加干涉更招致大乱。

（参见原第5章）

4. 最美的语言就是无言

不管你采用什么样的交通工具，只要你出行就会留下印迹——乘车有车辙，步行有足迹，飞行有航线，坐船有水纹；不管你如何雄辩滔滔，只要你言谈就会露出破绽——立论可能逻辑不周，辩论可能出现漏洞，说得越多越有可能被别人抓住把柄；不管你是如何聪明敏捷，只要你计算就离不开计算工具——古人用筹策，近人用算盘，今人用计算机；不管你能想出什么办法，只要你关门就得用开关器具——或者木做的栓梢，或者铁做的锁；不管你能想出什么点子，只要你捆东西就少不了绳丝——不是麻绳，就是胶线，或者是铁丝。

善于行走的顺其大“道”而行，所以不留下任何行迹；善于言谈的顺物之性，所以绝不会有丝毫的错误；善于计算的以“道”为计，所以不用什么筹策；善于关闭的因其自然而关之，不用栓梢铁锁也没有任何人能开门；善于捆缚的因其自然而捆之，不用绳索也没有任何人能解结。

因而，体“道”者辅万物之自然而不施不造，不设立形名概念以区分万物，不确定愚智以品评高下贤愚，不定出实用标准以衡量有用与无用，不怀一点偏见以影响个人爱憎，让每人各安其性，各尽其能，各遂其生，所以在体道者那里没有被弃之人，让物各尽其用，各得其所，各安其位，所以在体道者那里没有被弃之物。

禅宗三祖僧璨在《信心铭》中一开卷便说："至道无难，唯嫌拣择，但莫憎爱，洞然明白。"对所有的人与物都一视同仁，了无分别，那对任何人、任何物也就无所向背爱憎；对人与物无所向背爱憎，那对他们或它们也就无所拣择取舍。做到了无所分别、无所爱憎、无所取舍，一个人也就臻于道的最高境界了。

我们知道，取舍总得要以某种标准为依据，而标准又以某个人或某类人为基点。同一种东西以不同的标准来衡量会得出完全不同的结论，正如苏轼在《赤壁赋》中说的那样："自其变者而观之，则天地曾不能以一瞬；自其不变者而观之，则物与我皆无尽也。"

人们谈论问题和臧否人物往往以自我为中心。大家不是常犯"贵远贱近"的错误吗？人们不总是"爱美嫌丑"吗？"我"的"远"方可能就是你的"近"处，"我"的"左"边可能恰是"你"的"右"边，"我"眼中的"白天鹅"可能正是"你"眼中的"丑小鸭"。

很难找出一个绝对的共同标准，人生活在潮湿的地方就会患风湿病，泥鳅不在潮湿的地方就要被干死，人爬上高树就会恐惧发抖，猿猴在高树上却蹦跳自如，这三种动物到底谁的生活习惯才合标准呢？人吃烤熟的面包，麋鹿生吃野草，蜈蚣喜欢吃小蛇，猫头鹰和乌鸦喜欢吃腐鼠，这四种动物到底谁的口味才合标准呢？西施是世上人见人爱的美人，可是鱼见了她就潜入水底，鸟见了她就要飞向天空，麋鹿见了她就转身逃走，这四种动物到底谁的审美趣味才合标准呢？

禅师称"但莫憎爱"，说"唯嫌拣择"，是由于在他们看来既然四大皆空，还分什么美丑、妍媸、贤能、不肖？道家称不别不析无施无为，是因为“道”原本浑然一体，既不可别析也无须区分。

人一有了贤愚之分，贤人必受抬举而愚者定遭嘲弄；一有了贵贱之分，贵者便受人尊敬而贱者就被人轻视；一有了美丑之分，美者被人爱慕而丑者遭人白眼。物一有了优劣之分，优者被人抢而劣者被人弃；一有了豪华与简陋之分，豪华的东西人们垂涎三尺而简陋货物被拒之千里。这样一来，有人就成了时代的宠儿，有人则成了社会的倒霉鬼；有些东西成了人们的抢手货，而有些东西则成了世上的“狗不理”。

有了主观的区分自然就有个人的取舍，有了个人的取舍自然就有不同的追求。为了在社会上出人头地，人与人之间就免不了残酷的竞争；为了追逐豪华的生活，大家就被煽起贪婪的欲望。

要是能顺其天理因任自然，便人无弃人，物无弃物。大朴未亏大道斯兴之际，人们不知有美丑之分和贵贱之别，朴散淳漓之后才开始辨别贵贱美丑。因而善人就成了不善人之师，不善人则成了善人之资，也就是说，善人以不善人为其借鉴，不善人以善人为其老师。世之所尊者莫如“师”，世之所爱者莫如“资”。善人之所以以不善人为资，正是因为不善人以善人为师，假如没有善人与不善人之分，何从有“师”与“资”之别呢？人被分为“善”与“恶”及“师”与“资”，无疑是大道分裂以后的衰象。在朴未亏道未裂的至治之世，既无分“善”“恶”，又哪有“师”“资”，更何来“贵”“爱”？

大道浑然一体而无分于善恶，“圣人”返朴还淳而无贵于师资，既不贵此而贱彼，也不爱甲而恶乙，让有其智者任其智，有其力者任其力，让万类遂其生率其性。如果不顺物之性，如果不因任自然，那么，越卖弄小聪明就越愚蠢，个中的至理既玄妙又精深。

记住吧，朋友，善行者无迹，善言者无言……

（参见原第27章）

5. 谁能使菊花开在春天？

“水面秤锤浮，黄河彻底枯，白日参辰现，北斗回南面”，只是情人发誓时的痴情话，除了黄河断流这一人为的灾难以外，水面自然浮不起秤锤，白日也见不着星辰，北斗当然也不可能回到南面。在现实世界中，人与物都按自己各自的本性发生、发展、运行或活动，日月经天，江河行地，春日花红，秋天叶落，这就是事物的本性和自然的规律。

如果谁不顾万物本性和自然规律，想要用强力来治理天下，我们断定他绝不会达到自己的目的，最后的结局必定会事与愿违。

“天下”这个东西神圣而又神秘，不能凭强力、有为来治理，也不能凭强力、有为来控制。强行治理天下反而搅乱天下，有意控制天下反而失去天下，“为”之所以败之，“执”之所以失之。

违背自然规律必定招致自然的报复，抗拒历史的规律必定遭到历史的报应，违抗人民的意志必定被人民推翻。

阳春三月“红杏枝头春意闹”，炎炎夏天“映日荷花别样红”，金秋九月则“菊花须插满头归”；牡丹一身富贵，梅花一身高洁，茉莉一身清香——物既姿态万千，人也是禀性各异：有的匆匆前行，有的慢慢尾随；有的细细嘘叹，有的放声急吹；有的孔武强壮，有的羸弱多病；有的沉静安定，有的急躁危险；有的缠绵多情，有的冷酷寡恩；有的要在运动场上显身手，有的愿在书斋中求功名；有的想走上仕途呼风唤雨，有的则想退隐山林明哲保身……

要是有位老兄专横地命令菊花和梅花都在春天开放，秋天没有菊花该是多么无聊，冬天没有梅花该是多么单调；要是谁武断地让百花开在夏日，春天没有满地红花又算什么春天？

大家不要以为只有疯子才有这般狂想，古往今来都少不了这样的狂人。“天上没有玉皇，地下没有龙王，我就是玉皇，我就是龙王，喝令三山五岳开道，我来了！”“大跃进”时的这些“民歌”人们也许还记忆犹新，唐朝黄巢的《题菊花》有些人更能过目成诵：

飒飒西风满院栽，蕊寒香冷蝶难来。他年我若为青帝，报与桃花一处开。

幸亏这位农民起义领袖没有做上“青帝”，不然，真的是要阴阳倒错春秋不分，从此金秋见不到金菊了。不管黄巢的主观愿望如何，这种横蛮破坏和扭曲万物本性的做法，其结果肯定不像读他的《题菊花》诗那样新奇有味。自然有自然的规律，经济有经济的规律，社会有社会的规律，强行做违背规律的事，就会适得其反。经济规律那只“看不见的手”会自己发挥作用，人为干预越多，经济就越糟糕，对于经济最好的办法是因而不为，顺而不施。

古今中外许多思想家都设计过人类的乌托邦，从柏拉图、陶渊明、莫尔到傅立叶，不管乌托邦设计者出发点如何善良，但所有的乌托邦都只是乌托邦而已，没有一个能变为现实，要真的变成了现实，乌托邦将由想象中的人间天堂变为现实中的人间地狱。我们来看看莫尔设计的乌托邦吧：此中人住宅一模一样，前门都面临大街，后门通向后院，屋顶一律都是平的；所有人的穿着样式一成不变，冬装和夏装毫无区别，工作制服规定用皮革制成，每套都得使用七年才更换；每人的就寝时间、吃饭时间、工作时间完全一样，上学年龄和学习内容也别无二致。这里人人的地位、财富和智力倒是平等了，可惜不是将卑贱、贫穷、愚昧提升到高贵、富裕和文明的水平，而是将高贵、富裕和文明削平为卑贱、贫穷和愚昧的程度。更要命的是，平等以抹杀人与人的个性为其代价，将所有的人都变为人的“平均数”。乌托邦无视人们本性和需求的多样性，因而它平等但却沉闷，安定然而枯燥。在一个人为强制性的社会里，无论看上去多么和平安乐，但我们决不肯把家搬到那里去。

丰富多彩和参差多态是幸福快乐之源，而要做到丰富多彩和参差多态，就要因其自然而不妄为，力戒偏执而不用智，任万物自得而不干预，让大自然水流花开，让人人行其所是……

（参见原第29章）

6. 无为而无不为

“道”虽然总是自然无为，可没有一件事不是它所为——这就是人们常说的“无为而无不为”。

为什么“无为”却又“无不为”呢？

“道”不属于任何一类或一种事物，它无形、无名、无声、无臭，因而“无”也就成了“道”的别名。作为潜在无限可能性的“无”，不断地生成万物实现万有，万事万物这些具体的“有”来源于无形无名的“无”。万有总处于生生灭灭的过程之中，而“无”则超越时间与空间永恒不变。世上所有的生物都不免一死，而孕育生命的“道”却未有了时；物体所呈现的形状可触可见，而形成这些物体的“道”却没有任何可感的形象；声音发出的音响谁都能听到，而产生这些声音的“道”却不曾有声；色彩所表现的画面是那么显眼，而形成这些色彩的“道”从未显现。“道”何曾有意去孕育生命、形成物体、制造色彩和产生声音，可一切生命、物体、色彩、声音无一不来源于“道”，这一匪夷所思的现象是由“道”“无为而无不为”的特性所决定的。

“道”“无为而无不为”这一特性，用康德的话来说就是“无目的而合目的”。“无为”是指其无所目的，它与基督教中的上帝截然不同。《旧约·创世记》中上帝是有意识地创造天、地、人的。“道”却全然无意于天地，天地也全然无心于万物。“大道”的运行是无目的、无意识的。不过，正是它“无目的”使它能“合目的”——无用而后能用之，无为而后能为之，大道无为而天地以成，天地无心而万物以生。

人们早已明白“道法自然”的至理，自然的境界是我们所推崇的最高境界，而要达到自然之境就必须“无为”，因为“有为”或妄为必定破坏自然。当然，“无为”并不是消极地无所作为，不是叫人们躺在沙发上什么也不干，或者把两手插在裤兜里四处闲逛，千万不能将“无为”等同于“不为”，它反对的只是违背自然的妄为，要求不以个人主观私欲来破坏自然的发展，所以人们常把“自然”与“无为”连用，把二者合称为“自然无为”。只有“无为”才有“自然”，同时“无为”本身也就是“自然”。因而，对于我们大家来说，“无为”既是手段又是目的，既是生活态度又是人生境界。

君主治国应效法大道的“无为”，用“无为”的方式去应对一切世事，处处按自然的规律行事，辅助自然万物的发展而不人为地干扰它，不背离自然去追求个人的私利，不违背民意以满足个人的私欲，这样反而能达到自己的目的，反而能实现自己的政治理想。“有意栽花花不发，无心插柳柳成荫”——“无为而无不为”的原则同样适用于政治。

前人的正反经验早已证明，淡然无为而无不为，恬然无治而无不治。所谓“无为”就是不先于万物而妄为，所谓“无不为”就是因物之所为而成事，所谓“无治”是指不违反自然凭主观意志办事，所谓“无不治”是指顺应历史潮流实现天下大治——这就是“无为而治”的本质。

要“无为”首先就得“无欲”，欲壑难填就会驱使人们胡作非为。在原始氏族社会崩溃后的奴隶社会，物质文明和精神文明有了极大的发展，但伴随着文明的进程又出现了大量的罪恶、惊人的残酷和无所不在的虚伪，与之相应的是代表人类文明的法律、礼教、典章、制度。于是，一边是对仁义、道德、忠孝、礼义的推崇，一边是阴谋、奸诈、虚伪、凶暴的横行，原始社会中人与自然的和谐统一被破坏了，人与人之间的温暖诚信消失了，上层社会物欲横流，下层百姓饥寒交迫。统治者的贪得无厌和残暴邪恶，最后又导致他们自身走向灭亡。正是人们为了满足自己的贪婪欲望，才从事种种违反自然的活动，这正是一切罪恶现象的主要根源。制止罪恶的唯一办法便是以“道”的真朴来消除人们的欲望，一旦返朴归真就会以“无为”代替“有为”，这样人与自然又重归于和谐，人与人又可能重归于真诚。

通过“无为”来实现“无不为”，以取消人们主观努力的办法来实现人们的主观目的，这听起来真的荒唐极了！但正是在这看似荒唐的言辞后面，包含着丰富而又深刻的智慧。自然中一切事物的生长都是无目的、无意识的，但结果又无一不合目的；大自然从不有意识去追求什么，但无形中却实现了一切。水流花开，鹰飞鱼跃，这一切都是无目的的，然而又是那样妙不可言；它们并没有想到要实现什么，可没有哪一样没有完满地实现。

每一次社会的大动乱过后，新上台的统治者鉴于前朝覆灭的惨痛教训，暂时克制自己，不胡作非为，以免引起社会的震荡和人民的不满，他们采取“无为而治”的治国方略，以“无为”来实现“无不为”，以“无治”来达到天下大治。汉文帝和汉景帝父子就是用“无为”的方式，最终造就了史家所盛称的“文景之治”。

（参见原第37章）

7. 无为的益处

骑马去乌鲁木齐得策马北上，乘车去广州得驱车南下，北上有高山之阻，南下有川泽之险；而无所往之车与无所乘之马，则永远平坦而无障碍，无论驱车还是跃马都无险阻可言，因为这是以不往为往，以不骑为骑。

再精巧的骨制或角制解结器具，总不能解开所有的死结；再锋利的斤斧和大刀，也不能砍断或劈开所有的东西。如果以不解为解、以不砍为砍、以不劈为劈，那还有解不开的结、砍不断的东西、劈不开的物体吗？

天下最柔弱的东西能穿透最坚硬的物体，气无孔不入，水无处不流，“水滴石穿”已是妇孺皆知的成语，“大风折木”更是自然界常见的现象。“无”则生生不已，永无穷尽；“柔”则不可摧折，胜过刚强。从“无”这一不可感知、不可眼见的力量能穿透没有间隙的物体，我们不难看到“无为”的益处。“不言”为天下之至柔，“无为”为天下之至弱，但天下没有任何东西比得上它们。体“道”之士若能虚心以应物，就会不言而信，不动而化，无为而成。不仅我国古代帝王以“无为”治国造就了“文景之治”，今天中外许多企业家也同样领略到了“无为之益”——

我国东北有一家化工厂前些年每年亏损上千万元，从厂长到工人都人心涣散，老厂长天天心急如焚又一筹莫展，到处求爹爹告奶奶忙得不可开交。新厂长上任后实行“无为而治”，他深刻地反省从前失败的原因，发现主要问题是过去的头头既当婆婆又当妈妈，管得太多太细，工人们放不开手脚，厂规变动得太频繁，工人们无所适从。他上台后决心只当导演，从旁指导、开导和引导，让上上下下的人都成为工厂的演员，发挥每个人的主观能动性。厂长只是了解问题和发现问题，但从不乱发文件乱指示，他把握全厂总的发展方向，但不去干涉具体的生产过程。原先的厂长管大家，现在是大家促厂长；原先是厂长“有为”而下层“无为”，现在成了厂长“无为”而中下层“肯为”。只一年工夫就实现了扭亏为盈，这几年每年都上交利润几千万元。他事后总结经验时说：只有厂长无为，工人才能有为。

日本的企业家们同样是慧眼识珠，他们早就对我国古老的智慧“无为而治”很感兴趣，“无为而治”的思想被广泛应用于企业管理中，并被冠以日本式“弹性软化管理法”的名称。该国许多大公司、大工厂的总经理办公室里，都贴有中文写成的“无为”“清静”的箴言。

美国有一家贝尔实验室，它的名字在今天世界的每一个角落都是响当当的。世界上的第一台电话机、第一台电传机、第一个通信卫星就诞生在这里，在现代科学的新发明中，它独占了十来个世界第一。该实验室在世界性竞争中独领风骚，领导本专业的世界潮流。它是靠什么取得举世瞩目的成就的呢？实验室负责人陈煜耀博士办公室里挂的一张条幅回答了这个问题——“无为而治”。在老子这条名言下边还加上一条英文注释，大意是：“最好的领导人时时不忘帮助下属，但又总不让下属觉得离不开他。”陈博士在谈到他的治理经验时说：“领导人的责任是做到你在领导，可别人并不认为你在干预他；研究所是在你所设想的方向上迈进，但所里的人又感觉不到你的存在。”这很容易使人联想起我们在前面说过的“悠兮其贵言。功成事遂，百姓皆谓‘我自然’”（17章）——最好的统治者是那么悠闲，从来不轻率地发号施令，等到事情大功告成了，百姓们还说：“我们本来就是这样的呀。”

“无为之益”当然不只体现在政治和企业管理中，“处无为之事，行不言之教”会给我们的人生带来幸福，给我们的事业带来成功。

（参见原第43章）

8. 什么样的人适合当官？

求学则礼乐、智慧、机巧一天比一天增加，求道则贪欲、奸巧、诡诈一天比一天减少。拘束于政教礼乐就政举繁苛无事扰攘，沉溺于智巧诡诈就真性汩没大伪斯兴。凭个人智巧治国，为满足私欲施政，政治还有不腐败，国家还有不动乱的吗？

彻底弃绝智巧，完全去尽贪欲，直到“无为”的境地，做到了自然无为，就没有什么事情不可为。要想治理好国家就得“无为”，要“无为”又得弃智去欲。《庄子·应帝王》中讲了这样一个故事——

阳子居有一天对老子说：“如果一个人行为敏捷，办事利索，事理通达，又勤奋好学，那么，他可以成为一个称职的领导吗？”

老子说：“有了这些并不能成为一个称职的领导。如果他意识到这些所谓‘优点’而随处滥用，反而会使他自己长期陷于日常琐事之中，会因为果断而变得盲目，会因为敏捷而滑向轻率，会因为通达而失去执着，会因为勤奋而扰乱心神，无事生事，无故扰民，因为聪明而被聪明所误，聪明人干的蠢事还少吗？机巧者干的傻事坏事还不多吗？虎豹不就是因为皮毛花纹的美丽而招捕杀，猿猴不正是因为敏捷而被人捉住吗？”

阳子居还是没有弄明白称职的领导到底要具备什么样的条件，他又问道：“什么样的人才能当一个称职的领导呢？果断、敏捷、聪明、勤奋的人不能当，难道要找那些优柔寡断、笨头笨脑的人来当领导吗？”

老子说：“你似乎还没有明白我的意思。称职的领导有功于单位，却把这些功劳看得与自己毫不相干；有恩于下级和人民，却不让人民觉得自己在依靠他；他虽然道德才能都无与伦比，但不用语言表达出来，不让任何人感觉得到，只暗暗使每人各得其所，他既无名利之求，又无权利之欲，让自己永远处于无为的状态。”

好的君主不在于处处表现自己的精明能干，遇事不放过显示自己才能的机会，而是使自己深藏不露，让自己的臣民各尽其能，每人都有自己的用武之地，自觉地把国事当成自己的事，没有任何人来督促他，他自愿地为了工作而废寝忘食，这样，臣民们累得腰酸背痛也心情舒畅，感到自己是国家的主人，全然没有被人强迫干活的委屈。把亮相的机会让给臣民，让他们发挥自己的主动性，这样他们吃了苦受了累，反而认为是君主信任他，给他委以重任，有一种自己的才能没有被压抑、被埋没的快感。实现自己的个人价值，是人们一种内在的需要，君主无为，臣民才有为，君主不表现自己的才干，臣民才能充分展示自己的才干；君主不在朝廷出风头，臣民们才能在自己的国家逞风流。

君主虚静无为则国家自强，君主恬然无欲则人民自朴，君主弃智无争则天下自和。放弃求名的念头，去掉谋划的打算，改正专断的作风，弃绝机巧的行为，杜绝贪欲的邪念，真正做到无虑无欲无为，还愁国家不能强大、人民不能康乐、社会不能安定吗？

（参见原第48章）

第四章

拙与巧

引言

说来倒真的颇具反讽意味：老子这位伟大的智者偏偏主张“绝圣弃智”(《老子》19章)，要求人们重新回到上古结绳而治的时代，即使有了器具机械也派不上用场(80章)，让天下人都“虚其心，实其腹”，成天“无知无欲”地过日子(3章)，他还认为“以智治国”是国家的灾难，“不以智治国”才是人民的福气(65章)。

朋友们听了这些高论后也许都要冷笑：“不以智治国”难道还“以愚治国”不成？让人“虚其心，实其腹”，不是要把人变成“无知无欲”的动物吗？谁不为我们能制造出精美的器具和精巧的机械而自豪？谁不为人类的聪明才智而骄傲？现在竟然要我们“绝圣弃智”，这不明明是在说疯话吗？

老子没有说疯话。

人类的确应为自己制造出的精巧机械而自豪，但难道我们不同样应该为自己对环境造成的污染而感到脸红？人类真的应为自己的聪明才智感到骄傲，可我们难道不同样应该为自己利用聪明才智相互勾心斗角、相互阴谋陷害、相互讹诈欺骗而感到羞耻？

才智确实为人类带来了许多方便，但并没有为人类带来更多的幸福；我们可能比俭朴的古人生活得更加富裕，但肯定不比淳真的古人生活得更加快乐。

看来，我们与老子对生活有着完全不同的价值标准：我们看重的是生活的富有、奢华和荣耀，老子则珍视的是生活的幸福、快乐与和谐。

今天，家长、老师教育自己的孩子或学生，总要求他们比别人更聪明机智更有竞争能力，谁要是教自己的孩子或学生迟钝笨拙和柔弱退让，那准要被人视为十足的傻瓜，或者是个神经出了毛病的混蛋。想以自己的聪明才智鹤立鸡群、出人头地，几乎是所有现代人的奋斗目标，是每一个人在竞争中成功的标志，因而也是现代人学习的动力，它自然也就成了现代人精神苦闷的根源——人们也许还记得苏轼“人生识字忧患始”的喟叹，也许还记得曹雪芹“聪明反被聪明误”的衷言，也许还记得美国人常说的那句“别太精明”（Don't be too smart）的成语。

老子认为，人类痛苦和纷争的病根就在于大家聪明过了头，机巧过了分，假如人们立身处世都老实、忠厚、朴拙，这个世道就会和谐得多，我们的人生就会幸福得多。如果说机巧、狡猾在老子的时代还是刚露苗头，那么在现代人身上就已经病入膏肓；如果说老子弃智尚拙的思想在当时还有些“前卫”，那么它们在现代可谓是对症下药的“祖传秘方”。

正是老子这位主张弃绝智慧的哲人，反而给后人提供了更多、更有用的智慧。朋友，你有兴趣听听老子是怎么说的吗？

1. 为什么不崇尚才能呢?

自人类走出了原始蒙昧时期以后，无论哪个时代，无论哪个社会，几乎没有人满足于自己的财富，但几乎没有人不满足于自己的才华。

先来看看那些会咬文嚼字也只会咬文嚼字的文人雅士吧，他们不惜费神、费时、费纸、费墨来呻吟怀才不遇，翻来覆去地哀叹生不逢时，牢骚满腹地埋怨英雄无用武之地。好像人人都自我感觉良好，动不动就自比管、乐，口口声声要学究天人。“时无英雄，使竖子成名”——似乎只要自己生于楚汉之际，与刘邦、项羽逐鹿中原必定胜券在握;“但用东山谢安石，为君谈笑静胡沙”——似乎在沧海横流、天崩地裂之时，自己真的能在谈笑之间就把天下搞定;“长驱蹈匈奴，左顾凌鲜卑”——似乎在铁马金戈、冲锋陷阵之中，自己真的不费吹灰之力就可取敌人上将之首。我们也许把这些看成是文人一时兴起的胡夸，可他们每个人说此话写此诗时却非常认真，由衷地表现了各自对自己才能的高度自信。虽然面朝黄土背朝天的农夫樵夫目不识丁，驰骋疆场的将军士兵不屑于舞文弄墨，他们大多没有为后人留下第一手表白心事的文字，可是通过正史或野史的记载、民谣及歌谣的传唱，我们得知不分男女，不论贵贱，每种人都认为只有自己最最聪明能干，连尚不会骗人的笨伯也为自己的聪明沾沾自喜，连尚未开化的土著人也认为只有自己才配得上“贤人”的美称。

荣誉就像财富一样，容易激起人们强烈的占有欲，赢得别人对自己才能的赞叹和博得别人对自己财富的艳羡一样，容易激起人们强烈的冲动。运动员希望自己永远是世界纪录的保持者，拳击手希望自己是举世无敌的拳王，选美大赛上每位姑娘都希望自己能成为艳压群芳的世界小姐，战场上的士兵都希望自己抢到头功，甚至学校里的小学生也希望自己排名全班或全校第一。除极少数怯懦者或厌世者外，人们无一不想成为生活中的佼佼者，无一不想在各自所从事的领域里独占鳌头。

为了社会安宁，为了民风淳朴，治理天下的人就不要过分抬举贤才，也不得过分推崇贤名；抬举贤才容易导致大家残酷地竞争，崇尚贤名容易引起人们相互排挤谗毁。正是由于每个领域的天才成为人们崇拜的偶像，许多人不惜以并不光彩的手段来博取十分光彩的美名：为了金榜题名而在考场上作弊，为了当世界冠军而在赛前服用兴奋剂，为了成为影坛明星而贬低同仁，为了当武状元而在比武时暗算对手……看重稀世珍宝会鼓励人们去偷盗，抬举贤才和崇尚贤名也会激起全社会的贪竞之心，所以为政者一方面要净化人们的头脑，另一方面要想方设法填饱人们的肚皮；一方面削弱人们贪竞的意志，另一方面强健人们的体魄，这样人们就永远不再有逞能的欲望和竞争的野心，使那些自作聪明的人也不敢耍弄小聪明，社会自然就返朴还淳。“不尚贤”是一种无为的处世之道，只要以此处理世事，就没有世事处理不好。

（参见原第3章）

2. 抛弃聪明机巧

要是有人对你说：“抛弃聪明和智巧，人民反而可以得到百倍的好处；抛弃所谓仁义道德，人民反而可以恢复孝慈的天性；抛弃机巧与货利，盗贼自然就会绝迹。圣智、仁义、巧利三者全属于巧饰，既不足以治理天下，也不能给人们带来幸福。所以要使人们有所归属，就得让人们保持质朴，减少私欲，弃绝学问，这样大家才能免于忧患。”你准会认为这个人精神出了毛病，或者准是今天多喝了几盅。

正是由于人类的聪明才智，以其丰富的知识、精湛的技艺和先进的科学，使人类的许多梦想成真——前人曾希望人能像鲲鹏一样展翅云天一日千里，今天的飞机载人一天可以从东半球飞到西半球，更不用说到月亮上来来往往的宇宙飞船了，飞行的速度让所有的鸟儿“望尘莫及”；前人曾希望自己能有火眼金睛，好看清千里之外和万物之内的东西，今天的电子望远镜能直视亿万里之外的星际，X 光线和 B 超能照出物体内的所有形体，这一切会叫孙悟空也自叹弗如；前人曾希望自己长有“顺风耳”，能听清千里之外的声音，今天任何听力没有问题的人都可与万里之外的亲朋通话，在电视上听到南极企鹅的鸣叫，会让神话中的“顺风耳”感到脸红；今天电脑的计算速度，原子弹的爆炸威力，导弹摧毁目标的准确性，种种科学技术的发展进步前人连想也不敢想。

然而，也正是人类的聪明才智，使我们很难见到碧水青山，今天满大街跑的汽车和满天飞的飞机，固然给人类带来了许多便利，但也严重污染了空气，固然使交通更加快捷，但也使我们的精神更加浮躁。许多国家的确制造了不少威力无比的杀人武器，可它们不仅威胁到各自的敌国，也威胁到人类自身的生存，眼下地球上库存的核武器可将全人类毁灭上千次，到头来我们自己让自己生活在死亡恐怖之中。如今发达的农业技术虽然使亩产量成倍增加，但也使无数草原更快地变为荒漠，使无数森林更快地变为荒山。我们的确早已登上了月球，不久的将来可望登上火星，可我们已经快要把地球糟蹋得不适于人类居住了。

聪明才智所带来的科学成就的确让人骄傲，而聪明才智在地球上所造成的惨象又叫人沮丧。

弓箭、罗网、机关、枪弹的智巧多了，天空的鸟儿就成批地被射杀；钩饵、渔网、竹篓的智巧多了，水底的鱼儿就大量地被捕杀；陷阱、地雷、暗器多了，地上的野兽就无处藏身；工厂的烟囱和地上的汽车多了，大气中臭氧层就被破坏；斧头和锯子越来越先进，森林的面积也就越来越小。现在动物的品种越来越少，有些甚至已经绝迹或濒临灭绝，水和空气的污染越来越严重，清澈的水和清新的空气几乎成了稀世之宝，大片的森林被砍光，辽阔的草原被破坏，沙尘暴也频繁地光顾我们。如今我们头上掩蔽了日月的光明，脚下毁坏了山川的精华。

人类正在用自己的才智为自己建造天堂，同时也正在用自己的才智为自己挖掘坟墓。万物之中要数人类最有智慧，同时万物之中也要数人类最为荒唐——

只有人类一边用聪明才智制造大量先进武器在战场上杀人，一边又生产大量的灵丹妙药在后方抢救伤病；只有人类一边花费大量的金钱研制精密准确的导弹残害生灵，一边又花费更多的金钱研制更加精密准确的反导弹系统；也只有人类一边建造庞大的水厂沉淀清洁饮用水，一边又惊人地污染水源；更只有人类一边打太极拳、练瑜伽功以求长生，一边又抽香烟、吸毒品让自己短命。

智巧可以带来局部的繁荣和短暂的快乐，但给我们留下的是无穷的烦恼和长期的痛苦，正如人类可以在某处造一座美丽的花园，但却将整个地球污染得丑陋不堪一样。

如果智巧不能给人类带来长期的幸福，如果智巧不能给我们造就美好的未来，如果智巧只是使人们相互算计和欺诈，那么我们抛弃聪明智巧又有什么可惜的呢？

（参见原第19章）

3. 再说抛弃聪明机巧

为什么说抛弃聪明机巧后人民反而受利百倍呢？

在人民只是当牛做马的世道里，统治者不仅垄断了全国的经济、军事、政治大权，也垄断了社会上的话语权，一切智慧都是为这些大大小小的强盗服务的，从窃国大盗的皇帝到偷鸡摸狗的小偷，无不从聪明机巧中捞到好处。

不是说劳动人民最富于智慧吗？不错。可惜，最精巧的石匠，为秦始皇建造陵墓，为埃及国王建造金字塔；最精巧的建筑师，为慈禧太后设计圆明园，为路易十四设计凡尔赛宫；最灵巧的刺绣能手，为皇帝刺绣龙袍，为皇后刺绣披肩；最有才华的文士，为皇帝起草制诰，为统治者歌功颂德……

一般平民就不能用智慧为自己谋福利吗？当然可以。为了防备开箱、掏布袋、破柜子的小偷，人们就想方设法捆紧绳索，上紧锁钮，这就是世上人们替自己谋福利的智慧和聪明。然而，盗贼一来便背起箱子，抬起柜子，挑起布袋就走，他们还怕主人的绳子捆得不紧、锁上得不牢哩。替自己防身的智慧和聪明最终不是方便了盗贼吗？

一家一户是这样，一个国家一个民族又何尝不是这样？

春秋末期的齐国，在胶东平原上邻里相望，鸡鸣狗叫声相闻，渔网所散布到的范围，犁锄所耕作到的土地，方圆几千里。它的四境之内凡是建立宗庙社稷之处，以及大小不等的行政区域，不知聚集了多少聪明的政治家、天才的文学家、杰出的科学家和高明的手艺人。可是田成子一旦谋杀了齐君盗取了齐国，所盗取的岂止是齐国的土地、财富，他连齐国的一切聪明、才华、机智和学识也一起盗去了。他窃取了齐国的这一切以后，就名正言顺地成了齐国的国王，谁还敢说他是偷窃齐国的窃国大盗呢？别的小国不敢非议他，大国也不敢讨伐他，齐国的文学家把他吹捧为有史以来最英明的领袖，齐国的大臣称颂他是比尧、舜更加伟大的君王。田成子这不是窃取了齐国，然后又用齐国的智慧来粉饰自己的盗窃行径、来保护自己的盗贼之身吗？他的所作所为与盗窃钱包和箱子的小偷，连同锁箱子的锁和捆袋子的绳子一起偷走不是同一行径吗？

古代盗跖用智巧以据东陵，田成子因智巧而窃齐国，当今统治者用智巧而行不义，资本家因智巧而致暴富，智慧既无益于苍生，反有利于显贵，我们干吗不抛弃聪明机巧返回淳厚之世、素朴之时，到那时，物各归心而人皆复命，率性而行不用奸巧，顺情而动了无机心，智慧如果只是给人们带来痛苦和奴役，我们还要智慧有什么用呢？

（参见原第19章）

4. 蠢人精明，智者愚笨

“志向远大”预示着鹏程万里，“胸无大志”当然就意味着毫无出息；“聪明能干”无疑是对俊杰的称赞，而“愚笨糊涂”明显是对笨蛋的贬斥。就像姑娘害怕被人说成“丑八怪”一样，谁也不愿意被人说成是“糊涂虫”，更不愿意被人骂为“没出息”。

然而，“有前途”和“没出息”是否就判若天壤？“聪明”与“愚蠢”是否就形同冰炭？应诺与呵声又有多大差别？善美与丑恶又有多大距离？

体道之士对诸如“有前途”与“没出息”、“聪明”与“愚蠢”这一切，心既无所分别，意更无所好恶。他们在价值取向、行为方式、人生追求和情感态度上和俗人大异其趣。

俗人总想向人显示自己在事业上如何辉煌，自己的未来多么美好，迷于浮华虚荣，溺于权势利禄，在荣华势利的追逐中刚一得手，那得意的神态像是在考场上独占鳌头，那兴奋劲儿像是参加丰盛的筵席，那快乐的神情又像是登高远眺美景；体道之士则从不炫耀自己，滚滚红尘怎么也搅扰不了他淡泊宁静的心境，那浑浑沌沌的样子好像只知嘻笑的婴儿，那闲闲散散的模样好像无家可归的流浪汉，他们的心灵是那样常虚常静无去无来，永远不会恣情纵欲而逐外失真。

俗人对声色权势心醉神迷，总是那副志得意满、沾沾自喜的样子，“宁可我负天下人，不愿天下人负我”是他们的做人原则，老是想着如何揩社会的油水。他们吃一点亏就大喊大叫，结果反而总是吃别人的亏；他们受不得一点委屈，有一点委屈就四处张扬，结果一辈子受尽窝囊气；他们时刻想着爬在别人肩上或站在别人头上，向世人夸耀自己是如何了不起，结果却总是受别人的欺侮和嘲弄；他们看起来精明强干、野心勃勃，到头来却破败潦倒、一事无成。体道之士看上去糊里糊涂、昏头昏脑，简直就是一副蠢人心肠，他们遇事宁可自己吃亏也不愿别人上当，结果世人都愿意给他们行方便；他们宁可委屈自己也绝不委屈别人，结果自己反而扬眉吐气、激昂青云；他们从来不以自己的才华惊世骇俗，结果却能承担并完成历史责任；他们只求奉献而不求索取，结果却从社会中得到了许多助益；他们从不与别人争权夺利，结果他没有一个竞争对手，在所从事的领域独领风骚。

前一种人似精明而实愚蠢，后一种人似笨拙而实聪明；前一种人似目光远大而实则浮躁矜骄，后一种人似立志不高而实则精神超旷、胸襟博大。

陶渊明在《杂诗十二首》之四中比较过这两种人的为人处世：

丈夫志四海，我愿不知老。亲戚共一处，子孙还相保。觞弦肆朝日，樽中酒不燥；缓带尽欢娱，起晚眠常早。孰若当世士，冰炭满怀抱。百年归丘垄，用此空名道！

那些昂首天外的“当世士”，那些志在四海的“大丈夫”，看上去真个是志大才高、好生了得！而那些只想“起晚眠早”、子孙绕膝的体道之士，似乎只知道求田问舍平庸得可以！其实不然，“大丈夫”和“当世士”害怕人生一事无成，希望以耀眼的才华、惊人的业绩和盖世的功名，使自己生前为人所敬重钦仰，死后为人所怀念追思，他们为此而在红尘中匆匆忙忙、熙熙攘攘，在求名求利、患得患失中了此一生。他们将所谓“志四海”横亘于胸中，在宦海风波中沉浮，在名利之途奔波，身心长期处于烦躁、焦虑和紧张之中，恰似“冰炭满怀抱”那样惴惴不安。他们常以丧失人格换得富贵，以出卖灵魂买来荣华，以精神的卑下猎取世俗的高位。体道之士既已透悟富贵荣华外在于生命，便无利禄之求和声名之累，因而目前所遇莫非真乐：远离了官场的明争暗斗，尽可在子孙亲人的共处中相慰相濡；用不着为穷达贵贱而烦心，尽可在“觞弦”中潇洒度日；既不必披星早朝也不用挑灯草诏，尽可随意“起晚眠常早”。

体道之士之所以不同于俗人，“俗人昭昭，我独昏昏”；俗人精明，我独笨拙；俗人牛气冲天，我独有所不足，是因为他们以天地的胸怀从事人世事务，充满了人世关怀又超越了人际羁绊，是因为他们重视进“道”和履“道”的生活。

（参见原20章）

5. 怀抱素朴，守护纯真

大家知道，一物的名称来源于该物的形状与性质，可“道”其外既无形状可见，其内性质又不可概括规定，甚至它根本就没有所谓内外之分，它不是某一类或某一个具体事物，不具有某种或某个事物所特有的属性，因而“道”原本就是“无名”的。它不温不凉，不宫不商，不美不丑，不淡不咸，所以听之不得而闻，视之不得而见，味之不得而尝。说它是某物吧又没有形体，说它是音乐吧又没有声音，说它是美味吧又尝不出味道，正由于无味、无声、无形、无名，它才能成为万物的宗主，天地因之而生，万物由之以成。

假如它为温便不能为凉，为宫便不能为商，为苦便不能为甜，为小便不能为大——形必然有所分，音必然有所定，性必然有所属，一旦确定了某种属性、某种音阶、某种形体，人们便会冠以名称来限定它。它便再也不能总括寰宇包通天地，便再也不能为万物之宗了。

无名无形的“道”又称为“朴”，像“道”一样，“朴”未雕、未琢、未剖、未分为器之前，也是无所分、无所定、无所名——既不是酒器，也不是瓢碗；既不像鼓瑟，也不像琴笙。正因为什么东西也不是，什么东西也不像，“朴”才有可能做成各种东西，才有可能雕成各种器皿。

只有用“朴”做成各种器皿，而各种器皿绝对做不成“朴”。同样，“道”才是天地万物的宗主，而天下谁也不能臣服和支配“道”。

君主若能抱“朴”守“道”，天下万物将会自动地归附；要抱“朴”守“道”就得无名无为，无心于天地而阴阳自和，无心于万物而万物自长，无心于成而万事成功。

君主若是与臣下争能、逞勇、斗巧，那么他就不能成为万民之主，国家也会在他统治下动荡不安乃至颠覆灭亡。

与人争能、逞勇、斗巧属于偏至之才，偏至之才不仅以才自名，如智者、勇者、巧者、力者等等，而且这种人才绝对不能用人而只能用于人。智者可以通过斗智让他认输，勇者可以通过武力让他屈服，巧者可以通过工程让他献艺，力者可以通过负重让他效力。历史上的法家、兵家、儒家、墨家、名家、农家、阴阳家等偏至之才，无一不为君主所用。刘劭在《人物志》中早就说过，法家之才可任为司寇，骁雄之才可任为将帅，文学之才可任为史官，辩论之才可胜任外交，能巧之才可负责制作。君主要是与臣下争能、逞勇、斗巧，那么他就只是偏于一才，偏于一才就不能总达众才，不能总达众才又如何能驾驭群才？不能驾驭群才又如何能为万民之主？

君主与臣下争能、逞勇、斗巧，天下的英才就会被埋没、压抑、窒息。君主要是炫耀自己的勇武，国人都将显得怯懦——谁敢与自己的君主斗勇呢？君主要是夸耀自己的文才，国人都可能写不好文章——谁敢与自己的君主比才呢？君主要是显示自己的智慧，国人都可能成为笨蛋——谁敢与自己的君主争能呢？万一真的出现这种现象，那的确是人民和君主的双重不幸，君主偏于一才使得一才处权而众才失任，一人逞能使得全国人无能，这样的国家能不积贫积弱、动荡灭亡吗？

抱“朴”守“道”之君不偏于一才，不偏于一才就质无其名，恰如未琢之“朴”和未裂之“道”一样，他不怯不勇，不愚不智，不拙不巧。不偏于一味才可调和众味，不偏于一才才可容纳众才。

大道裂才有名，真朴散而有器。有名有器后才设立官长，设立官长后就要分出等级以定尊卑，立下标准以判贤愚，确立是非以辨善恶。

尊卑、贤愚、善恶之名一开始出现，敦朴无名之德马上消失得无影无踪，大家都修人之所尚以求美名，行人之所好而望美誉。美名一爬进门槛，真诚就逃出窗外。名利之求应适可而止，适可而止才能避免危险。

抱“朴”守“道”无名无为，不以美名失其真，不因世利丧其神，万物就会不令而自然生成，人民就会不令而自然归顺，正如天地相合而自降甘露，正如江海不召而百川归趋一样。

（参见原第32章）

6. 知人者智

俗话说：“知人知面不知心。”“人心隔肚皮，邻居隔墙脊。”可见认识一个人是多么困难。

人类进入文明社会以后，大家在公众场合不仅要穿上看得见的外装，把自己的裸体遮掩起来，而且还得穿一件看不见的外装，把自己真实的思想、情感和好恶掩饰起来。文明人讲究所谓修养，讲究“喜怒不形于色”。这样，一个人内心的思想情感和外表的喜怒哀乐就发生了错位。许多人笑的时候未必真的高兴——如嫉妒心很强的人，祝贺对手事业成功时那种装出来的笑容；哭的时候也未必真的痛苦——如不肖子孙哭父母的亡灵，又如潘金莲哭武大郎的那副模样。

虚伪和奸诈常常手牵手，使得人们“不识庐山真面目”。

汉朝王莽在专事以前，勤身博学，事母孝，对嫂敬，待子慈。伯父病重，莽亲自为他煎药尝药，不解衣带在病床侧侍候数月，蓬头垢面，自己弄得比病人还消瘦。伯父觉得他比自己的亲儿子还孝顺，临死前向太后和皇上举荐他为射声校尉。不久，几个叔父又上书朝廷，愿分自己的户邑以封莽，许多当朝显贵也为王莽揄扬，很快他又被封为新都侯，升为骑都尉光禄大夫侍中。随着自己官职、地位的升迁，王莽越来越谦恭和蔼，把自己的车马皮衣都分给宾客，家人和他仍像当官前一样清贫节俭。一次，他的二儿子王获杀死了一个家奴，王莽严厉处罚自己的骨肉，最后强令亲生儿子自杀。对宾客平民尚且这样谦和尊重，对朝廷和皇上更是赤胆忠心。他的一言一行赢得了整个社会的称赞，也骗取了皇上和皇后的宠信。想不到当他大权独揽以后，王莽完全变成了另一个人，是那样的贪婪、残忍和奸佞，依附他的人全部升迁，忤逆他的人一概送命，最后他的野心全部暴露出来了，演出了“禅让”那出臭名昭著的丑剧。唐朝著名诗人白居易在《放言》一诗中曾大发感慨地说：

周公恐惧流言日，王莽谦恭未篡时。向使当初身便死，一生真伪复谁知？

可见，要认识一个人的真面目是多么不容易，而认识一个人的真面目又是多么重要！

在现实生活中，不论何时何地，我们总得与人打交道；不管你自己愿不愿意，每一个人都置身于复杂的关系网中。平民百姓不能知人就要吃亏上当，领袖人物知人的能力更不可缺少，不能知人就不能善任，琐屑的事务可能派给天才，重要的工作又分给笨蛋，这无疑会给事业带来重大损失，甚至会使已成的事业毁于一旦。诸葛亮史称神机妙算，在知人这个问题上也有过失算的时候。他的部下马谡平时能言善辩，常常在他面前滔滔不绝地谈论战略战术。诸葛亮错把马谡口中夸夸其谈的大话，当成了他实际调兵遣将的才干。在街亭与张郃的对阵中，命令马谡为前军总指挥。一到临战，马谡不仅进退无方，还违抗诸葛亮的调度，结果蜀军被打得四处逃窜，损兵失地，马谡的狗尾巴全露出来了。

像诸葛亮这样的丞相知人固然重要，就是像我们这些小民同样要学会识别人，要能知道谁只能泛泛而交，谁可做终身的知己；谁只能与他一起享富贵，谁才可与他一起共患难。有些人欢迎直言批评，有些人只能接受婉言相劝，如果当直言却委婉，该委婉反而直言，一定会收到事与愿违的效果。在选择朋友上如此，在选择夫妻时亦然。不少人婚前被对方的甜言蜜语弄得神魂颠倒，婚后不得不喝下自己酿造的爱情苦酒。

（参见原第33章）

7. 自知者明

知人不易，自知更难。“知人者智，自知者明”，也就是说能识别他人只算是机智，而能认识自己才算是高明。古希腊的智者也说过近似的名言：“认识你自己。”认识自我是人类永远也不可能完成的任务，直到今天人们还一再强调“人贵有自知之明”。

有人说：我自己还能不了解我自己，这不是笑话吗？“如鱼饮水，冷暖自知。”其实，问题绝不是那么简单。仅就才能这一项来说吧，许多庸人却以天才自居，狂妄自大，不安于平凡的工作岗位；天才反而自轻自贱，悲观畏缩，压抑和埋没了自己潜在的优势。有些杰出的天才甚至长期被自卑所困扰。俄罗斯大文豪屠格涅夫在出版《猎人笔记》之前，一直怀疑自己的文学才华，几次准备放弃文学创作。奥地利哲学家维特根斯坦，写出了令人惊叹的不朽之作《逻辑哲学导论》后，仍然觉得自己缺乏哲学才能，一天半夜他去敲罗素的房门，失望地问这位英国的大哲学家说："我是不是个白痴？我能不能从事哲学事业？"有许多科学攻关到了关键时刻，因科研承担者对自己才能缺乏自信导致半途而废。

当然，人们更多的是被自傲所害，我们往往高看了自己的长处。如今这个世界上，很少人满足于自己的地位和财富，但很少人不满足于自己的才华。

还有，我们总是一眼就能看到别人脸上的斑点，很难注意到自己脸上的疮疤；两眼能直视千里之外，但从来就看不见自己的睫毛。

战国时期，楚庄王准备出兵攻打越国，大臣杜子进谏说："听说大王准备攻打越国，敢问这有什么特别的原因吗？"

庄王回答说："因为现在越国的政治很腐败，兵力也很弱。"

杜子说："也许是我自己太愚蠢了，我真为您攻打越国的事放心不下。智慧就像人的眼睛一样，能清楚地看见百步之外的东西，反而看不见自己的眼睫毛。大王的军队前不久被秦国和晋国打得惨败，丧失国土几百里，这不是已经表明我们的兵力也很弱吗？国内到处是百姓造反，贪官污吏多如牛毛，大王多次想搞廉政建设就是不能实行，我们楚国的政治腐败混乱，至少和越国不相上下。不清楚自己的兵弱政乱，倒想着发兵去攻打越国，这样的智慧正如眼睛看不见自己的睫毛一样呵。"

楚庄王经杜子这么一说，才意识到问题的严重性，立即打消了攻打越国的念头。

自卑和自傲都是缺乏自知之明的表现，自卑固然可能压抑和埋没自己的天才，自傲更有可能给自己和国家的事业带来灾难。

（参见原第33章）

8. 只缘身在此山中

做人难不仅难在要能认清别人，更难在能清楚地认识自己。怎样才能既不盲目骄傲又不妄自菲薄呢？

这需要我们进行广泛的社会交往，人也和任何事物一样，是在相互比较中获得对自己的正确认识的。如有人谈到自己的能力时说："不前不后处中游"，"比上不足，比下有余"。这一认识就是通过比较得来的。同时，更重要的是要进行广泛的社会实践，在实践中不断丰富和修正对自己的认识。有位朋友天性好动，喜欢蹦蹦跳跳，从小就想当一名跳高运动员，上初中一年级后，一次体育老师上课时让大家跳高，这时他才发现自己不是跳高的料子，爱蹦蹦跳跳并不等于有跳高才能，他的弹跳力和爆发力都不行。如果不到操场上去试跳几次，只在房里空想当跳高明星，那他很可能长期还蒙在鼓里。

俗话说："旁观者清，当事者迷。"苏东坡在《题西林壁》一诗中也说：

> 横看成岭侧成峰，远近高低各不同。不识庐山真面目，只缘身在此山中。

我们自己看不清自己的主要原因，就和身在庐山反而看不清庐山真面目是一个道理。要使自己对自我有自知之明，还得让自己跳出自我的小圈子之外，站在旁观者的立场来分析和评价自己，曾参称他每天反省自己三次。反省就是自己把自己作为对象进行审视，让自己成为自己的审判官。鲁迅先生也曾说过："我的确时时解剖别人，然而更多的是更无情面地解剖我自己。"这样才能对自己有清醒的认识。

有自知之明的人为人处事都有主见，听到别人吹捧既不会飘飘然，受到别人打击也不至于垂头丧气，就像庄子所说那样："举世而誉之而不加劝，举世而非之而不加沮。"

（参见原第33章）

9. 最巧即最笨

世上有形的事物都不可能达到至善至美的境界：没有一条百分之百的直线，也没有一个百分之百的圆形；装得再满的容器也会留下空隙，做得再完满的工作也会留下遗憾；再高的山岳总会有山顶，再长的河流总会有尽头，能臻于至善至美、无穷无尽之境的只有"道"。

"道"因任自然而无施无为，随物而成却不处一象，随物施与却无所偏爱，因物成器却不主异端，因物而言却不出己意。这样，最完满的东西好似欠缺，可是它们的作用永不衰竭；最充盈的东西好似空虚，可是它们的作用永无穷尽；最正直的东西好似弯曲，最灵巧的东西好似笨拙，最雄辩的口才好似木讷。

这看起来有点违情背理，怎么最直的会像弯曲的？而最巧的又像是笨拙的？

我们打算以"大巧若拙"为例稍作引申。

人类所谓"巧"不过是指工于心计、善于投机，可是，任你怎么周密的算计也难免失算，任你怎样善于投机也难免败露，最后落得个“聪明反被聪明误”的下场。《红楼梦》中的名角王熙凤就是一个生动的典型。她生就“一双丹凤三角眼，两弯柳叶掉梢眉，身量苗条，体格风骚”，不仅是贾府中“有名的泼辣货”，也是贾府中实际上的当权人。为人口巧心狠，诡计多端，处世精明而又干练，办事大胆而又沉稳，即使用现在的标准来看也要算难得的女强人。

她凭借贾府中太上皇贾母的宠爱，依靠娘家的权势，一方面铁面无私地镇压家奴，一方面又毫不手软地惩治家族内部的异己，用心之歹毒和手段之凶狠叫人咋舌。同时，为了支撑日渐衰败的贾府，她又丧心病狂地搜括和聚敛财富。凤姐的精明能干和圆滑泼辣，贾府上上下下的人都领教过。

然而，她的那些聪明机巧却帮了她的倒忙，曹雪芹这样给她算命：

机关算尽太聪明，反误了卿卿性命！生前心已碎，死后性空灵。家富人宁，终有个，家亡人散各奔腾。枉费了意悬悬半世心，好一似，荡悠悠三更梦。

译成现在的话就是说：“玩弄阴谋诡计聪明得过了分，到头来却断送了她自己的性命！活着时已把心操碎，死了后成了个野鬼魂。原指望家族兴旺人安宁，却落得个家破人散似山崩。枉费了提心吊胆的大半生，真好像虚无缥缈半夜三更一场梦。”

老天好像专门和她作对：她拼命聚敛财富，事实上挖了贾府的墙脚，伤了这个大家族的元气；她冷酷地镇压家奴，却引起了更激烈的反抗；她在家庭的争权中成了胜利者，却结下了更多的怨仇，甚至她的丈夫也对她心怀不满。她躺在病床上奄奄一息时，一个丫鬟对她的丈夫贾琏说："奶奶这样，还得再请个大夫瞧瞧才好啊！"贾琏连忙啐道："呸！我的性命还不保，我还管她呢！"王熙凤在床上听到丈夫这番话后"眼泪直流"，伤心地对身边的丫鬟说："如今枉费心计，挣一辈子的强，偏偏儿的落在人后头了！"在她缠绵病榻之际，被她整死的尤二姐的阴魂还跑来挖苦她说："姐姐的心机用尽了，咱们二爷糊涂，也不领姐姐的情。"

凤姐的这些"聪明"都是满足个人私欲的小巧，既违背本性又触犯众怒，因而临死"眼泪直流"的下场是她的必然归宿。

真正的"大巧"只属于"大道"，"大道"无心而生天地，天地无心而成四季，四季无心而有春华秋实。比起人的机关算尽却自取其祸来，"大道"无欲无为而无所不成。

体"道"之士才禀有"大巧若拙"的特性，他们为人处世"得其精而忘其粗，在其内而忘其外"，糊涂笨拙其表而聪慧精明其心，如传说中那位善相马的九方皋，又如历史上那位赫赫大名的吕端。

吕端不仅是北宋的一代名臣，也是我国历史上很有个性的宰相。此人是个天生的乐天派，见人就喜欢开人玩笑，从来不搞别人的"小动作"。别人搞了他的"小动作"他自己有时还全然觉察不到，就是觉察到了也全然不把它放在心上。人家不管做了什么对不起他的事，他好像从来没有装进脑子里。他那张宽大的脸庞上，一天到晚都挂着笑容。他在宋太祖时几起几伏，从中央斥退到地方，又从地方提升到中央，不论官职是升是降，他的情绪都不受任何影响。

在太宗朝被拜为宰相之前，他几次做地位很高的朝官，级别都相当于今天的"部级"或"副总理级"。他完全没有一点"副总理级"的派头，喜欢和自己谈得来的人神侃，一见人家生活有困难就掏自己的腰包，却很少过问自己的家事，更不会为儿女们开后门找好工作。史书上说他当了几十年官，家中完全没有半点积蓄。他一撒手归天，后代就生活凄凉。儿女们为了结婚和出嫁，不得不把房子典卖了出去。宋真宗听说后大为感动，才从国库里拨了五百万钱把他家的房子赎了回来。

他和寇准同拜参知政事，主动要求把自己的名字排在寇准之下。他既不会钻营又不会巴结，既不会察言观色又不会见风使舵，整天总是乐呵呵、傻乎乎地笑，于是许多人暗地里叫他“糊涂吕端”。

当时吕蒙正做宰相，太宗想改拜吕端为相，消息一传出就舆论哗然，不少朝官对太宗说：“吕端这样的糊涂虫怎么能担当宰相这样的重任呢？”太宗却慧眼识珠：“吕端小事糊涂，大事可不糊涂。”独排众议拜他为相。

拜相不久，叛将李继迁骚扰西北边境，保安军抓到了继迁的母亲。太宗与寇准商定在保安军北门外将她斩首示众，以警告叛逆。吕端听说后马上找太宗说：“斩了他母亲，叛将李继迁就能捉到吗？如果捉不到他，这样做更坚定了他的叛心。不如先把她养起来，我们就掌握了主动。”太宗听后一拍大腿说：“要不是你，我险些误了大事。”后来的情况果如吕端所预料的那样，继迁不敢再放肆了。

太宗死后，宦官王继恩害怕当时的皇太子过于英明，暗暗与参知政事李昌龄等勾结，在李皇后的授意下，阴谋另立太子。李皇后派王继恩召请吕端，他非常敏锐地察觉到了这场宫廷政变，因而先发制人，把王继恩稳住，然后再去见李皇后，李皇后对他说：“立嗣立长才顺理成章（后来的真宗不是长子），你认为应怎么办才好？”吕端这次可没有笑呵呵的，他严肃刚正地对她说：“先帝立太子就是为了今天，他刚离世就要违命另立太子吗？”于是奉太子到福宁宫中。真宗既被立为皇帝，垂帘接见群臣，吕端这次没有糊涂下拜，他平立殿下不拜，直到帘卷起来看清了是原先的太子，然后才率群臣拜呼万岁。

可见，吕端不是那种耍小聪明、搞小动作的小人，是一位大事毫不糊涂，能办大事、成大器的君子，他为人的特点也就是我们所说的“大巧若拙”。

（参见原第45章）

10. “读万卷书，行万里路”错了吗？

“读万卷书，行万里路”是时下走红的名言，不少中国人恨不得天天把它挂在嘴上。当然因说话的人不同，这句话的含意自然也有别：此话要是出自青少年之口，那是莘莘学子以此自期自勉——希望通过广泛阅读和丰富见闻，使自己将来成为见多识广的栋梁之材；此话要是出自成年人之口，或者是他们以此自负——意在表明自己见闻广博和学识弘通，或者是他们以此自欺——像井底之蛙在夸耀眼界开阔。不过，不管说此话的人意图如何，有一点是毫无疑问的：这八个字已是人人爱说的口头禅，更是人人爱听的恭维话。人们要么把它当作求取知识的途径，要么把它视为学识渊博的象征。

我们不难理解这种现象。既然政府也承认“科学技术是第一生产力”，并肯定“发财光荣，致富有理”，既然百姓也明白“时间就是金钱”，更懂得“知识能变成财富”，那么通过“读万卷书”以储备知识，通过“行万里路”来增长见识，其最终目的不外乎发财致富，在本质上与企业家办工厂、总经理开公司、店员站柜台和妓女媚嫖客没有什么两样。妓女拉客显然不是为了爱情，而是看上了嫖客的钱包，读书求知识和行路长见识也都是手段，终极目的还是为了挣大钱。

可见，“读万卷书”所求得的是世俗之智，“行万里路”所获得的是见闻之知。世俗的智巧越多我们可能就越发狡诈阴险，见闻之知越广我们可能就越发浮躁贪婪。因而，“读万卷书”客观上开启了荣利之途，“行万里路”事实上煽起了贪竞之欲。

韩非子认为耳、目、鼻、口是一个人心灵的窗户，耳目耗竭于声色，口鼻耗竭于滋味，精力耗竭于荣华，人的内心就失去了“道”的主宰。其精神越是奔驰于外，其心灵就越是迷乱，离“道”就越是遥远，所以说“其出弥远，其知弥少”，我们向外跑得越远，自己所知的“道”就会越少。

为什么精神越奔逐于外离“道”就越远呢？“道”为天地之始万物之宗，如果心智驰于外的话，“道”是“一”而我们却求之于“众”，“道”为“无”而我们却求之于“有”，这样，奔逐于外不是南辕北辙吗？“道”原本就无形无声无名，视之不可见，听之不可闻，触之不可得，“行万里路”向外奔逐，不是跑得越远就离“道”越远吗？

《庄子·知北游》中有一则寓言说，一个名叫“知”的人游历到玄水边，恰巧遇上了一位叫作“无为谓”的老兄，“知”便向他请教得“道”的方法：“何思何虑则知道？何处何服则安道？何从何道则得道？”用现在的话来说就是：怎样思索怎样考虑才能懂得“道”？如何处世如何行为才能安于“道”？什么途径，什么方法才能获得“道”？“无为谓”三问而三不答。“知”返回途中在白水之南碰上了“狂屈”，他又以同样的问题问“狂屈”，“狂屈”心中想告诉他却又忘记了要告知的内容。他回到帝宫后又问黄帝，黄帝回答说：“无思无虑始知道，无处无服始安道，无从无道始得道。”

为什么要摒弃思虑不用智巧无须方法才能知“道”得“道”呢？“道法自然”，“大道无为”，自然乃“道”之体，无为乃“道”之性，智巧思虑恰恰有违“道”的自然无为，只有弃圣绝智、闭目塞听才能与“道”同体。

庄子同样也认为耳目心智无法认识“道”，要识“道”就得根绝情欲以保持心境的虚无恬静，为此他提出了“心斋”的体“道”方法。所谓“心斋”就是排除内心的一切贪欲杂念，闭目塞听，无思无虑，“无听之以耳而听之以心，无听之以心而听之以气”，耳目受制于见闻，心思迷乱于情欲，这样“气”才能虚静以纳物，无心以应物。虚静空明的心境就合于“道”，无须出门就了解天下，不望窗外就认识“天道”，不必经历就能得知，不用亲见就可明了，不必作为便获成功。

只要我们能无思无虑、无视无听，达到“水流心不竞，云在意俱迟”那种恬淡无为的精神境界，就可不见而明“道”，“无为而无不为”，又哪用得着焦思苦虑？又何苦要向外追逐？

（参见原第47章）

11．你能分清“知不知”与“不知知”吗？

现代科学技术用“突飞猛进”还不足以形容它的神速与神奇，在不到半个世纪的时期内，向内人类可以改变人自身的基因结构，可以改变人自身的性别特征，可以进行人类自身的无性繁殖，向外人类不仅不再受环境的摆布，而且正在改变着自己的生存环境，人可以从地球到月球上来来往往，奔月的嫦娥见了也会心生嫉妒；可以在太空中自由漫步，就是孙悟空也要甘拜下风；可以在两个星球之间随时“见面”“通话”，就是神话中的“千里眼”和“顺风耳”也会自愧不如。人类看起来真的是无所不知、无所不能。

然而，科学技术在使人类变得更有能力的同时，也使人类变得更加狂妄；在使人类变得更加聪明的同时，也使人类变得更加愚蠢；在使人类不断加深对外在自然认识的同时，也使人类越来越不能认识自己的本性。我们不仅常常错把对大自然的破坏，视为对大自然的改造和征服，还常常错把人类整体的力量，当作自己个人的智慧，甚至常常错把对自然奥秘的有限了解，看成是对大自然全部秘密的揭示。这样，我们比古人更容易患“强不知以为知”的老毛病。

两千多年前老子早已就此向人类发出过警告：“知道自己无知，最好；无知却自以为知，最糟。正视骄狂这种毛病，就可能避免这种毛病。有‘道’者之所以没有骄狂的毛病，就是因为他们对这种毛病从不掉以轻心，所以才不会患这种毛病。”

道家另一代表人物庄子更是以“不知”为“真知”。《庄子·齐物论》中有这样一则寓言——

啮缺问王倪：“你知道万物是否有共同的标准吗？”王倪回答：“我哪里知道。”啮缺又追问：“你知道你自己不知道吗？”王倪仍然回答：“我哪里知道。”王倪不仅不知道啮缺所问的问题，而且还不知道到底是不是“自己不知道”，这使庄子成了逻辑连贯的怀疑主义者，因为如果自己确实知道“自己不知道”，那么“知道自己不知道”本身就成了“知道”，既然“知道”就不是“无知”而是“有知”了。

由“知道自己不知道”到“不知道自己是否不知道”，庄子由老子认识论上的诚实态度滑向了认识论上的怀疑主义，这倒真的应验了“真理向前跨一步就成了谬误”的常谈。

“知道自己无知”是说自己应该而且可以认识自我，个人应该而且可以有“自知之明”。只有了解自己的本性才能确立自己的本分，只有真实地认识自己才能使自己本真地存在，所以卡西尔断言“认识自我是实现自我的第一条件”（卡西尔《人论》，上海译文出版社1985年版第3页）。

“无知却自以为知”容易使人忘乎所以，容易使人变得越来越虚骄狂妄，不仅经常干出那些自己力所不能的愚事，而且总是使自己成为生活中的花脸和小丑。

在这一点上老子和孔子反而走得更近，孔子曾十分严肃地告诫学生子路说：“知之为知之，不知为不知，是知也。”

老子和孔子所强调的不仅是求知时理智上的诚实，同时也是为人道德上的真诚。

古希腊伟大的思想家苏格拉底说得更直截了当：“我只知道自己一无所知。”他还在法庭上为自己辩护说：正是由于他深知自己的智慧微不足道，他才被神明视为人类最有智慧的人，而那些吹嘘自己无所不知的人，事实上几乎完全无知。

和老子一样，苏格拉底也从不否定认知的可能性和必要性，在他的影响下西方的智者一直在追问人类认识的可能性，到近现代更是如此，从康德的《纯粹理性批判》到罗素的《人类的知识——其范围与限度》，他们从来没有中断过对人类认知的范围、限度、可能性和确定性的探询。

可见，认识到自己无知就是“知”的开始，所以老子说“知道自己无知”是再好不过的了。

（参见原第71章）

第五章

弱与强

引言

《庄子·天下》中在评述老子思想时说："以濡弱谦下为表，以空虚不毁万物为实。"

庄子的论述倒是深中肯綮，抓住了老子思想中守柔处弱这一主要特征。老子反复谈到"柔弱胜刚强"(《老子》36章)，"天下之至柔，驰骋天下之至坚。无有入无间"(43章)，"柔弱处上"(76章)，"弱之胜强"，"天下莫柔弱于水，而攻坚强者莫之能胜"(78章)。《老子》第76章甚至还认为"坚强者，死之徒；柔弱者，生之徒"，他以敏锐的眼光和独特的思维方式，从大量的自然和社会现象中发现和总结出常人难以发现的道理："坚强"的东西属于死亡一类，"柔弱"的东西属于生存一类，譬如，富于生机的草木其枝条柔软飘拂，已经枯槁的草木其枝叶坚挺脆硬。

因而他一反常理地告诉人们：虽然深知什么是雄壮刚强，却应安于雌柔卑弱，甘愿做天下的沟溪；虽然深知什么是高贵荣耀，却应安于卑贱屈辱，甘愿做天下的川谷。刀刚易折，物壮则老，所以老子提倡去雄强而守柔弱，远高贵而居卑下，坚硬的牙齿易落而柔软的舌头长存，溪水喜欢流向低处才汇成了漭漭江河，汇成了汪洋大海。

然而，在眼下这个尚力的时代，老子的话听来真有点忠言逆耳。现在有谁听得进老子的忠告呢？个人则希望强悍，民族则希望强盛，已经成了我们时代普遍的价值取向。有男子汉气概的男人大受女性青睐，柔弱退让的男性则被说成是有“女人气”。雄强处处受人欢迎，谁还能甘于柔弱？大家都把眼光投向“高处”，谁还愿意处于“卑下”？

老子的话虽听起来逆耳，可行起来管用，“强梁者不得其死”（42章）经受了几千年历史的检验，可以说得上是“放之四海而皆准”的真理，孔子不也骂他那位好逞强的学生子路“不得其死”吗？后来子路的结局被他不幸而言中。

还是耐心听听老子是怎么说的吧，这里我们唠叨得已经够多的了。

1. 你不争就没人和你争

韩非子说上古之世人民少而财货多，大自然提供了丰富的野果和兽肉，丈夫不必下田耕种也不会挨饿，遍地都很容易找到又轻又暖的兽皮，妻子不用上机纺织也不至于受冻。不劳而食足，不争而愿从，人与人之间的竞争也就无从谈起。进入文明社会以后，人有五子不嫌多，其子又各生五子，祖父还健在的时候便有二十五孙。人民多则财货寡，耕作勤却供养薄，虽倍赏重罚仍不免于争夺。

晚近生物学家达尔文的“进化论”风行后，妇孺都讲物竞天择、弱肉强食。经济学家马尔萨斯也认为地球上人口以几何级数增长，生活资料仅以算术级数增长，有限增加的生活资料，养不活无限膨胀的人口。谁不珍惜自己的生命？谁不希望自己富有？可社会财富又只允许少数人如愿以偿，大多数成员只得贫穷潦倒。强悍狡诈者因多占而富贵，势单力薄者因少得而贫穷。这样，残酷的竞争就在所难免：从暗中的勾心斗角到公开的明火执仗，从斗智的拉帮结派到斗力的战场厮杀，其目的不是争权，便是夺利，或者二者都是。

如今我们日常生活中虽然很少见到明火执仗的厮杀，但激烈的竞争却无所不在：政客们忙着争权，商人们忙着争利，文人们忙着争名，连小学生也争着进快班或上名校，因而官场、商场、文坛和学校无一不变为战场。

在这充满残酷竞争的时代，人要有竞争力才能在社会上和单位里领导别人而不被别人领导，商品要有竞争力才能占领市场而不被挤出市场，企业要有竞争力才能吃掉别人而不被别人吃掉——这似乎已成为全社会的共识。因而厂家都希望顾客相信自己的产品"价廉物美"，让产品成为市场上的"抢手货"；父母都希望自己的孩子强壮聪明，在学校里排名第一，在社会上没有对手，在工作中独领风骚。可是，世事并不总是天随人愿，商品"价廉物美"绝非像广告上胡吹的那样容易，要真的"价廉物美"势必要减少厂家和商家的利润，孩子更不是家家的都聪明能干。因此，狡猾的厂家和商家就用铺天盖地的广告夸大商品的"好处"，聪明的父母都要自己的孩子学会"推销自己"，不但要尽力把自己的聪明才智展露出来，甚至还要孩子学会为自己做虚假"广告"——让自己无知而显得有知，让自己无才而看似"天才"。

然而，想征服天下的人必定要成为天下的公敌，终将为天下人所唾弃，如第二次世界大战的德国纳粹和日本侵略者；想爬在众人头上的人必定为众人所憎恨，终将被众人踏在脚下，如我们司空见惯的那些可悲的奸猾之徒；想争赢天下的人就是天下人的对手，终将被天下人斗输，我们何曾见过永远称雄天下的拳王？何曾见过每次选美都夺冠的“花魁”？

只要一心存争竞，友人马上就成了对手；只要一想逞强，满眼便都是敌人。

委屈自己反而能使自身得以成全，枉屈自己反而能使自己得以伸展，谦让少取反而能使自己多得，贪婪多占必定要使自己困窘迷惑，这就像那些地势低洼的池塘反而雨水盈满，又像那些凋零的树木和敝旧的事物反而有可能重现生机。

道德高尚的人处处委屈自己，时时戒贪而少取，他们的一言一行都成为天下的楷模，一举一动都成为人伦的典范。

有能力却不自我表现，反而更叫别人佩服；认识了真理却不自以为是，反而更能使自己出头；做了好事却不自我夸耀，反而更能显示你的功德；满腹才华却不恃才傲物，人家反而对你更加敬重，反而更要推你为首领。

何苦要亟亟于求“全”求满？何苦要迫不及待地自夸自炫？何苦要处心积虑地争强抢先？不就是为了在单位里捞点蝇头微利，为了在社会上争那点蜗角虚名吗？有“好处”就想捞、见风头就想出的人，最令人厌恶，最招人忌恨，大家就得让他一辈子捞不到“好处”，让他一辈子也不能得意出头。

假如不天天想着争名争利，你在天下可能就没有对手；假如真的是与世无争，天下就没有人会和你相争。有道是：

君若无心同人竞，天下谁与子争先？

（参见原第22章）

2. 牙齿先落，舌头长存

现代社会是一个尚力的社会，人们事事都想逞强争胜，教育孩子希望他们有竞争能力，选择夫婿要求他有男子汉气概；拳击赛上人们赞扬拳王出拳凶狠，足球场上大家欣赏球王冲锋陷阵；高大魁梧的小伙子大受异性的青睐，瘦弱矮小的男士弄不好就要打光棍。于是害得男同胞们处处都想逞“雄风”，在女性面前时时都想装得身手矫健，总怕被别人视为柔弱怯懦，更怕被人说成是有“女人气”。

个人如此，民族亦然。每个民族都追求强大、强盛和强悍，甚至以强大自炫自傲。俄国哲学家别尔嘉耶夫在《俄罗斯思想》一书中说：第二次世界大战期间，“德国人早就编造了一种理论，即俄罗斯民族与精神上有男子汉气概的德意志民族相反，在心灵上是一个女人气的民族。德意志民族的男子汉精神应当占据俄罗斯民族的女人心灵”。炫耀自己民族有男子汉精神，指责其他民族是“女人气的民族”，无非是要将自己的强权意志强加于人，为自己的野蛮侵略寻找借口。然而，逞强斗狠的个人最后屈膝求饶，侵略成性的民族终将一败涂地。

为什么非得以强梁凶狠自居不可呢？

坚硬的牙齿先落，柔软的舌头长存。

因而，体“道”者虽然深知什么是雄壮刚强，却安于雌柔卑弱的地位，甘愿做天下的沟溪；甘愿做天下的沟溪，永恒的德性就不会离失，并回归到天真单纯的婴儿状态。

虽然深知什么是光彩夺目，却安于黑暗昏昧的地方，甘愿做天下的法式；甘愿做天下的法式，永恒的德性就不会有差错，并与不可穷极的“道”融为一体。

虽然深知什么是高贵荣耀，却安于卑下屈辱的地位，甘愿做天下的川谷；甘愿做天下的川谷，永恒的德性才可能充足，并回归到原先真朴的状态。即使真朴的“道”分散为万物，体“道”者仍然抱朴守道，成为百官之首和万众之王，至治之世的政治绝不支离割裂，治世者以天下之心为心，因任自然无为而治。

深知雄强而甘于雌柔，深知光彩而甘于暗昧，深知荣耀而甘于屈辱，与不得不处于雌柔、不得不处于暗昧、不得不居于屈辱是决然不同的两码事，就像只能忍受贫贱与身居富贵却选择贫贱是两回事一样，一个是主动选择，一个是被动接受，这是两种不同的人生境界。不得不忍受贫贱未必安于贫贱，甚至可能害怕贫贱和厌恶贫贱，而处于富贵之中却选择贫贱，则是荣华落尽见淳真。

甘于雌柔，归于婴儿，回归真朴，也就是重新回到大朴未亏、大道未裂的境界。归于婴儿的人与婴儿在精神境界上也不是一回事。婴儿世事未经、天真未丧，处于一种无知无识的浑沌之境，他们顺心而动，率性而行，尚属一种对自己无知无识的自然状态。人类的可悲之处就在于：当我们享有天真时却不知天真的价值，当我们已知天真的价值时却又失去了天真。处于天真之时不知其为天真，知其天真之时便不天真。归于婴儿表面上又回到天真未丧时的自然状态，但实际上这是一种在精神层次上更高的回归，借用现代儒家冯友兰的话来说，婴儿的境界是一种自然境界，“回归婴儿”的境界是一种天地境界。

天地境界中人不仅意识到自己是社会的一分子，同时也意识到自己是宇宙的一部分，因而脱俗谛而就真纯，弃雄强而居雌弱，厌荣耀而处卑下，憎机巧而归婴儿，超脱了世俗的一切声利、荣华、功名乃至生死，终至出人而入天，个体与天地同流，生命与大道归一。

（参见原28章）

3. 柔能克刚，弱能胜强

世俗常常尚刚强而轻阴柔，无数事件的最终结果恰好嘲弄了这一世俗偏见：柔能克刚，阴能制阳，弱能胜强。古今不少军事家以这一思想为指导，成功地运用以弱胜强的思想原则，在中国军事史上创造了许多以弱胜强的光辉战例。

战国时期的晋楚城濮之战，秦末的楚汉成皋之战，三国时的官渡之战和吴蜀彝陵之战，东晋时的秦晋淝水之战，都是大国强军吃了败仗，小国弱军却打了胜仗。

春秋时鲁国与齐国交战，当时鲁国是一个弱小的国家，而齐国是当时的霸主，但鲁国上下不畏强敌，团结一心抗击猖狂的敌人，终于打败了齐国入侵者。

当时齐国与燕国的一场战争也许要算以弱胜强最著名的战例了。这两个国家交战的时候，齐滑王刚刚南败强大的楚国，在西边击败了三晋，又派兵袭击了有虎狼之称的强秦，同时又攻打了身边的宋国，大败了弱小的燕国。滑王在齐国都城临淄踌躇满志，他的大臣更是拍他的马屁，把他吹得神乎其神，他自己也觉得自己是个“常胜之君”，齐真的可以无敌于天下了。燕昭王继承王位以后，立志为燕国雪耻报仇。他自知地狭力薄的燕国不是齐国的对手，因而四处网罗各种人才，礼贤下士，一方面在国内发展生产，另一方面又积极扩军备战。当时著名的军事家乐毅来到了燕国，燕昭王谦虚谨慎地向乐毅请教伐齐的事宜。

齐滑王见燕国君臣对他毕恭毕敬，全然没有把它当一回事。燕国如果向齐国挑衅，这不明摆着是拿鸡蛋碰石头吗？

燕昭王和乐毅等人就是要碰碰齐国这块又臭又硬的石头。

他们正在紧锣密鼓地备战。燕昭王明白燕国不可能单独打败齐军，战前进行了大量的外交游说活动，联合赵、楚、魏三国。经过一番周密的战略谋划，公元前284年，燕昭王命乐毅为上将军，统帅燕、赵、魏、韩、楚等国的联军，在济西向齐军进攻，一举歼灭了齐军的主力部队，接着乘胜连下齐国七十余城，攻破齐的国都临淄，使骄横的齐湣王措手不及，一夜由“无敌之君”变成了亡国之主。

弱何以胜强？因柔弱便有自知之明，便时时有危机感，因而能临危发奋，既谨慎小心又踏踏实实，而强大的一方容易自满骄横，并由自满骄横走向无能腐败，于是物极必反，柔弱的变为刚强，而刚强的蜕为衰弱，最后两军相逢弱的一方自然就成为胜利者。

（参见原第36章）

4. 自胜者强

我们曾说过“自知者明”，也就是说能认识自我才算高明，不过，认识自我并不是目的，认识自我是为了超越自我。

我们对人生世事的看法与常人往往相反。“强”这个字眼一般是送给那些在激烈竞争中的胜利者，如拳王、摔跤大王、击剑能手都被大家捧为“强者”，可我们的看法是：“能够战胜别人只能叫有力，而能够战胜自己才算刚强。”

这样看来，上面那些金牌得主只能说是“有力”，而“强者”这顶桂冠只能戴在那些战胜了自己的人头上。

我中学时代的一个朋友，高中时养成了抽烟的恶习，现在一天到晚都吞云吐雾。妻子怀孕时医生就警告过他：要少在家中或完全不在家中抽烟。他也知道这时抽烟不仅害了他本人，也害了自己妻子，更害了将要出生的后代，于是铁了心要戒绝抽烟。禁烟的头几天还算是禁住了，一想抽烟就去吃糖果，几天以后实在憋得慌，去买了包烟在鼻孔边嗅了嗅，烟瘾一来口水和泪水一齐流，没办法，他偷偷到外面点一支烟抽了几口。一开禁就不可收拾了，嘴边又开始吞云吐雾。妻子反对他抽烟的态度更强硬，并且已经几次严正声明：在要老婆还是要烟二者之间，他只能选择一种。在那种情况下他无疑是要老婆，因此他暂时和香烟分手了几天。从结婚到现在他老兄已禁过六次烟了，据说最近又决定再禁一次——当然可以肯定这不是他最后一次。

古人说："破山中贼易，破心中贼难。"这实在是经验之谈。每个人都有自己不健康的思想情感、不良的生活习惯，甚至还有一些见不得人的欲望。如果成了这些思想、情感、欲望、习惯的俘虏，我们就会变得放荡、荒淫、自私和粗野，那样，什么坏事和丑事都干得出来，我们就成了披着人皮的野兽，任何一件有价值的工作也干不好。因为成就一番事业要"破山中贼"，首先就得"破心中贼"，就得有克制自己的能力。

就以学习弹琴来说吧。从钢琴上弹奏出来的乐调实在妙不可言，但学习弹钢琴却枯燥无味。有一个音乐家特地写了一首钢琴曲，表现练习弹钢琴的无聊。在琴键上练习各个指头的力量，翻来覆去弹奏同一支乐曲，许多人都忍受不了这种单调的动作，最后就半途而废，中止练习。没有自我克制的能力，绝对成不了钢琴演奏家。

跳水的情形也一样。我们观看运动员在跳台上跳水的姿势优美极了，但跳水运动员练习跳水却单调极了。要想成为跳水名将，就得忍受单调重复的练习动作。巴塞罗那的奥运会上，我国一名跳水冠军接受美国一个记者的采访。记者问他说："你很喜欢跳水运动吧？"他的回答叫人大吃一惊："不，我最讨厌跳水，平时我每天要在水中泡七个小时以上，我现在一见到水就烦，但为了事业我又不得不去跳水池，我仍然坚持每天泡七个小时。"

这的确说尽了成人不自在、自在不成人的道理。成人立业没有不断地"破心中贼"的意志、没有自己战胜自己的能力就一事无成。这里我想引卢梭的话作为本文的结束：

"最可怕的敌人在我们自身，无论何人只要能善于和自己身上的敌人作斗，并战胜它们，他在光荣道路上的成就，在哲人们看来，是比征服宇宙还大的。"

（参见原第33章）

5. 再说自胜者强

奥地利心理学家弗洛伊德对人的心理有深刻的洞见，他认为人的心理结构由三个部分组成：本我、自我和超我。本我就是人的本能欲望，它充满着欲望的强烈冲动，一味寻求满足和快乐。自我代表理性和常识，它按现实世界的实际情况行事，主要是控制和压抑本我的无理要求。如果说本我是一匹野马，那么自我就是这匹野马的骑手。超我是心理中高尚的道德意识，是人们常常所说的良知、良能一类东西，它代表着人们心理中存在的理想因素。在心理结构中，自我与超我往往联合起来同本我斗争，不让本我那些无理的要求和欲望得到满足。平时我们说自己这段时间心里很矛盾，其实正是自我在与本我进行着较量。每个人都免不了有卑鄙的欲望，谁都想寻求到独享的快乐，但多数情况下这些欲望被压制了，如严寒的冬天早晨赖在被窝里无疑比早起舒服些，但许多人仍坚持黎明即起；在异性问题上喜新厌旧是某种普遍倾向，也可以说是每个人的本能，年轻貌美的姑娘和风华正茂的小伙，肯定比黄脸婆娘和驼背老汉更有吸引力，但大部分伉俪仍然白头到老，难舍难分。这是因为心理中自我和超我占了上风，制止了本我胡作非为的冲动。有的人是人伦典范，高尚无私，主要是由于他们心理结构中超我的力量很强；另一些人成了流氓地痞，也是由于他们听从本我贪欲的支配，最后像动物那样为所欲为。

我们平时所说的自我批评，就是用超我、自我来战胜本我，把卑鄙的念头和冲动压下去。现在我们来看看一则战胜自我的故事——

子夏有一天去拜访曾子，他们曾一起在孔子门下读书，过去同窗时关系很要好。曾子一见子夏就说："老兄，几年不见，你看起来发福多了。"

子夏回答说："我自己战胜了自己，所以长胖了。"

曾子大惑不解地问道："你的话我一点也听不明白。"

子夏说："以前我在书房读到那些描写圣贤高风亮节的文章就非常敬仰，出门看到别人享受荣华富贵又很羡慕，既想做一个品行高尚的君子，又想贪图眼前富贵利禄。这两种力量在心里相持不下，长期不分胜负，所以人越来越消瘦。现在圣贤的道德战胜了享受的要求，崇高镇住了卑劣，见到别人大把大把地花钱也不眼红，心里感到非常平静，生活清贫也很快乐，这样下去怎么会不胖呢？"

和子夏一样，大诗人陶渊明心中也曾是"贫富常交战"，每一位在困苦中成就一番事业的人恐怕都有过这种经历，因为对富贵的欲望有点像打足气的皮球，手一按就沉入水中，手一松马上又浮到了水面，只有用道德操守来提撕和激励自己，以使自己最终超脱世俗的富贵利禄之求，并臻于"道胜无戚颜"的心理状态，这样才能在贫贱之中不移其志、不坠其节、不动其心、不失其正，成为富贵不能淫、威武不能屈的大丈夫。

（参见原第33章）

6. 立志不易，强行更难

《奥勃洛莫夫》是俄国十九世纪著名小说家冈察洛夫的代表作，书名就是书中主人公的名字。奥勃洛莫夫禀性既宽宏善良又聪明敏感，对艺术和文学都有兴趣，并且还多少有点儿童的天真，对于天下的罪恶深恶痛绝。可惜他的意志特别薄弱，他是个占有五百个农奴的地主，小时在家里娇生惯养，大学毕业后混迹官场，觉得应付上司是件令人头痛的苦差事，就辞职撒手不干了，闲居在圣彼得堡的公寓里。他每天都有新计划，但每天都什么事也不想干。早晨起来穿好衣服，照照镜子，躺在沙发上抽抽烟，脑袋里装有许多增进农奴福利的计划，但这些计划总是胎死腹中，他连把它们写在纸上的毅力也没有，种种措施随便想想就丢开，更不用说将它们付诸实践了。出门散步成了他最大的负担，连坐起来穿拖鞋也万分不高兴，最少得费一两点钟犹豫。他公寓的主人想重新装修房子，搬家对他来说简直是一大灾难。他整天闷在家里与那些名为朋友实为食客的人聊聊天，抽抽雪茄烟，似水的流年就像这样一日日消磨过去了。后来一个单纯天真的姑娘见这么一个聪明善良的男子汉埋在小房子里，就想用爱情来激荡起他生命的勇气，使他的一生有一番作为。他们真的双双堕入了情网，大家都爱得难舍难分，但是他一想到假如与她结婚就得去乡下料理一些琐事，心里就害怕极了，他宁可抛弃爱情也不能不待在房里，不能不躺在沙发上，最后他选择了与情人分手。连火辣辣的爱情也撞不出一点生命的火花，可见奥勃洛莫夫的自制力是多么差。后来他与房东女儿结婚了，结婚的原因倒不是他爱她，而是他觉得这样方便——他可以不出房子不下楼。没有多久他因太缺少运动而死于脑溢血。一个人的惰性竟然这样深，想来真叫人不寒而栗。

由此可见，培养自己的克制力和意志，与发展自己的智力同样重要，如果没有强迫自己干完一件事的自制力，那么任何理想都不能实现，任何计划都不能完成，不管你有多聪明能干。

“自胜者强，强行者有志。”——能战胜自己才算刚强，能坚持不懈地追求下去才称得上有志。所谓“强行”不是说盲目瞎干，而是指勉励自己坚持把一件事干到底的毅力和恒心。

我们都曾有过这样那样的志向，都曾有过无数美好的憧憬向往，有人想当航海家，有人想当数学家，有人想当文学家，有人想当将军，有人想从事教育，有人想翱翔太空……但能将早年愿望付诸实践者寥寥无几。有的是由于客观环境不允许，有的是由于主观期望过高，但大部分人是由于没有坚持到底的毅力，致使自己半途而废、壮志成空。

生活中不乏奥勃洛莫夫这样的人：夜晚躺在床上想走千条路，早晨起床后还是旧路行。夜夜立志，日日懈怠。我邻居有一位待业青年，看样子还算聪明伶俐，他爸爸妈妈一直鼓励他去念自修大学或电大，将来好谋一个像样的工作，他自己也意识到不能再这样混下去了，于是他决定去报考电大经济管理专业。上电大考进去容易，但要每科都考及格还要下点功夫，进电大容易出电大难。他开始两科都及格了，到第三科数学连考两次都没有过及格线。两次考试失败把他给吓倒了。他愚蠢地怀疑起自己的智力来，以致一拿起数学教材就头昏脑涨，最后不得不中断学业。后来他又跟着一位高中的同学跑买卖，不巧连续几个月都亏本了，赚钱也不是他过去想象的那么简单，他实在没有勇气再干下去。至今他还在家里待业，估计近期不会有什么工作跑来找他，找到工作好像是遥遥无期的。

上电大和做小买卖在人类所从事的各种行业中，算是比较容易的工作。就智力而言，上电大不会比造航天飞机更复杂；就体力而言，做小买卖不至于比扛码头更繁重。这两种事情都没有毅力坚持下去，更何况其他更复杂和艰苦的工作呢？

“樱桃好吃树难栽”，要想把任何事情干好，都会遇到阻力和困难。认定目标就要走下去，不管前面会有什么艰难险阻。每一个在事业上有成就的人，都经历过挫折和失败。在失败的时候不要气馁，要有面对困难和失败的勇气，同时要积极寻求克服困难的办法，避免下次犯同样的错误。

对事业的执着是坚持下去的动力。孔子在春秋末期想“克己复礼”，他的主张一开始就不受欢迎，诸侯们忙着争权夺利，小民们忙自己的一日三餐，谁还对他说得天花乱坠的“周礼”感兴趣呢？大王公卿根本不知道“克己”为何物，老百姓不得不当牛做马，“克己”对上层和下层都毫无意义。这位老夫子在自己的鲁国两次被逐出境，在卫国受到不准入境的耻辱，在陈国和蔡国遭受围攻，在商周饿得东倒西歪。他当然明白自己的理想不合潮流，但仍然坚持四处游说。他为人的座右铭是：“知其不可而为之。”——明明知道不能成功，但还是要坚持干下去。孔子想复辟周礼虽然有点迂阔，但他的思想后来成了中华民族文化的代表，与老庄思想一道塑造了中华民族的民族品格。

英国的伟大诗人弥尔顿，最杰出的诗作是双眼失明后完成的；德国的伟大音乐家贝多芬，最杰出的乐章创作于听力丧失以后。能至死不渝地追求下去，不向困难和命运屈服低头，任何人都一定能使美梦成真。

立志不易，强行更难，否则，世上怎么会有那么多说话的巨人、行动的矮子呢？

（参见原第33章）

7. 强横者不得好死

人活着的时候身体又柔又软，死后的尸体则僵而且硬。

草木生长的时候又柔又软，死后的枝干则又枯又干。

看看婴儿那娇嫩的手脚，少女那柔软轻盈的身段，是那样富于生命的活力，再看看春天陌上的柔桑，原野里青青的嫩芽，河岸飘拂的柳丝，无一不洋溢着青春的气息。

看看老人那一身嶙峋的瘦骨，还有那笨拙僵硬的四肢，一眼便知他们已进入了生命的暮年，不禁让人联想起那阴森死寂的坟墓，再看看冬日干枯黄脆的败叶，道路两旁的老树枯枝，无一不预示着萧条、衰败乃至死亡。

可见，无论是人还是物，生则柔软而死便干枯，也就是说，坚硬的东西与死亡相关，柔软的东西与生命相连。

显然，坚硬的树木容易折断，坚硬的瓷器容易打碎，坚硬的牙齿容易脱落，强暴的军队容易被打败。

相传殷商时期有一位贵族名叫商容，可能算得上那个时代最博学的学者，当时王公显贵的子弟多出其门。当他生命垂危之际，他最得意的门生前来病床问候他说："老师，您还有什么要教诲弟子的吗？"

商容说："我的思想你已经完全掌握了，现在我只想问你：人们路过自己的故乡时总要下车步行，你知道这是为什么吗？"

学生回答说："我想这大概是表明，人们忘不了故乡的养育之恩吧。"

商容又问道："从高大葱翠的树下经过时，人们总要低头恭谨而行，你知道这是什么原因吗？"

学生回答说："也许是仰慕它那顽强生命力的缘故吧。"

商容张开嘴让学生看，然后说："你看我的舌头还在吗？"

学生大惑不解地说："当然还在。"

商容又问道："那么我的牙齿还在吗？"

学生说："已经全部掉光了。"

老师目不转睛地注视着自己的学生说："你明白这是什么原因吗？"

学生沉思了一会儿说："我想这可能是刚强的容易过早衰亡，而柔弱的却长存不坏的缘故吧。俗话不是说过'柔舌在口，齿刚易落'吗？"

老师听后满意地闭上了眼睛。

"轻敲就能打破瓷碗，狂风却吹不断柳丝。"人太强横就不得好死，兵太强暴就要灭亡。

东晋太元八年，秦王苻坚不听谋士们的多次劝阻，依势着自己有"强兵百万，资仗如山"的实力，对反对南侵的谋臣们夸口说：东晋纵有长江之险也不足为凭，我秦军"投鞭于江足断其流"，以秦军"累捷之威"击东晋"垂亡之国"，我军一定势如破竹、摧枯拉朽，不出两个月我就将踏平江南混一六合，于是在一片反对声中率大兵分道南侵。想不到同年十一月就在淝水被晋军打得惨败，秦兵相互践踏自投江水者不可胜数，水中堆积的尸体使“肥水为之不流”，仓皇逃窜的败军“闻风声鹤唳”，都害怕晋军会尾追而来，个个像惊弓之鸟似的惶惶不安。苻坚本人也被射伤，单骑逃归淮北才幸免一死。几年后他被羌族首领姚苌擒获，吊死在新平的寺庙中。

苻坚以雄兵逞强造成兵败身死，他用士兵的鲜血和身家性命印证了“强横者不得好死”这一古训。

《文子》说：常胜之道为柔弱，常败之因为刚强。这一显而易见的道理常被人们忽略了。刚强者总以为别人不如自己，柔弱者则认为别人胜过自己。以为人不如己者就会以强凌弱，到处都埋下仇恨的火种，欺凌别人的人最后总是被别人欺凌，强横者最后总是一败涂地。认为己不如人者待人真诚而又谦和，待人真诚谦和就到处都受人尊敬，他们处处把自己摆在最后，结果反而处处抢先，处处甘居人下，最后反而成了大家的领路人。所以，以强胜人者必遭祸殃，以柔胜人者前程不可限量。

（参见原第42、76章）

8．所求越多所得越少

前文曾多次指出过，“道”为生成天地创造万物之母，要是能谨守其“母”——“道”，就能认识其“子”——天地万物；要是能守其“母”以存其“子”，终身就不会有什么危险。

要想守“母”以存“子”就须守之于内而不求之于外，越追逐外物就越远离“大道”，所求者越多则所得者越少，所见者越大则所知者越小。

私欲重精神必定驰骋于外，精神驰骋于外必定见大求多，其结果是目迷五色而眼昏，耳悦声哗而听聋，志惑荣华而神乱，情溺好恶而心劳。闭目塞听而精神内守，终身就免去了一切劳扰；营私纵欲而俗务缠心，终身就不可救药。

志气虚静就会耳聪目明，耳聪目明就能察微见细，能察微见细才能叫作“明”。

商纣王是中国历史上有名的昏君，商朝的天下就葬送在他手里。可在他登位之初有多少人能预见到后来的悲惨结局呢？当时人们满以为在这位精明国王的治理下，商朝的江山会坚如磐石，满朝大臣无不欢天喜地，独有纣王的叔父箕子闷闷不乐。一天，当纣王叫人用象牙做了双筷子时，别人都觉得用这种筷子才符合国王的身份，也与宫廷的整个陈设十分谐调，而箕子见侄儿用象牙筷子却十分恐惧，许多人都感到有点莫名其妙，纷纷指责他是庸人自扰。面对这些责难，箕子反驳说：“纣王一旦用象牙做筷子，必定再不会用土制的瓦罐盛汤饭，肯定会改用犀牛角做成的杯子和美玉制成的饭碗；有了象牙筷子、犀牛角杯子和美玉饭碗，难道还会用它们来盛豆子、菜叶、素汤吗？还会用这些餐具来吃粗茶淡饭吗？国王的餐桌上摆的无疑是美食佳肴，如旄、象、幼豹、驼蹄之类难得的珍品；既然已经使用象牙筷子、犀牛角杯子、美玉饭碗，又吃上了旄、象、幼豹、驼蹄之类的美食，必然不会再穿着短小的粗布衣，坐在简陋的茅屋下用餐了，国王自然要穿起绫罗绸缎来，锦衣之上再套上一层锦衣，衣着既已由简单朴素趋于雍容华贵，也必定会由茅屋迁到富丽堂皇的宫殿，还要筑起高台楼阁来取乐。这样下去将要导致的结果叫人简直不敢往下想，所以见到事情的苗头——由竹筷子改用象牙筷子，我就感到不寒而栗。”

果然，后来的结局被箕子不幸而言中。不出五年，纣王变得好酒淫乐，以酒为池，设糟为丘，悬肉为林，加重天下百姓的赋税以大兴土木，四处搜集狗、马、奇玩、珍宝，在沙丘这个地方建起苑林，把许多野兽虫鸟放在其中，他与宠臣常常跑到那儿去打猎消遣，又请乐师作出新的秽调淫声，成天与妲己一起听靡靡之乐。本来纣王才思十分敏捷，见闻也很广博，然而他却把这些可贵的才智用错了地方——用如簧的巧舌来掩饰自己的过失，用过人的才智来拒绝大臣们的忠言。不知多少忠臣义士在他手上送了命，这样放荡了不久周武王也要了他的命，商王朝也跟着他一起寿终正寝。

把竹筷子换成象牙筷子，这对于一个国君来说是不值得一提的琐事，一般人也会认为这样做理所当然，而箕子却从中看出了纣王滑向腐败堕落的征兆，将它视为商朝走向灭亡的开端，这就是常言所说的“见小曰明”。

恬淡寡欲就能持守柔弱，持守柔弱才称得上“强”。

能得天下成霸业当然算得上胜利者，能打败大敌取得胜利当然要算强者，而真正的强者在于能集中众人的力量，能集中众人的力量为我所用无疑能得人心，能得人心的人肯定恬淡自得，恬淡自得的人必定柔弱自持。

相传周太王亶父居于邠时，不断遭到强邻狄人的攻击骚扰，他给狄人献去皮革珠玉仍不能满足狄人的贪心，担心长期向狄人输贡使得邠地百姓不堪重负，他不得已告别邠地的父老乡亲迁徙到岐周。老百姓见他柔弱自守而又无私无欲，从来不贪占他人逞强天下，大家都扶老携幼跟随他来到岐周，于是后来就有了强大的周朝。这不正是“守柔曰强”吗？

（参见原第52章）

9. 婴儿的启示

哪怕是轩冕处在眼前婴儿也不知道欲求，哪怕倾城艳色就在身边他们也不知道追逐，哪怕富贵荣华近在手边他们也不想去窃取，哪怕斧钺刀箭正在身后他们也不知道恐惧——因为他们既天真无邪又无知无欲。

对王公贵族婴儿从不谄媚，对白屋平民他们也从不蔑视；他们既不会对上司打躬作揖，也不会对下级颐指气使；他们既不向强者赔笑脸，也不向弱者瞪眼睛——因为他们未曾被人世的世故、伪善和虚荣所污染。

婴儿原本就无欲无求，当然就与物无伤；他们是那样天真无邪，难怪从不树敌；他们没有丝毫伪善世故，所以应事接物总是一片赤诚。

含德深厚的人也如同初生的婴儿，也同样具有婴儿那样的赤子之心。他们无心以应物，所以无物能损其全。如果无心去扑灭毒虫，毒虫怎么会来蜇伤他呢？既然无心去捕杀猛兽，猛兽怎么会去咬伤他呢？从来就不想去射死鸷鸟，鸷鸟怎么会去搏击他呢？

《庄子·达生》中说神全德厚的人，既不伤物也不伤于物。一个醉酒的人从车上掉下来，可能擦破皮肤但不可能摔死。骨节与别人一样而伤害却与别人不同，这是因为他醉酒后达到了“神全”的境地，乘车既不知道，坠车也不知道，其生无所喜，其死无所惧，无心撞上外物并不知道害怕，外物也不有意去伤害他。一个神全于酒的人尚且如此，更何况神全于天的赤子呢？

别看婴儿筋柔骨嫩，他们拳头却握得很紧，这是由于他们精力弥满；尚不知道什么是男女交合，但他们的小生殖器却常常勃起，这是由于他们精气内充；他们整天啼号却嗓子不哑，这是由于他们元气淳和。

婴儿的肌肤红润光泽富于弹性，体骨柔软灵活而又坚韧，声音稚气柔和但却响亮，看看他们情未交而阳具挺的样子，听听他们啼号久而嗓不哑的音调，谁不羡慕他们那稚气旺盛的生命力呢？

这种旺盛的生命力来于婴儿天真未凿，外无所求则精气内守，精气内守则德厚神全，德厚神全便生气勃勃。

等到成人入世以后，耳目交接于外，情欲形之于内，于是便放纵情欲而不任自然，因人世沉浮而焦灼不安，因饮食男女而乖张亢奋，因争名夺利而逞强斗狠。

逞强斗狠看上去似乎血气方刚好不强壮，但已破坏了婴儿的冲和之气，远离了婴儿的柔弱之道，内心的焦灼不安必然造成外表的憔悴不堪。

鲜花怒放之日便是它快要凋零之时，物既呈强壮之势便已显衰老之容。过于强壮不合于柔弱之道，违反了柔弱之道很快就会走向死亡。

谨守柔弱之道，不失赤子之心，德厚便能神全，不壮因而不老。

（参见原第55章）

10. 居卑处下，忍辱含垢

天下大概再也没有什么东西比水更柔弱的了——它柔弱到自己全无定形，遇圆则为圆，遇方便成方，随河床以蜿蜒，因峭壁而激荡；它柔弱到从不向任何人说“不”，它谁都可以舀取，谁都可以泼洒，谁都可以携带，谁都可以饮用。

俗话说“水随人愿”，用来浇花它就使花儿鲜艳，用来灌田它就使禾苗茁壮，用来发电它就给家家送去光明，用来做饮料它就为人人解饥渴，用来沐浴它就帮人们清污涤秽……

俗话说“水往下流”，与人们喜欢“高攀”大不一样，水的本性喜欢居卑处下，总是从上方往下方滴，总是从高处往低处流；与人们艳羡“高高在上”大不相同，水高高兴兴地从高山奔向低谷，它绝不长久停留在“显眼”的地方。

水也不像人那样喜欢“争功请赏”。它上天为甘霖，下地为润泽，遍育群生而不分亲疏，泽及万物而不求回报，工农业没有它就不能生产，动植物离开它就将干枯，可水并没有意识到自己如何“重要”，更不夸耀自己是如何“伟大”，它总是那样谦卑、退让、不争。

然而，天下又有什么东西比水更坚强、更浩大的呢？正是因为它总往下方滴，坚硬的顽石才被它滴穿；正是因为它总往低处流，最后才汇成了汪洋大海；正是因为它柔软无比才使它斩之不断——“抽刀断水水更流”；正是因为它利物而不争才使万物离不开它——“没有水的地方就没有生命”。水的坚强不正是由于它的柔弱，它的浩大不正是由于它能处下吗？道理天下没有人不知道，可惜只有少数人才身体力行。

能趋下居卑水才能滴穿顽石，能承担全国屈辱的人才配为一国之君，能承担天下灾难的人才配为一国之王。

《左传·宣公十五年》载伯宗的话说：“能容纳污水才能成为川泽，能隐藏毒蛇猛兽才能成为林薮，能承担错误忍受屈辱才能成为国君，这是自然与社会共同的规律。”

春秋时有一次晋国攻打楚国，长驱三舍（军中一舍等于三十里）仍不停止，楚国大夫请求反击，楚庄王说：“先君治理楚国的时候，晋国一直没有攻伐楚国，等到我为国君时晋楚两国就开始交战，这全是我一人的过错，怎么能烦劳大夫们呢？”大夫们听后反省说：“前辈大臣们辅助先君时，从没有发生晋楚两国交战的事。我们辅佐大王反而招致晋楚两国打仗，罪过全在我们大臣而不在大王，怎么能让大王一人承担责任呢？请大王下令我们反击吧。”楚庄王俯身而泣涕沾襟，起身则拜朝中大臣，那种场面谁见了都会感动。晋君听到这件事后对大臣们说：“楚国君臣争着为错误承担责任，楚王极受群臣拥戴，楚臣个个尽忠尽职，这样的国家是不可轻易攻下的。”于是，晋军连夜班师回朝。楚王能受一国之垢，他才配称社稷之主。

古代如果国家出现了严重的自然灾害或重大的国策失误，皇帝就得向全国人民下一道“罪己诏”，表明自己主动承担全部罪责。春秋宋景公当政时，一次荧惑（即火星）正好在心宿这个地方出现。古人认为“荧惑在心”是大灾将至的预兆，宋景公十分恐惧，连忙召见负责天文的大臣子韦询问：“荧惑在心是什么原因呢？”子韦回答说：“荧惑在心是天将罚罪的前奏。心宿恰在我们宋国的分野之内，灾难可能快要降临在您大王头上，不过，可以将这次‘天罚’移于宰相。”宋景公说：“宰相是我的辅国大臣，让他来承受‘天罚’有失公平。”子韦又说：“还可将这次‘天罚’移于民众。”宋景公也不同意：“民众都替我而死尽了，我还有什么脸做国君呢？宁愿我一个人去受‘天罚’！”子韦又想出鬼点子说：“可以将‘天罚’移于年岁。”宋景公还是不同意：“年岁的好坏事关民众的死活。年岁饥荒，民众必然大批死亡。作为国君却想着去杀害自己的人民以求自己活命，我还有什么资格作为一国之君呢？还有谁会把我当国君看待呢？荧惑在心是我的性命当尽，子韦再不要想歪点子了。”原来子韦是想试探一下宋景公的为人，听了宋景公这三番话后他北向而拜说：“祝贺大王！天处高而听卑，您刚才的三番话上天句句都听见了。大王有爱民之三言，上天必然赏大王三次，今夜荧惑肯定会迁徙三舍，大王可以延年益寿二十一岁。”宋景公半信半疑地问他说：“你是怎么知道这些的？”子韦回答说：“大王有爱民之三言，上天必定对您有三赏，荧惑星也必定迁徙三舍。星每舍行路七里，三七就是二十一里，大王可延年二十一岁。臣愿服侍陛下观测天象，此星如不徙三舍我甘当死罪。”当天夜晚荧惑星果然迁徙三舍。

说了三次爱民的动人言辞而受到天三次赏赐当然是不足为信的传言，但只有能承担天下灾祸才配为天下之王却是不争的事实。水假如不能居卑处下怎么会形成长江大海？国君假如不能忍辱含垢又怎么配为一国之君？

（参见原第78章）

第六章

静与动

引言

黑格尔在《哲学史讲演录》中以西方人惯有的傲慢，用极端轻蔑的语调把孔子狠狠奚落了一番，他说"孔子只是一个实际的世间智者，在他那里思辨的哲学是一点也没有的——只有一些善良的、老练的、道德的教训，从里面我们不能获得什么特殊的东西。西塞罗留下给我们的《政治义务论》便是一本道德教训的书，比孔子所有的书内容丰富，而且更好。我们根据他的原著可以断言：为了保持孔子的名声，假使他的书从来不曾有过翻译，那倒是更好的事"(《哲学史讲演录》第一卷，商务印书馆1959年版第119—120页)。这里顺便说一下，西塞罗只是希腊哲学的复述者，虽是个一流的雄辩家，却是个三流的哲学家。连三流的西塞罗也比不上，在黑格尔眼中孔子简直就不入流了。黑格尔对老子好像还能稍假辞色，认为老子的哲学尽管"仍是停在初级的阶段"，但多少还能把握一点"纯粹抽象的本质"(《哲学史讲演录》第一卷，商务印书馆1959年版第129页)。

近半个世纪以来国内的学者也总想给老子和黑格尔“牵线搭桥”，生搬硬套地说老子思想富于黑格尔意义上的“辩证法”，好像这样一来就抬高老子的地位，这样一来我们老祖宗脸上似乎就有光彩。真是匪夷所思！

其实，如果说老子真的有什么“辩证法”的话，他的“辩证法”也不是黑格尔式的“辩证法”。就拿“静”与“动”这一对矛盾来说吧，老子有他自己独到而又精彩的见解。我们从教科书上学到的黑格尔“辩证法”通常是这样讲“动”与“静”的：万事万物中“静”只是相对的、暂时的，而“动”则是绝对的、永恒的，任何事物都是通过矛盾运动而发生变化，矛盾双方有一个由量变到质变的过程，因而这个世界上永远不会风平浪静，只有无休无止的动荡和斗争在等着我们。老子对此却有决然相反的看法，《老子》16章说：“万物并作，吾以观其复。夫物芸芸，各复归其根。归根曰静，静曰复命。复命曰常，知常曰明。”他说自己从万物的生长发展中发现了这一特点：它们发展到一定的阶段，各自又回归到了原先的起点，这一过程叫作“返本归根”，而“返本归根”的“本”或“根”就是“静”。世界上的“有”（万事万物）生于“无”（道），“动”来于“静”，“静”是纷纭事物的本源与本性，所以他说“归根曰静，静曰复命”，回归本根就是回到了“静”，回到了“静”也就是回归了本性。回归“静”的本性是万事万物不变的法则（“常”），能认识这一法则便是“明”。我们不妨用一粒小麦作比方，它通过发芽、生长、成熟、归仓，又回到原来小麦“静”的形态。万物都默默地守着自己的本性，静静地吸取大地的雨露精华，安享着各自天然的寿命，“静”是主宰和根本，“动”则是现象或表现，所以，“重为轻根，静为躁君”（《老子》26章），“清静为天下正”（45章）。

立身处世当然要守母以存子或守本以舍末，因此我们应该“致虚极，守静笃”（16章），力戒精神的动荡浮躁，永远保持心境的虚静恬淡，这样才能做到“以静制动”“宁静致远”。

到底是黑格尔对还是老子对呢？我认为用不着什么哲学修养就可以得出结论。一个人如果老是躁动不安，不仅会一事无成，甚至还可能难享天年；一个国家如果老是动荡不宁，政局长期不能安定，成天在鼓噪着运动斗争，就会迅速走向灭亡。是以“静”来休养生息，还是以“动”来颠簸折腾，谁对谁错、谁好谁坏不是明摆着的吗？

1. 浮躁：现代人的癌症

在人类历史的起点，质朴淳厚的民风没有遭到破坏，个个都衣禽兽之皮，人人都食草木之实，寒则求衣，饥则觅食，大家怡然自得地拍着肚皮四处游走吟唱。当时，人们的思想澄澈而透明，人们的心灵恬淡而平静。历史进入了文明社会以后，随着社会财富的增加，随着个人情欲的激活，对财富的贪婪搅扰了内心的平静，对权势的追逐损害了思想的澄明。我们成天只是关心银行存款的增减，只是看重官场地位的沉浮，只是注意社会名声的大小，完全沉湎于尘世的物欲之中，涉世越深，机心越重，精神成天焦灼不安，思想因而也蔽塞不明，不仅观物难得其正，行事也有违其常。只有重新回到历史的原初之思，重新恢复思想的澄明和心灵的宁静，我们才能洞察世事和明察万物，才能守护生命的真性并与“道”同体。

从自然界蓬勃生长的万物中不难看出循环往复、周而复始的变化规律，它们无一不是从“无”到“有”，又从“有”返“无”。大海潮生潮落，百草花开花谢，人类社会也如同大自然一样，大地上草木枯荣相继，世界各国也都是盛衰更迭，没有一朵花儿能够长开不败，也没有一个国家是长盛不衰的。

一个人在故乡生故乡长，成人后离开自己熟悉的家乡和难舍的亲人，独个儿去外乡闯荡天下、建功立业，等到白发皤然、牙齿脱尽之后，不管是一事无成还是名满天下，又总是希望能重归故土。出塞征战的将军盼望能生入玉门关，身在异国的游子希望能埋骨桑梓地，一曲“少小离家老大回”能引起人们广泛的共鸣，我们常把这形象地称为“叶落归根”。

岂止人老“重归故土”，岂止树木“叶落归根”，世上纷纷纭纭的万类万物莫不“各归其根”——起初从哪里来最后又回到哪里去。这里“各归其根”的“根”就是“静”。“静”是纷纭万物共有的根源与本性，返本归根就是复归于“静”，复归于“静”也就是回归于各自的本性——平静的池塘水波不兴，顽童投进一块石子后便荡起涟漪，涟漪一圈圈慢慢扩大又慢慢消失而重归于平静；深山的松树与幽篁一片寂静，一阵疾风激起松涛掀动竹林，疾风过后又仍是“山静如太古”；晴朗的天空突然间阴云密布，转眼就狂风大作，暴雨倾盆，要不了多久又还是雨过天晴、风和日丽。

万物回归自己的本性叫作“复命”，“复命”是事物变化之中不变的法则，了解和认识该法则叫作“明”。假如不了解这一法则而轻举妄动就必定要招灾惹祸。假如事物不能回归自己的本性——复归于静，其结果会令人毛骨悚然：要是唐山大地震一直不停止，富士山的火山一直在爆发，那景象该是多么叫人恐怖；要是天空一直电闪雷鸣，要是1998年的暴雨一直不停地下着，地球上所有的人类都将成为鱼鳖。人类社会也是一样，要是一个民族长期处于战争状态，这个民族的生命力就将枯竭；要是一个国家长期处于震荡运动之中，这个国家就会逐渐衰弱或分裂瓦解。个人又何尝不是这样？任何人如果一直精神躁动而不能恢复虚静的状态，不管是从政还是治学抑或经商都将一事无成。

当我们的精神变得浮躁，当我们的思想已不澄明，当我们的心灵失去恬静，我们就非得下一番致虚守静的功夫不可。水静才能鉴物，人静才能明理。洞明万事之“常”就不偏不倚不温不凉，不偏不倚则无所不容、无所不包，无所不包就能坦然大公，坦然大公就无不周遍，无不周遍也就同乎天地、合于自然，同乎天地、合于自然也就通于大“道”，而体乎“道”且能行乎“道”的人就能长久，这样，富贵不能淫，威武不能屈，水火不能害，金石不能残，终身就能免于危险。

（参见原第16章）

2. 以静制动

稳重是轻率的根本，静定是躁动的主宰。古时的君子即使整日赶路，从来也不离开载重的车辆，时时以重为本，虽然有繁华富贵的生活，从不以此萦怀而恬淡自得，处处以静制躁。身为一国之君怎么能以轻率躁动来治理天下呢？轻率必定要失去根本，躁动肯定将失去主宰。

为什么要将重、静、轻、躁连在一起呢？稳重者通常表现得静定，轻率者总是显得浮躁。重与静彼此相关，轻与躁互为表里，因而贵重就必然贵静，而戒躁也必然要戒轻。

我国古今统治者无不深明此理。

看过描写解放战争题材电影的朋友，也许有人还记得这样的一个镜头：蒋介石办公室的墙上挂一幅匾，上面写着一个大字——静。中国统治者治国不是通过民主程序来运作，而是以个人权术来进行控制。君主以“静”来驾驭臣下是贵静思想在权谋中的运用。蒋介石办公室里那个“静”字，用意可大不同于医院墙上贴着的那个“静”，后者只是叫病人和家属别高声喧哗，说话声音小点，走路步子轻点，蒋介石办公室中那个“静”字中却潜伏着陷阱和阴谋。

我国特定的政治文化背景形成了一套特有的政治谋略：在尖锐复杂的政治较量中，君主应该用虚静的态度来对待一切，静观事态的发展变化，细察每一情节和人事。保持虚静就能知道行为是否正确。臣下向君主进言时就表明了他自己的政治主张，臣下办事时自然有一定效果。君主暗暗验证其主张与其效果是否相符，毫不费事就能使臣下现出原形。

最高统治者尤其不能暴露自己的欲望，如果一暴露了自己的欲望，臣下就会精心粉饰自己的言行；也不能随意表达自己的真实思想，臣下一了解君主的真实意图，他们就知道要怎样伪装自己。这样君主就分不出谁忠谁奸、谁好谁坏。所以，君主不能有任何外在表现——也就是“动”或“躁”，要绝对保持清静而不能有丝毫躁动，深深地藏起自己的喜怒好恶之情，这样臣下就没有办法伪装起来迎合君主，每个人就会表现出各自的本来面目；君主藏起自己的智慧和政见，臣下就无从揣摸君主的意图，因而就无法投机取巧。

所以君主宜静不宜动，自己有智慧也不轻易运用，使每一个臣下找到自己适当的位置；自己有能力也不轻易表现出来，以便更好地观察臣下的言行；自己有勇力也从不逞威风，使臣下有机会表现自己的勇敢。君主不用自己的智慧就是明智，不用自己的才能就有功绩，不表现个人的勇敢就有国家的强大。平时君主总是静悄悄地不露声色，好像自己没有处在君主的位置，臣下也弄不清君主在哪儿。英明的君主在上面当一天和尚撞一天钟地无为，群臣在下面诚惶诚恐地尽职。

君主在上寂静，群臣在下效力，有了成绩功劳归君主，有了错误罪过在臣下。君主在上面保持清静无事的态度，暗暗观察臣下贤愚功过。君主处在“静”的情况下，容易掩盖自己的行迹，隐藏自己的念头，使臣下对自己捉摸不透；群臣处在“动”的状态下，他们的真实思想、实际才干都暴露无遗，这样君主便于驾驭和控制。——这就是“以静制动”，“静”是君主的法宝。

处于“静”中的君主深藏不露才给人一种神秘感，群臣因此才对他有敬畏感。

如果说医院病墙上贴的那个“静”字使人觉得亲切，那么，蒋介石办公室中挂的那个“静”字便让人感到阴森可怕。

（参见原第26章）

3. 以静养智

统治者将“主静”思想变成令人毛骨悚然的权术——以静制动，我们老百姓同样也发现了“主静”思想的另一妙用——以静养智。

所谓“以静养智”，就是通过恬静的心境来增进自己的智慧。智慧增进以后又不外用，又用自己的智慧来促进自己心境的恬静。智慧与恬静交相涵养促进，和顺之气便从本性中流露出来。

真正的智者从来不叽叽喳喳地表现自己，让自己的才智锋芒毕露。那些没有智慧的人成天闹哄哄，大叫大嚷地表现自己，生怕一静下来这个世界就把他给忘掉了。

满罐子水不易动荡，任其颠簸总是默默无声，半罐子水荡到半天空，稍一摇晃就扑通扑通响个不停。智慧老人像风平浪静的大海，沉静而又渊博，浅薄之徒像又窄又浅的小溪，走到哪里都喧闹不休。

只有虚静才能包含万物，灌水进去不见满，取水出来不见干，而且人们还不知其水源在何处，这样就算得上永葆生命之光；只有静才能获得真理，宋代理学家程颢在《秋日偶成》中也说："万物静观皆自得，四时佳兴与人同。"这恰如一汪清澈的湖水，只有平静时才能映出周围群山的倒影。如果水波汹涌、动荡奔腾，那就除了听到自己的响声外，绝不会映出天上的星月与地上的山峰。同样，只有静才能涵养自己的心灵，浮躁不安只能使自己变得荒疏浅陋。

所以，根机和城府深的人遇事三缄其口，根机和城府浅的人遇事信口开河，恬静总是属于那些智者。智者的恬静并不是由于"静是好的"才学会恬静，而是他的智慧使他洞明了世事，他对生命的体验使他透悟了人生，世上再也没有什么东西能扰乱他的心境，因此自然而然地归于平静安宁。

水平静后不仅可以朗鉴万物，也可以作为木匠的"定准"的水平仪；俗话说"心平似镜"，人的心境如果宁静了，同样能鉴照天地的精微，甚至还可以明察万物的奥妙。——古人所谓"以静养智"就是这个意思。

（参见原第26章）

4. 宁静致远

诸葛亮在人们心目中几乎是智慧的象征，兼备宰相之器与将略之才，关羽、张飞这些赳赳武夫，在他鹅毛扇的挥动下东征西讨，决胜于千里之外。读一读《隆中对》就不难发现，诸葛亮对当时全国局势的认识多么深刻，对未来历史走向的预见多么准确深远，几句话就勾画出了三国鼎立的蓝图，尤其令人叹服的是后来三国局面的形成似乎是出自他的设计。他的智慧为什么这样超群，眼界为什么这样高远呢？

诸葛亮写给他儿子的一封信好像是专为我们回答这个问题的——

> 夫君子之行，静以修身，俭以养德，非淡泊无以明志，非宁静无以致远。夫学，须静也；才，须学也。非学无以广才，非志无以成学。淫慢则不能励精，险躁则不能治性。

诸葛亮认为，大丈夫立身处世，应以静来提高自己的精神境界，以朴素来培养自己的道德操守，生活简朴而又恬淡寡欲，才能显示自己的志趣；心境安定而又精神专一，才能见识深远。要想学习有成，心境就必须保持绝对的宁静；要想增长才干，就必须刻苦学习。不学习怎么能增长才干，不恬静又怎么能进行学习呢？轻浮懈怠不能思虑深远，心境躁动便不能陶冶性情。

在这封信中，诸葛亮谈到了“静”与“学”和“学”与“才”的关系：不能“静”就无法“学”，无法“学”就难成“才”。“静”是“学”的必要条件，“学”又是“才”的必要条件，其中最根本的问题还是“静”，不能“静”则“学”与“才”都无从谈起。

诸葛亮在汉末社会动荡混乱之际，隐居隆中，躬耕陇亩，静观天下之变，思考国家的未来，他的沉静天性使他能高瞻远瞩，从已成之局预料将成之势，《三国志》概述他的志向说：“进欲龙骧虎视，苞括四海；退欲跨陵边疆，震荡宇内。”因而出山之前就被他的同辈称为“卧龙”。他的深谋远虑、雄才大略，主要得益于他冷静的观察、沉潜的思考。他上面这封《诫子书》就是他一生为人求学经验的总结，让我们铭记他一生智慧的结晶吧：

“淡泊以明志，宁静以致远。”

诸葛亮的一生恰好是“戒躁守静”的成功实践，而“宁静致远”又正是前面我们所说的“静以养智”的引申。

（参见原第26章）

5. 清静无为天下正

万事万物尽管纷纷扰扰，最后无一不返回它们的本根，而返本归根就叫“静”。可见清静无为是万物的本性，只有清静无为才能在天下领袖群伦。

平静是天地的“水平仪”，恬静是个人最高的精神境界。心神宁静便能空明，空明便能充实，充实便能和谐完满。恬静后思虑便能钩深致远，恬静后行动便无往而不宜。同时只有心灵恬静才能处无为之事，而为无为才能无不为。

清静无为是万物的本性，明白了这个道理来做君主就会英明，懂得了这个道理来做大臣就会贤能，甚至深明此理后退隐山林优游江海，也能赢得隐士的敬重，深明此理后投身政治、报效国家，一定会成就大业深得民心。

清静无为的人求学则与日俱进，从政则会大功告成，指挥千军万马则无往而不胜。有人以为将军只需要勇敢无畏，清静无为只是学者、书生所必须具备的品性，其实这是天大的误解。在两军对阵的关键时刻，最要紧的是头脑冷静，只有冷静才能准确判断敌我的形势，不能清静而躁动不安的人就会鲁莽行事，鲁莽行事就可能一败涂地。因而容易轻躁冲动的人只宜当士兵，当统帅就可能让许多士兵送命。战场上的形势瞬息万变，士兵们可以奋不顾身冲锋陷阵，而指挥战斗的统帅则必须冷静镇定，稍有轻躁就将自乱阵脚、自陷绝境。

静是动的主宰，重是轻的根基，清静无为的人才能当帅，轻躁莽撞的人只能当兵。

（参见原第45章）

6. 蚯蚓与螃蟹

“清静必定胜过躁动”，不仅是对社会生活的深刻总结，甚至在大自然中也能找到有力的佐证。我们来看看荀子《劝学》中的一段名言：“螾无爪牙之利，筋骨之强，上食埃土，下饮黄泉，用心一也。蟹六跪而二螯，非蛇鳝之穴无可寄托者，用心躁也。”

“螾”就是我们现在所说的蚯蚓，“蟹”就是我们餐桌上常吃的螃蟹，“跪”指螃蟹的脚，“螯”是螃蟹变形了的第一对脚，形状有点像钳子，用来取食和保卫自己，喜欢吃螃蟹的老兄没准两手都尝过螃蟹前面二螯的厉害。

蚯蚓没有锐利的爪牙，也没有强健的筋骨，是一种缺乏强力的软体动物，但板结的土壤遇上了它也能变得松软。面朝黄土背朝天的农民都知道，蚯蚓多的田地里土壤必定疏松。这么软绵绵的软体动物靠什么生活呢？说来大家也许不信，它吃的是我们牙齿碰一下就发痛的沙土，它饮的是地底下的黄泉。如果哪位老兄要问：“它凭什么如此厉害呢？”我想也许是它有幸没有我们人类那两条会走路的腿，也没有我们那张会说话的嘴，所以不至于像我们那样上上下下地跳，更不会像我们那样四处大吹大擂地闹。它成功的关键就是专一，而专一又来于它的恬静。

《劝学》中说螃蟹有六只脚，其实螃蟹本来有八只脚，再加上前面两个坚硬锋利的螯。不过，这么多脚，这么多硬的螯有什么用呢？它连自己栖身的洞穴也不会挖，一辈子都寄人篱下，挤在蛇或鳝鱼的穴中混日子。说真的，螃蟹一辈子活得如此窝囊，就是它的那八条腿害了它，腿一方便就喜欢四处游逛，四处游逛就浮躁好动，就像我们今天学校里患了多动症的小学生，屁股一沾凳子就想去打球，打一下球又想去跳高。浮躁好动就难得静下来，静不下来又怎么能专心致志呢？

柔软的蚯蚓之所以能胜过坚硬的螃蟹，全在于前者因静而受益，后者因躁而吃亏。

看来“静胜躁”是社会和自然界的共同规律。

（参见原第45章）

7. 大器晚成

“大道”幽微难见，深奥难识，其内与其外完全相反，其底蕴与其表象完全异样：光明之“道”好似暗昧，前进之“道”好似后退，平坦之“道”好似崎岖，崇高之“德”好似卑下，广大之“德”好似不足，刚健之“德”好似怠惰。这使得浅薄之徒闻“道”后便哈哈大笑，中智之士闻“道”后仍半信半疑，只有才高德盛者闻“道”后才努力实行。

体“道”之士和超群之才也同样不容易被人们所认识，因为他们恬淡、默然而不喜欢自我表现。谦和、退让更使人觉得他们十分无能，不愿与时人争是非，不屑与世俗辩曲直，既不降心奉上以求恩宠，也不违心媚俗以邀时誉，听其言好像淡而无味，观其行好像又笨又拙，谁相信这样的人还会怀抱奇才妙道呢？这倒恰恰应验了上古俗语所说的那种情况：最有才德的好像空无所有，最洁白无瑕的好像污浊含垢，最方正的东西反而没有棱角，最响亮的音乐反而没有声音，最大的形象反而了无形迹，最贵重的器物总是最后完成。

如今恬淡谦退之士无疑会被人们视为缺乏“竞争力”的“落伍者”，而“大器晚成”更可能被人们当作笑谈。眼下干什么不追求“立竿见影”的效果呢？吃喝流行的是“快餐面”“快餐盒”“快餐馆”，种植饲养讲究的是“速成菜”“速成苗”“速成猪”，连读书学习也到处是“速成班”“速记法”“英语三月通”，就是政府也提倡“早出人才，快出人才”。此时此刻还谈什么“大器晚成”，这不是在“逆时代潮流而动”吗？

然而，正是此时此刻才更应该重提“大器晚成”。

由于全社会干什么都求“快”求“速”，没有什么时候比今天更急功近利，没有什么时候比今天更急于求成，更没有什么时候比我们今天更浮躁不安的了！

古人培养人才的方法与我们今天正好相反，他们认为要造就大才就得“无望其速成，无诱于势利”，要成就大业就应该“只管耕耘，不问收获”。正是靠这些“笨”办法，我们民族过去产生了许多文学、艺术、科学、政治等领域的世界伟人，而今天求“快”求“速”却偏偏欲速则不达，半个世纪以来我们在科学、文学、史学、哲学、经济各个领域里都没有产生过几位真正的大师。一位名牌大学的校长也沉痛地说，过于急功近利使我们不可能培养出科学大师，过分的浮躁使我们没有办法沉潜于学问。

速长的树木材质松疏，既不能承载又不能负重，迟熟的树木材质坚硬，可以做车轴也可以做车轮；积寸土以成高山绝非一朝一夕，冰冻三尺也不是一日之寒；肌肉快生暴长不是发炎就是肿瘤，新醋暴酸很可能便是发臭变味——前人从这种种现象中得出的结论是：轻躁速就，大器晚成。

为什么“大器晚成”呢？无论是已成“大器”的政治家还是科学家，都需要长时间锻炼和知识积累。政治家要做到目光远大和人情练达，离不开丰富的人生阅历和工作经验。科学大师更须具有渊博的学识，且不说科学中那种“百科全书”式的通才，即使是某一学科领域里的杰出专家，也首先要做到“道欲通方”，然后才可能“业须专一”。除了极少数才智卓绝的天才之外，我们大多数常人要由博返约并自成一家，能一蹴而就地“快速”成才吗？这个世上毕竟天才少而凡人多。走上诺贝尔奖领奖台的好像还没有一个是少年神童。爱因斯坦在中小学也并不突出，高中毕业时他父亲向所在学校老师征询儿子未来的专业选择时，想不到他的老师悲观地说：“你的儿子选择什么专业都一样，他干哪个专业都搞不出名堂。”2000年诺贝尔生理学、医学奖的获奖者是一位英国科学家，他在小学、中学都是班上倒数一二名的“劣等生”，大学里成绩也是平平，他无疑不是那种神话式的早熟天才。在政治家中那个“三年不鸣”的故事也许更能说明问题——

楚庄王执政已经三年多了，没有发布一道命令，没有理过一件政事，没有显示一点治国才能，朝廷里的大臣个个都感到非常纳闷。有的人认为庄王无政治才干，有的人认为庄王不是励精图治之君，有的人不明白他葫芦里装的是什么药。不过，朝臣们有一点是共同的：他们都对国家前途非常担忧。

有一天，一名主管军事的官员趁侍候在庄王旁边的机会，用谜语暗示楚庄王说："有一只鸟飞到南边的小山丘上，三年来不展翅，不飞翔，不鸣叫，在小丘上闷着一动不动，一声不吭，这是为什么呀？"

楚庄王也和他打起哑谜来："这只鸟三年不亮翅，是为了能专心地长羽毛和翅膀；不飞翔是为了考验朝廷中的大臣，不鸣叫是为了好细心地体察民情。虽然它现在还没有飞动，一旦飞起来就直冲云霄；虽然它至今还没有鸣叫，一旦叫起来就会使世人大为震惊。"

那名官员有些耐不住了，他不想再用谜语半讥半讽，打算直来直去地进谏庄王，他正要开口说什么，庄王先抢过话头说："你放心好了，一切我都明白。"

又过了半年，楚庄王亲自临朝听政，一下子就废除了十几种不得民心的政令，杀了五个贪赃枉法的大臣，起用了六个在野的贤人。楚国腐败的政治归于清明，昏庸的官吏全被革职，经济日益繁荣昌盛，国力也一天比一天强大起来，几年前还是乱糟糟的政局一下子被他治理得井井有条。

又过了两年，陈国和郑国向楚称臣，齐国与楚国争霸惨遭失败，晋国在黄河中游与楚国争强同样损兵折将。楚在宋国会合诸侯，称霸天下。

楚庄王执政之初不显山，不露水，不过早地炫耀自己的才能，而是在默默无闻中锻炼自己的政治智慧和积累自己的政治经验，所以他最终成为精明睿智而又成熟老练的政治家；他不过早地显露自己的锋芒，也不过早地亮明自己的政治态度，这样他能真实地认清大臣的面目，清醒地了解国家目前的形势，所以最终能成就政治上的大业。韩非子认为楚庄王“三年不鸣，一鸣惊人”的经历，是我们所说的“大器晚成，大音希声”的生动体现。

（参见原第41章）

8. 百无一用是书生

罗素在《西方哲学史》中说见识卓异的智者“与他们当时社会的关系，在不同的时代里各不相同”。他还大致归纳了三种不同的关系类型：在某些幸运的时代里，智者与自己的时代环境非常谐调，他们对自己所处的时代十分惬意；在另一些时代里他们对自己所处的时代极为不满，号召人们进行激烈的变革甚至革命；还有一种情况是他们对自己所处的时代十分绝望，认为虽有变革的必要但绝无变革的可能。

无论是“惬意”还是“不满”抑或“绝望”，罗素都是从“智者”的角度分析他们对自己所处时代的不同态度。这里，我们想从另一角度来追问这样的问题：同一社会对不同智者的态度具有哪些特点？

在同一社会里，有的人可能为那个社会的宠儿，有的人可能是那个社会的倒霉鬼，有的人则可能是那个社会里的“多余人”。比如在我们现在所处的这个追求经济繁荣和物质享受的社会里，那些大公司的总裁，那些商场中的款爷，那些一夜致富的暴发户，那些大红大紫的歌星、影星，甚至那些凭色相或凭心计发财的富姐，都成了人们心中崇拜的偶像，而那些善于舞文弄墨却不会发财致富的书生，则成了社会上无人问津的“边缘人”。春秋战国时期士人的处境近似于今天的书生，《庄子・山木》篇中记述了庄子当时的境况——

“庄子穿着补丁摞补丁的粗衣服，拖着用麻绳绑着的破鞋子，去见魏王。魏王见他这副模样便问道：‘先生为什么这样疲困呢？’庄子说：‘我是贫穷，不是疲困。读书人有理想却不能实现，那才是疲困；衣衫褴褛、鞋子破烂，这属于贫穷，这就是所谓生不逢时呵。你该见过跳跃的猿猴吧，在楠、梓、橡、樟等大树上时，它攀缘着树枝，是那样旁若无人、自得其乐，就是后羿和逢蒙这样善射的神箭手也奈何它不得。当它落在柘、棘、枳、枸等多刺的短小树丛时，内心颤栗不已，行动瞻前顾后，这并不是筋骨受到束缚失去灵活，而是处在不利的情况下，不能自由施展它的才能呵！眼下处于昏君相乱的末世，像我这样的智者能不贫穷吗？’”

在同一社会里智者也有很多不同的类型，有些智者的思想既适应了自己时代的需要，又迎合了普遍的社会心理，因而他们的思想受到社会的广泛欢迎，他们的学说成了一时的“显学”，他们本人自然也成了“思想精英”或“精神领袖”，人们称他们为“导师”“圣人”“天才”。有些人的思想则落后于自己的时代，他们的学说被人视为“老古董”，他们本人也就成了名副其实的“冬烘先生”。另有些智者由于其思想大大超越了自己的时代，尽管他们的话很容易理解，也很容易实行，可就是没有人能理解，更没有人去实行；尽管他们的言论有宗旨，行事有原则，可就是没有人愿意学习体会，更没有人愿意遵守和效仿。

譬如当全社会的人都在“奋勇争先”的时候，我们却倡导“甘居人后”；当人们都崇尚“雄强”的时候，我们却提倡甘于“雌柔”；当人们都变得圆滑机巧的时候，我们却主张笨拙淳厚；当人们都艳羡富贵的时候，我们却强调清贫自守；当人们都在学习“竞争”的时候，我们却宣扬“退让不争”“忍辱含垢”，难怪我们的学说被世人所冷落，难怪我们自己被大家视为“怪人”了。

苦口的良药谁也不愿意沾唇，有毒的糖果大家争着品味；逆耳的忠言谁也不喜欢听取，害人的甜言蜜语却大受欢迎；金玉其外败絮其中的草包，成了我们这个时代受人敬仰的“英雄”，而身穿破衣胸怀美玉的智者，却受到世人的嘲笑。

唉，人啦！

（参见原第70章）

第七章

进与退

引言

不管是上班工作还是闲暇交游，是紧张学习还是轻松游玩——在生活的每一个方面人们都想“领先”而不甘“落后”，都想“居上”而不愿“处下”，都想“前进”而不愿“后退”，都想“名列榜首”而不愿“名落孙山”，然而，不可能人人“名列榜首”，不可能人人都走在“前边”，更不可能人人都居于“上头”。如果大家都将眼光盯在“前边”和“上头”，都想自己“上榜”而不想“落榜”，无形中就产生了残酷的竞争，并恶化了人们的“生存环境”，使人与人相互暗算和倾轧，使大家彼此牵制和拆台，最后形成了霍布斯所谓“人对人是狼”或萨特所谓“他人即地狱”的可悲景象。

老子不断地提醒人们说应该学会居“卑”处“下”，应该乐意在“后”而不抢“先”：“大者宜为下”“大国以下小国”(《老子》61章)，“江海所以能为百谷王者，以其善下之，故能为百谷王。是以圣人欲上民，必以言下之；欲先民，必以身后之”(66章)。他在第67章中还透露了自己立身处世的三件法宝：其一是“慈”，其二是“俭”，其三是“不敢为天下先”。为什么“不敢为天下先”呢？他在《老子》第7章中说：“后其身而身先，外其身而身存。”就是说主动把自己摆在最后反而能领先，将自己置之度外生命反而得以保全。江海之所以能成为河谷之王，就是因为江海甘心居于河谷的“下面”，因而百川愿意奔向它，归附它；如果像我们人类一样总想“高高在上”，百川会向它那儿流去吗？江海会成就它的汪洋浩瀚吗？

老子所说的居“卑”处“下”在“后”，并不是要人们意气消沉，要大家自甘颓废，而是强调人应该有一种谦卑的品格，一种无私的精神，一种博大的胸怀。不用说，老子更不是要教人们学会“精致”的狡猾——为了将来“领先”，现在有意“居后”，为了以后爬到“上面”，现在装模作样地处在“下边”，就像西方政客们拉选票时取悦民心那样。这种行为既自私又虚伪，比那些明目张胆要“抢先”“靠前”的人更可恶。江海难道是想成为江海才处在“下方”的吗？是由于它甘心情愿处在“下方”才成为江海的呵！

1. 为什么说“上善若水”？

“人往高处走，水往低处流”，大概算得上是“放之四海而皆准”的真理了。我们随时都能听到“力争上游”的呐喊，随时都能见到“冲在前头”的宣传，更随时感受到“争当先进”的压力。

不论是在生活上还是在工作中，“占先”“在上”“居前”，无处不受到人们的赞美和艳羡，而“落后”“掉队”和“在下”，总是遭到大家的鄙弃和白眼。社会从来都是将掌声、鲜花和崇敬献给那些“冲在前头”和“居于上头”的人，至于那些“处于下层”或“落在后面”的倒霉鬼，则只能饱受社会的蔑视和唾弃，最多也不过是受到少数人的怜悯与同情。

谁不希望听到掌声？谁不想得到鲜花？谁愿意遭人唾弃？谁乐意被人怜悯？难怪谁都有其人生的优越感目标，每个人都想“超越”别人。在从政的人中，胸怀“霸气”者想当万民之主，有经纶之才者想拜相封侯，胆大强横者想独霸一方，甚至连落草为寇者也想“占山为王”。男歌唱演员希望成为歌坛“歌王”，女电影明星希望成为影坛“皇后”，体操运动员希望成为“体操王子”，诗人当然也希望摘下诗坛桂冠。“一轮顷刻上天衢，逐退群星与残月。”——这是昔日皇帝的野心。“怅寥廓，问苍茫大地，谁主沉浮？”——这是当今领袖的壮志。“读书破万卷，下笔如有神。”“自谓颇挺出，立登要路津。”——这是从前文人的人生追求。“要么成为大公司的总管，要么站在学术界的前沿。”——这是眼下知识分子的人生理想。“东方千余骑，夫婿居上头。”“盈盈公府步，冉冉府中趋。坐中数千人，皆言夫婿殊。”——这是古代妇女对自己“居”社会“上头”丈夫的自豪。“我先生是全国首富。”“我先生是公司总裁。”——这是如今女性对成功丈夫的夸耀。“不想当将军的士兵，就不是好士兵。”——这是近代外国伟人的名言。“不想当世界冠军的运动员，就不是最佳选手。”——这是现代普通教练对运动员的激励。

然而，“天无二日，国无二主”，每国的国王只能有一个，各国首相仅限于一人，各项运动项目中冠军金牌只有一块，诗坛桂冠也不可能同时戴在几个人头上，可在现实生活中又人人都想获得权势和荣誉，用曹操的话来说，天下不知多少人想“称帝”，多少人想“称王”，不知多少人想夺冠军，多少人想当“皇后”。为了龙袍加身，为了权倾朝野，为了称雄体坛，为了……千百年来人类演出了一幕又一幕悲喜剧。神话传说中就有共工与颛顼争帝“怒而触不周之山”的故事，触折了“天柱”，弄断了“地维”，以致“天倾西北，故日月星辰移焉；地不满东南，故水潦尘埃归焉”。进入“文明”社会以后，争权夺利反而更不“文明”。且不说春秋无义战，且不说刘项相争，且不说王莽篡汉，单是现代史上的军阀混战，就不知使多少人变成刀下鬼、阶下囚。争夺皇权就要刮起血雨腥风，争夺兵权便会尸横遍野，争夺话语权同样要搅得乌烟瘴气。到头来，争夺皇权的大多饮恨而亡，争夺兵权的大多血洒疆场，争当冠军的大多铩羽而归，争夺话语权的大多仍然让别人发号施令，而那些“壮志已成大业”的胜利者，情况也并不更加美妙，“自以为是其他一切主人的人，反而比其他一切更是奴隶”。卢梭《社会契约论》中的这句名言，肯定会让那些志得意满者听了心灰意冷。

水的确和人不同，它没有想到要与别人“争上游”，也没有想去占别人的“上风”，而是一心朝低处流，始终往下方滴。人与水两种完全不同的存在方式，最后自然就落得两种决然相反的下场：拼命“争上游”的往往被卷进了漩涡，竭力想“占上风”的常常被摔得粉碎，而往下滴的最终滴穿了石头，朝低处流的终于汇成了咆哮的黄河，汇成了漭漭的长江，汇成了壮观的湖泊，汇成了浩瀚的海洋。这倒是应验了“有意栽花花不发，无心插柳柳成荫”的民谚。

在常人眼中，“往低处流”是“犯傻”，“往高处走”才聪明。可是“聪明”人最后干了傻事，“犯傻”的水结果却比人聪明。自命“聪明”的人类好像该问问这是“为什么”了。

水滋润万物而不与万物相争，停留在人们都厌恶的卑下之所，它柔弱、趋下、不争，最接近于我们所说的“道”。像水一样处世的人才最为完美，才能臻于人们所常言的“上善”。

做人要像水那样避高趋下，顺其自然而无所违逆；心境要像水那样清明渊深，永远保持其恬淡虚静；对人要像水那样利泽万物，博施广润而不求回报；说话要像水那样严守信用，逢圆便回旋，遇方就转折，遭堵必停蓄，开决又流动；为政要像水那样清污涤垢，铲除一切渣滓败类，还社会以安宁，还民风以淳朴；处事要像水那样无所不能，装在圆器中就成为圆，注入方盒中又变成方，随物赋形而不滞于一；行动要像水那样不失时机，一入冬就结冰，一开春便融化。

水一身而兼有七善，还从未受到别人的嫉妒和刁难，这是因为它从不凭借优势爬在别人的头上，从不利用方便占据万物的“上游”，不与万物相争又怎会招来万物的怨恨？

水可以说是“上善”的化身。

“人往高处走，水往低处流”，孰得孰失？孰愚孰智？

（参见原第8章）

2. 无私才能成就自己

把自私和坑人看成是聪明，把舍己为人看成是傻气，这在今天已经成了许多人的一种时髦。人们一切行为都是为了一个目的：为己。拔一毛而利天下，这种“蠢事”他们是绝不干的；为了一己或一家的蝇头微利，他们会毫不犹豫地牺牲所有人的幸福；为了煮熟自己的一个鸡蛋，他们不惜烧掉别人一栋房子；把自己看成是宇宙的中心，让全世界都围绕自己私利的轴心旋转。

谁也不否认这些极端自私者的小聪明，同时谁都知道这是一种十分卑鄙的轻才小慧。他们像是蠹虫，为了填饱自己的肚子而蛀空房屋的大梁；他们又像老鼠，把地基全都打洞钻空，在楼房倒塌之前逃之夭夭；他们也像鳄鱼，在将别的小鱼吞到口中之前，还要假惺惺地流一通眼泪。

自私者的聪明其实是一种愚蠢。他们只顾自己不顾别人，到头来他们自己的房屋只有他自己去盖；他们一心想着如何坑害别人，到头来却坑害了他们自己；他们老想给别人小鞋穿，别人自然也会跟他们过不去。

我们大家何不去效法天地呢？俗话不是常说“天长地久”吗？天地之所以能长久，就是因为它们一切运作都不是为了自己，生成万物而不自生，养育万物而不自利，无长久之心便有长久之事，不为自己生存便有自己的长存。

假如我们能像天地那样，处处把自己摆在最后，那么自己反而能够占先；把自己的生死置之度外，生命反而能得以保全；正是由于自己处处毫不自私，反而能达到自私的目的。

当然，效法天地要真正效法其无心于长久，效法其无意于“成其私”，如果为了自己的“长久”而矫情不想长久，为了“成其私”而佯装不自私，那便是以无欲来肆其私欲，以无私来遂其自私。《史记·货殖列传》说：“廉吏久，久更富。”《淮南子·道应训》称战国时鲁相公休仪，自己喜欢吃鱼但从不接受他人的贡鱼，他在解释何以不受其贡时说：恰恰是由于自己爱吃鱼就要拒绝别人的贡鱼，因为接受贡鱼就可能罢免相位，罢去相位就难以吃到鱼了。拒绝贡鱼便能一直待在相位上，这样倒是能一直吃上鱼。为了自己能长期吃鱼而拒绝受贿，为了将来更加富有而为官清廉，为了得大利而不占小便宜，这是一种比坑蒙拐骗更“高明”的自私，是一种比贪官更精致的贪婪，这样效法天地就是弃其本而取其末了。

不把自利放在心头，自然就能赢得大家的爱戴；优先关心社会的福利，全社会就会推举你来当头；只有真心不为自己，才能真的成就自己的大业。

（参见原第7章）

3. “无用”才有“大用”

车子可用来运货载人，器皿可以盛实物装液体，房子可以住人藏物，这些器物——也就是“有”——的确给人带来了许多便利。然而人们可曾想过：如果不是三十条辐集中到一个毂中，有了车毂中空的地方，就无法安插可以转动的车轴，车子也就不能在大道上行驶；如果糅合陶土做瓶、罐、坛、碗时，不把它们中间弄成空心，任何器皿就无法装东西；如果建房子时将内外都塞满砖石和水泥，不做成四壁中空并凿窗开门，这种实实在在的“房子”就无法住人，当然它也就不成其为“房子”。出乘观乎其车，日用观乎其器，家居观乎其房，举目四顾无一不告诉我们，“有”也即各种实体器具之所以能予人以便利，全靠“无”也即器物中空的地方起着决定性作用。

人体自身也同样是因其所“有”而用其所“无”。鼻子之所以能呼吸要仰赖鼻腔，耳朵之所以能听音全凭耳庭，胃是用胃腔来装食物，膀胱也是用尿囊来储尿液。当其“无”始有“有”之“利”，当其“有”方有“无”之“用”。“有”“无”不仅相辅相成而且相需为用，只有“有”之利而无“无”之用，“有”之为“利”也将废而难成；只有“无”之用而无“有”之利，“无”之为“用”也将幻而成空。

遗憾的是世人只爱其所“有”却不知用其所“无”。处世讲求“踏实”，读书讲求“扎实”，校训写着“求实”，为人更讲求“务实”，买东西当然尤其要讲求“实用”。“实”和“有”代表看得见摸得着的“好处”，而“虚”和“无”则意味着竹篮打水一场“空”。这导致我们民族过分的实用主义倾向。抽象的逻辑学既不能求官又不能挣钱，所以先秦的名家不像儒家那样香火绵绵；艰深的数学既不能治国又不能齐家，所以从前国子监里没有一个贵族子弟愿意学它；即使在今天逻辑学给我们带来的世俗“好处”仍然有限，所以它还是各所大学里的冷门；眼下数理化倒是时髦起来了，因为学好了它们可以出国可以致富；不过数学中“理论数学”远不如“实用数学”那么走俏，原因自然是它没有后者那么“实用”。

据说古希腊欧几里得讲几何学时，有一个学生问他学这门学问能带来什么好处，欧几里得一边叫用人给他一个铜板，一边挖苦这位极其“务实”的学生说：“让这位先生滚蛋吧，他要从几何学中找好处呵。”在我们看来提问的学生合情合理，读书就是为了将来的“好处”，要是书中没有黄金屋，要是书中没有颜如玉，要是书中没有可以预见的“好处”，我们犯得着去头悬梁锥刺股地寒窗苦读吗？

俗话说聪明反被聪明误，到头来，人家“务虚”反而带来实用技术的发达，我们“务实”却在实用器械上远远落在别人后头。

好像我们还没有从这一教训中学到什么东西。

至今大家还是两眼盯在“有用”之“用”上，压根儿瞧不起那些“无用”的学科。理科学生绝不“染指”文科，因为文科知识“虚”而“无用”；文科学生中学中文的便不看历史，学经济的更不读诗词，因为历史之于中文毫无“用处”，诗词之于经济更是“毫不沾边”。致使我们的工科院校只能培养“匠人”，难得产生走在世界前沿的科学家；文科系所只能培育出一批画地为牢的学究，很少造就那种文史哲兼通甚至横跨文理的学界名流。

要看到“有”和“实”的“好处”，同样也要明白“虚”和“无”的“用处”。

鸟飞靠的当然是它的双翅，可是系其两足它就不能展翅云天；走路跑步用的当然是两腿，可是捆住了双手我们就不能疾走和快跑。可见，“有用”者要依赖“无用”者，离开了“无用”的，“有用”的也无所致其“用”，人与物莫不如此。

庄子曾与友人惠施辩论“无用”与“有用”的问题，惠施指责庄子的言论于人“无用”，庄子回答说：“知道无用而后才能谈论有用。天地可算是广大无边了，而人所用的仅是一小块容足之地，但要是把立脚以外的地方都挖到黄泉，人所站的这小块地方还有用吗？明白这点也就不难知道无用的用处了。”

既然“有”“无”是相需为用，何不以其“无用”来成其“有用”呢？

（参见原第11章）

4. 甘居人后

人们当然都喜欢“出人头地”或“鹤立鸡群”，于是总有那么些老兄踮起脚跟想成为“长子”，不幸的是，这种行为既然与自然相悖，其结果就必定事与愿违——想站得高反而站不牢，站不牢便常常摔倒；学习上肯定没有人甘心“落后”，工作中谁都想“走在前头”，然而要是有人两步并着一步走无疑达不到目的——想跑在人前却落在人后，因为跨步前进一次两次还行，要是一直跨步跳下去就非跌跤不可。

这就是所谓“企者不立，跨者不行”，由这一大家“司空见惯”的生活现象，我们可以推衍出几条“颠扑不破”的人生真理。

要把话说得条理分明，要将文章写得层次清楚，就得像小说家所常说的那样“花开两朵，各表一枝”——

孟子曾讲过一个有趣的故事，说春秋时宋国有个农夫看到别人地里庄稼一天一个样，他自己地里的禾苗老是那么矮，夜晚急得连觉也睡不安稳。一天，他兴冲冲地跑到庄稼地里，把每棵苗都拔高一些，尽管累得满头大汗，但抬头看看拔过的苗一下就“长”高二三寸，心里甜滋滋的，还认为是他独家发明了快速地帮助禾苗生长的妙方。拔完了禾苗回到家里，得意洋洋地对妻子儿女们说：“今天我算是累坏了，我帮助禾苗长高了！”他儿子听这话后心里一直犯嘀咕，十分纳闷地问父亲说：“你是怎么帮助禾苗长高的呢？”农夫把头昂向天说：“你到地里去看看就知道了！”他儿子急忙跑到地里一看，禾苗全都枯萎了。

罗马一天建不成，北京也一步跨不到，这本来是自明的道理，但总有那么些人偏不信邪，为了求快求速干出许多叫人啼笑皆非的事来。前些年有位在大学念数学的仁兄，看到徐迟的《哥德巴赫猜想》这篇报告文学后，发誓要自己抢先摘下这颗数学皇冠上的明珠，生怕耽搁了时间让陈景润这个书呆子再出风头。他几乎大部分数学基础课都不去听讲，把自己天天泡在图书馆里，最后吃不香也睡不甜，成天弄得昏头昏脑、糊里糊涂。德国那位已死的哥德巴赫叫中国这位活着的大学生吃够了苦头：到头来他不仅没有摘下数学皇冠上的这颗明珠，反而连本科文凭也没有拿到手——因为他有四门必修课不及格。

人们为了“走在前头”或“大出风头”，一方面可能会干出上面所说的那些“拔苗助长”的蠢事，一方面又免不了要做出下面将会看到的“自吹自擂”的丑行。

《论语》中子路特别喜欢表现自己，遇事都逞强好胜，总想在老师面前卖弄一下自己的演艺，弹瑟也要专选在孔子门前去弹，不仅招致孔子的反感，也使得同学们都瞧不起他。孔子要班上同学谈谈各自的志向，又是他一个人抢先站出来自夸：“一个只有上千辆兵车的小国，局促地夹在两个大国之间，国外面临强敌的侵犯，国内又饱受灾荒的煎熬，这么个乱摊子要是让我来治理，不出三年，就可使国人既勇敢无畏又深明大义。”这番自媒自炫不仅没有博得孔老师的表扬，反而从夫子那儿讨了个被哂笑的没趣。

喜欢自夸的人当然不止子路一个。《左传·成公十六年》载，晋楚鄢陵之战中楚师大败，战后晋侯派将军郤至到成周奉献战争中的楚俘和战利品。郤至向单襄公汇报战况时，时不时总忘不了要夸耀一下自己的功劳。单襄公当时就有点反感，事后对他的大夫们说：“郤至要是不被杀掉才怪哩！他在晋军中地位处于另外七位将军之下，谈战功时处处突出自己、贬低他人，这不是在给自己招集怨恨吗？自招怨恨就是自造祸根，这样怎么可能保住官位呢？《夏书》早已告诫人们说：‘怨恨难道只是表现在脸上？深藏在肚里的怨气倒更要提防。’这正说明在细微的地方要谨慎自谦呵。今郤至甚至把人们心里对自己的怨恨都煽起来，真是傻到了自掘坟墓的地步。”单襄公的话不幸而言中，郤至这位一时战功卓著的英雄，第二年就成了晋侯的刀下鬼。比起郤至最后的悲剧下场，子路因自夸而遭讽还只是一出轻松的闹剧。

喜欢自夸的更不只是古代才有，现代的“子路”和“郤至”也许比古代更多，其行为可能比古代的“郤至”们更丑陋——古代的郤至还只是自夸战功，今天的“郤至”们则是谎报战功，害得中央三令五申地煞“浮夸风”。有些“公仆”们为了升官不仅将小成绩吹嘘为大功劳，而且将减产说成是“增产”，将欠收粉饰为“丰收”，他们胡夸的本事叫春秋时的郤至也自愧不如。

当年的郤至自夸引来杀身之祸，今天“郤至”们自夸的下场也不会好到哪里去。自我炫耀者最终默默无闻，自以为是者反而是非不分，有功自夸者最后可能丧失了功劳，自高自大者终究不能成为众人的领导。

“道”无为而四时以行，“天”无言而万物以生，因而，从“道”的原则来衡量，“急于求成”与“自媒自炫”两种行为都有悖于“无为”和“无言”，它们是餐桌上的残羹剩饭，是人身体上的附赘悬疣。饮食只在人们吃饱而已，剩余的残羹剩饭则易于腐臭；四肢完整无缺便恰到好处，多出一个手臂或一个脚趾便成为累赘；禾苗只要适时耕种就行了，如果“爱之太殷，忧之太勤”，以致拔其根以助其长，则爱之实所以害之；为国立功为民造福，祖国和人民都会感激你，如果人前人后地夸耀或居功自傲，人们就会因厌恶而生愤恨，你甚至可能还会因功而获罪。既然谁都讨厌这些行为，有道之士怎么会干这种傻事呢？

（参见原第24章）

5. 你乐意“高高在上”吗？

动肯定不能制动，制动者只能是静；众无疑不能治众，治众者只能是“一”——这就是俗话所说的“以静制动，执一御众”。

“执一御众”之“一”是指什么呢？这里所谓的“一”就是指“道”，所以自古以来凡得“一”或得“道”的都能达到理想的境界：天得“一”便清明，地得“一”便宁静，神得“一”便神妙，河谷得“一”便充盈，万物得“一”便生长，而侯王得“一”便天下太平。

反过来说，天不能保持清明就要崩裂，地不能保持宁静就发地震，神要是不灵妙就将消失，河要是不充盈就会干涸，万物停止了生长就可能枯死，侯王如果失道就会被推翻。

君主执“一”以御众，体“道”而治国，要执“一”就须知道“一”的特点，要体“道”就得认清“道”的本性。“一”或“道”虽然是天地万物之母，天因之以致其清明，地因之以致其宁静，万物因之而能生成。可见清明之天不足贵，宁静之地不足贵，万物之生也不足贵，而贵者是使其清明、宁静、生成的“一”或“道”，然而“道”自身却无形无名以卑下自处，无心无为以居后为德。由此人们不难体会到——

贵以贱为本，高以下为基。

在人世谁也不可能比君主更位高势贵的了，可是，虽然广有四海统御万民，君主却仍谦卑地称“寡”称“孤”；尽管目之所见、耳之所闻无一不是阿谀奉承、歌功颂德，君主仍然口口声声自称为“不穀”（“不善”的意思）。他们处高位而不自居高贵，不正是深知低贱为高贵的根本吗？

将轮、胎、轴、挡、刹、发动机、方向盘等众多零件安装在一起才成为一辆车，虽然分别数各个零件没有一个零件叫“车”，但少了这些零件又没有“车”；由几十家几百人居住在一起才成为一村，虽然分别看每一家都不能叫“村”，但没有这些家又无所谓“村”，因而我们一方面肯定执“一”才能御“众”，同时另一方面又更要强调“一”因“众”以成。不执“一”固然不能御“众”，而没有“众”又不能成

"一"。没有人民哪来一国之君，不打下根基又哪来高楼大厦？

许多君主一爬上王位就高高在上，常常无端地侮辱、宰割自己的臣民，最后由万民拥戴的一国之主成了众叛亲离的民贼独夫。

《战国策·齐策》深入地讨论过君主的贵与贱，今天读来照样发人深省——

齐宣王有一天招见齐隐士颜斶，他盛气凌人地指使道："颜斶上前！"颜斶也不甘示弱地说："齐王上前！"齐宣王大为不快。

齐宣王左右那些善于曲意逢迎的大臣指责颜斶说："大王是一国之君，斶为大王之臣，大王命令'颜斶上前'，颜斶指令'齐王上前'，这哪有一点君臣之礼呢？"

颜斶不以为然地回答道："我颜斶趋前就是贪慕权势，他大王趋前则为礼贤下士，与其让我像是贪慕权势，不如使大王礼贤下士。"

齐宣王气得满面通红："是大王贵呢，还是士人贵？"

颜斶毫不犹豫地说："士人贵，王不贵！"

宣王威胁他说："你能说出王贱士贵的理由吗？"

颜斶肯定地说："能。从前秦国攻打我们齐国的时候下了一道命令说：'有胆敢去齐国贤士柳下惠坟墓五十步以内打柴火者，格杀勿论！'同时又下了另一道命令说：'有能砍下齐国大王头颅者，封侯赏金！'由此可见，活着的王头还不如死去贤士的坟墓。"齐宣王恼羞成怒地低下了头。

宣王左右的大臣们又站出来攻击颜斶说："胆大包天的颜斶呵，我们大王拥有千乘之地，建有千石之钟，立起万石钟架，天下仁义之士都为齐王效命，人人以齐王所封官爵为荣，能言善辩之士都齐聚齐国，东西南北无不服从，老百姓无不亲附，珍奇美物无不具备。而眼下即使是高士也称为匹夫，低下之士更身居穷乡僻壤，有的还替别人当看门人，再没有比今天的士人更贱的了！”

颜斶毫不示弱地反驳道：“不对！居于尊位的王侯如不谦恭自守便会骄奢傲慢，骄奢傲慢便会招致灾凶。自古及今的英明之主如尧、舜、禹、汤和周文王等人，他们都不耻下问，不愧下学，谁都没有觉得自己高人一等。一般情况下，侯王们也总是称‘孤’称‘寡’称‘不穀’。‘孤’‘寡’‘不穀’是人世最卑贱的地位，侯王们以此自称不正是下己而尊人吗？这不足以说明高贵以卑下为基吗？”

齐宣王听后惭愧地说：“士人岂可轻侮，寡人自取其辱呵！”

因而，体“道”之君不愿像美玉那般华丽高贵，宁愿像石块那样下贱坚实。

（参见原第39章）

6. 高者应就低

周室衰微以后天下诸侯争霸不休，在不长的时期内出现了三十多次弑君篡位、五十多个小国相继灭亡的惨剧，先后争夺霸主地位的有齐、晋、宋、楚、秦等国。

在争霸的过程中，各国之间常发生残酷的兼并战争，今天韩、魏、赵三家分晋，明日赵国攻打魏国，后日便韩国灭掉郑国，过不了几天是田氏代齐，很快又是魏取秦之西河，接着秦又败魏于石门，到战国中期形成秦、楚、魏鼎峙的格局，到孟子、庄子的时代天下忙于合纵连横——或是诸侯六国合纵以抗秦，或是诸侯各国连横以事秦，人们都“以攻伐为贤”(《史记·孟子荀卿列传》)。攻伐征战、杀戮流血、破坏混乱成了春秋战国的社会常态。在血腥攻战、杀戮破坏的世道里，下层老百姓最遭殃受害，经济文化也停滞不前，当时面临的主要问题是：在既没有人人遵循的价值准则，也没有各诸侯国不敢不听命的政治强权的时候，如何来重建人际秩序，如何来恢复社会稳定？

大国应像居于下流的江河，处于天下雌柔的位置，成为天下众望所归的地方。强大的国家要想成为各国的盟主，绝不能凭借武力以大吞小、以强凌弱，而应以谦下为怀，以宽容得众。

在列国争强的格局之下，小国固然不得不依附于大国，成为混战中大国的附庸和棋子，但大国也不得不拉拢小国入盟，小国在敌对的大国之间可以影响各大国的势力消长，改变各大国的强弱对比，大国两强相争时小国入盟哪一方可能成为决定胜负的重要力量，因而大国与小国之间都离不开对方的支持。

在这种情况下，大国能主动对小国谦下，就可以赢得小国的尊敬和归附；小国能对大国谦下，就可以取得大国的保护和包容。一个是以谦下让小国归附，一个是以谦下让大国包容，大国不过是想团聚小国，小国不过是想见容于大国，两者要想达到各自的目的都非得处之以谦下不可。

谦下是实现自己愿望的法宝，人类如此，动物亦然。雌雄相争的时候，雌性动物常以虚静、柔弱、谦下胜过逞强、好胜和狂傲的雄性动物；两军相持的时候，常常也是骄兵惨败；两国相争的时候，同样也是骄横之国先亡。当然在大国与小国相处时，大国尤其应该有谦下的气度和胸怀。

春秋时晋国大夫智伯既高大魁梧又强毅果敢，既善御精射又能言善辩，他经常以此欺侮其他大夫，并无故强占他人的封邑，最后晋国的韩、魏、赵三氏联合起来消灭了他，并且“尽灭智氏之族”。

古往今来大大小小的“智伯”还少吗？“高高在上”便不能得众，

“恃强凌弱”更是自取灭亡。

“大者宜为下，高者应就低”，是“大道”谦下、柔弱、不争这一特征在国际与人际关系中的体现，因而它不仅是国与国相处的基本原则，也是我们每个人立身处世的行为规范，无论是国家还是个人违背了这一原则就会落得和智伯同样的下场。

（参见原第61章）

7. 从小事做起

有形之物其“大”必定由其“小”发展而成，历久之事其“多”必定由“少”积累所致。秋天的落叶发芽于初春，滔天的巨浪来源于细流；千里之堤溃于蚁穴，万丈高楼焚于火星，所以克服困难要从易处着手，成就大业要从细处开头。等千里之堤决口之后，再去堵漏洞就非常困难，而在堤溃之前堵塞蚁穴易如反掌；等到火势烧到了屋顶，再去叫消防队来灭火就为时已晚，而在火星刚起时将它灭掉便不费吹灰之力。

事物刚露出苗头时，容易防患于未然；危害还不太严重时，容易想办法补救；天下的难事，必定从易事做起；天下的大事，应该从细微处入手。这就是我们常说的要慎于开始，任何事情在开始时处理便事倍功半，也容易避免不幸的灾难发生。大祸临头后再躲也来不及，已成败局一团乱麻就不可厘清。

扁鹊是春秋时代的名医，是各诸侯要人的座上宾。一天他去见蔡桓公，两人站着谈了一会儿话，扁鹊就发现蔡桓公的身体有点不对劲，于是马上就对他说：“君侯身体有病，目前还在表里，如不及时医治的话，恐怕会向深处恶化。”

蔡桓公若无其事地笑着说：“我哪有什么病呐。”那样子完全是一副金刚不坏的自信。

扁鹊出去以后，蔡桓公还俏皮地说：“医生总是喜欢给没有病的人治病，用这种方法来炫耀医术的高明。”

过了十天，扁鹊又见到蔡桓公，郑重地对蔡桓公说：“君侯的病已发展到皮肤下的肌肉了，如不马上治疗病情就会加深。”

一见面就是说病，蔡桓公老大不高兴。

又过了十几天，扁鹊再去找蔡桓公并焦急地劝告说：“君侯的病已深入到了肠胃，如不马上着手医治，病情就会发展到不可收拾的地步。”蔡桓公怪扁鹊多事，把脸一沉不搭理他。

再过了十天后，扁鹊一见到蔡桓公转身就跑。蔡桓公觉得十分纳闷，特地派人去问他为何逃跑，扁鹊对来人说：“病在皮肤用热水烫烫、用外药敷敷就行；病在肌肉用金针和石针，也不难根治；病在肠胃喝几回清火的汤药，也可以慢慢把病治好；病情已经恶化到了骨髓，这只有老天才能妙手回春，人力对它已是无可奈何了。蔡桓公的病已经深入骨髓，他再找我来也无济于事了，我不逃走又有什么办法呢？”

没有过五天，蔡桓公就全身发热，高烧不退，疼痛难忍，他再也俏皮不起来了，差人四处寻找扁鹊，而扁鹊此时已逃到了秦国。

又挨过了五天，蔡桓公就一命呜呼了。

良医总不等到病入膏肓才去医治，聪明人不会到大祸临头才来提防，目标远大者也总是从小事做起。

（参见原第63章）

8. 善始善终

刚刚买来一辆自行车的时候，车主骑不到半月就要擦几次；等到骑上几个月以后，就几个月才擦一次；再等到骑了几年以后，就几年也懒得擦一次了。

同样的情形在我们的生活和工作中常常遇到。我认识一位汽车司机，他眼下正待在大牢的铁窗里。这位老兄刚开车时，工作既十分卖力又非常谨慎，从来不开鲁莽车。尽管平日见酒忘命，但开车时总是酒不沾唇；虽然他喜欢和人摆龙门阵，但开车时从不与任何人聊天，连续几年一直是单位里的红旗手。想不到慢慢地他对工作马虎大意起来，出车前后都少不了要饮几盅，经常超速行驶。车一启动他便与人天南地北地神侃起来。老实说，这时他的驾驶技术比前几年娴熟多了。然而，大概是娴熟得有些过头了——他酒后行车时竟然在车上东倒西歪地打起盹来，把车开到了路旁一位老人身上，由单位里的红旗手变成了监狱里的囚犯。

但愿大家能记住我们的告诫——

"人们所从事的事业，往往是在快要成功的时候失败的。假如在工作结束时还能像开始时那么慎重，就不会有失败的事情发生。"

现代心理学已清楚地证实了这一点。世界上多数伟大的科学家，其智力与我们凡人并没有什么两样，他们成功的秘诀是具有超越凡人的非智力因素：强烈的事业心，吃苦耐劳的干劲，尤其是持之以恒的毅力和善始善终的精神。

追求的目标越远大，所付出的劳动就越多，所要进行的时间也越长，而且，有些工作越到后来难度越大。开始完成的多是些外围或简单的工作，接近尾声时剩下的都是些硬骨头，这时就更需要热情、耐心和毅力。但事业上的可悲和不幸往往就出在这儿：许多人在事业开始时劲头既足热情也高，精力更是高度集中，随着困难的增大和时间的拖长，越到后来就越气馁，越到最后就越粗心，事情快要办成时却甩手不干了。就像爬山的人快要到达无限风光的顶峰，却因腰酸腿疼而突然止步，转脸向山下逃去。

多可惜！

（参见原第64章）

9. 千里之行，始于足下

陈蕃是东汉末年一位很杰出的文人，为当时士大夫中的名流，他的言辞被当时的士人当作准则，他的行为更是一时效仿的楷模。他见天下烽烟不息，山河分裂，生灵涂炭，慨然有澄清天下之志。这样的抱负不可谓不大，立志也不可谓不高，由于他的举手投足对当时社会的影响很大，他自己当然也十分自负，因而，逃避一切人生的琐事，任何凡人的平凡小事都懒得动手。他家里纸屑和灰尘到处乱飞，蜘蛛网把家具和天花板连成了一片，家中实在是脏乱得不堪入目。

有个远方的书生对他十分崇拜，特地慕名相访，一进门见到他家这种糟糕的样子觉得非常奇怪，大惑不解地问他说："先生干吗不把家扫一扫呢？"

陈蕃慷慨激昂地说："大丈夫应当为国家扫清天下，哪能为自己扫清家室呢？"

那位书生不以为然地说："你连自己家里巴掌大的一块地方也扫不清，怎么有能力去扫清天下呢？"

陈蕃不是错在有宏图大志，而是不知道宏图大志要从细小琐事做起，要“扫清天下”就得先“扫清家室”。

应该知道，局面安稳时容易维持，事变没有迹象时容易处理，事物脆弱时容易消解。

更应该知道，两人合抱的大树，由细小的树苗长成；九层的观礼台，从一锹一锹的泥土筑起；万丈的高楼，要一砖一瓦地砌成；千里之遥的路程，必须从脚下第一步开始。

为人既要志存高远，又要脚踏实地，从点滴小事做起。如果没有宏图大志，没有高远的目标，只是天天忙碌于琐事，那样的人生就会碌碌无为，久而久之就会成为一个庸人；如果只有远大的志向，而不愿意做艰苦的工作，那就会志大才疏，空泛而不切实际。荀子有一段话与我们上面所说的意思相同，而且同样说得精彩，现在把这段名言摘在下面，省去我们许多不必要的啰唆——

积土成为万仞高山，风雨就从山中兴起；积水成为千寻深渊，蛟龙就会在这儿生长；积累平凡的好事就成为道德，精神因而得到升华，智慧因而得到发展，圣人的思想境界因而逐渐具备。所以，不从一步一步开始，千里万里的路程就走不到；不从细小的水流积累，浩瀚的江海就形不成。骏马一跃不能跳到十步，驽马拉着车走上十天，所跑的路程就非常可观，它成功的关键就在于一步一步地走下去。搞雕刻的情况也是一样，如果刻几下就丢开，连朽木也雕不成；如果勤勤恳恳地刻下去，金石也会刻成漂亮的图案。

朋友，千万别因事小而不为，千万别因恶小而不改，胸有大志就更应从小事做起，目光远大就更应从脚下起步。

（参见原第64章）

10.“抢先”还是“居后”？

汉语中“高贵”与“下贱”两个词的确意味深长，说尽了世态炎凉与人情冷暖。在人们的心目中，“居高”人自贵，“处下”身自贱，难怪人人都仰慕“高高在上”，个个都害怕“处在下层”了。晋代著名诗人左思在《咏史》诗中，就曾对“郁郁涧底松，离离山上苗，以彼径寸茎，荫此百尺条”的现象愤愤不平，这不难理解，谁不愿意高居“山上”，谁又愿意伏处“涧底”呢？

另外两个常用词“领先”与“落后”同样也很有意思，我们没有时间从语源学的角度去考察它们的词源。“领”字的本意大概是指“头颈”，后引申为“率领”“引导”等含义，并有了“领唱”“领路”“领导”“领头”和我们所说的“领先”等合成词，可见“领先”隐含着“在前”“在上”“在先”等意思。“落”字的本意是指树叶掉落，《礼记·王制》中有“草木零落”之句，这儿的“木”就是树叶，草之枯曰“零”，叶之脱叫“落”。“落”字后来又引申为“下降”“下坠”等含义，并有“落伍”“落第”和“落后”等合成词。“落后”一词也相应隐含着“在下”“在后”等意思。所以，人们都想“奋勇争先”或“遥遥领先”，谁也“不甘落后”和“不愿落伍”。“领先”标志着“走在时代的前面”，而“落后”则表明已经被社会所淘汰。

然而，人们似乎只看到“居高”和“领先”的积极因素，而忽视了其中消极和否定的成分。只顾自己“居高”“领先”的人，要么自私，要么狭隘，或者是既自私又狭隘——因为自私和狭隘是一对形影不离的难兄难弟，自私的人多半都很狭隘。

为什么一心总想着自己“居高”而不愿意自己“处下”？为什么总要让自己“领先”而不愿意把自己放在“后头”？为什么总想让自

己成为队伍中的“头”而不愿做队伍的“尾”？说穿了，还不是只想自己在前台“亮相”，叫别人去幕后当“无名英雄”；还不是只想自己在“上面”指手画脚，而叫别人在“下边”唯命是从。

老想“居高”“领先”的人往往自我感觉良好，心中总在长吟“我辈岂是蓬蒿人”，过分夸大了自己的优点就可能完全看不到别人的长处，说到自己的才华便“自谓颇挺出”，说到自己的“能耐”更是觉得“鹤立鸡群”，因而在职位上迫切要求“立登要路津”，在名誉上更希望自己永远“名列榜首”，只有自己才是当然的“首领”，而别人则是命中注定的“群氓”。

具有讽刺意味的是，总想“领先”的人却总是“落在人后”。一辈子要强的王熙凤临死时不是哀叹“偏偏儿的落在人后头了”么？总想“居高”“在上”的人却总是“居卑”“处下”，不然怎么会有那么多人感叹“才高命薄”，怎么会有那么多人埋怨“生不逢时”呢？

主动“居卑”“处下”“殿后”是一种崇高的境界，它象征着某种无私奉献的精神，它代表着一种宽容博大的气度。

江海甘愿处在众流之下，所以才能成为百川之王，才能成就它的汪洋与浩瀚；伟人甘愿处于众人之后，所以才受到众人的敬仰与爱戴，才能最终成为人民公认的领袖。

心灵要像天一样辽阔才能装下全世界，胸怀要像地那样宽广才能容纳万事万物。泰山如果挑拣土石就不能成其高大，江海要是蔑视小溪就不能成其浩渺。

朋友，现在你对“高下”与“先后”是否也像我们一样“别有会心”呢？我们并不是存心要和世俗“唱反调”，也不是有意要去“反时代潮流”，只是觉得人们对“高下”与“先后”的认识，不是过于肤浅，就是过于世故。

我们干吗不效法泰山，包容各种各样的土石？我们为何不学习大海，永远处在小溪的下方？我们为什么不能甘作社会的“人梯”，让别人走在自己的“前面”？我们为什么不能甘作国家的“基石”，让别人处在自己的“上层”？

（参见原第66章）

第八章

仕与隐

引言

从古至今老子一直被人误解，甚至连伟大的司马迁也误解了他，《史记·老子韩非列传》竟然把老子说成是“隐君子”。后世更是将老、庄并称，老子在人们心目中的形象实在“逍遥”得太久了。

一个伟大的民族却不认识自己民族伟大的智者。

真可悲。

老子从来就没有像庄子那样看重人生的“逍遥”，没有追求过什么个人的“自由”，他自己就曾出任过周“柱下史”之职，自然他也绝没有劝导过别人去当“隐君子”。

老子的后半生的确以隐居终老，这是因为他看到周室的衰微和政治的腐败才去职的，辞官好像不是他的本意，假如他绝意仕进就不会出仕周朝。《史记》本传载他告诫孔子的话说：“君子得其时则驾，不得其时则蓬累而行。”唐代司马贞《史记索隐》注解这两句说：“言若得明君则驾车服冕，不遭时则自覆盖相携而去。”孔子在《论语·卫灵公》中也说过:"邦有道，则仕；邦无道，则可卷而怀之。"可见，老子与孔子对于仕隐的价值取向基本相同，他们的人生道路也大体相似——看到自己不遇其时后就远离了官场。但并没有谁因此而说孔子是"隐君子"，为什么偏偏要称老子是"隐君子"呢?

关于仕与隐的话题，老子谈得最多的是"功成身退"。可惜人们过分强调了"身退"，而没有充分注意到他所说的"功成"。在这四个字中,"功成"不仅顺序上处于"身退"之前，而且逻辑上也居于"身退"之先，没有"功成"就无所谓"身退"，就像没有"仕"就谈不上"隐"一样——有谁称过农民为"隐士"呢?

老子的"功成身退"，是要人们在为人处世上效法"大道"。"道"化育万物却不据为己有，生成天地却不自以为有功，为万物之宗却不自居主宰。因而人也应该为国立功但不居功，为民兴利但不图报，为国家为民族奉献了自己的毕生精力后就淡然退隐，像"大道"那样无私无欲，利国而不争权，利民而不为己。

"功成身退"是一种积极的人生态度，一种崇高的生命境界。

1. 当官：为人还是为己?

人们常常将道家与隐君子连在一起，以为一为道家则必定隐居不仕，其实这是天大的误解。道家只是强调有能而不矜其能，有功而不居其功，绝没有要人们有能力却藏之不用，更没有反对人们因资而立功。至于是出仕还是隐居则应根据各人的志向和个性而定，直木不宜做车轮，曲木当然也不适于做屋梁。由于每个人的性格都不一样，每个人的追求也各不相同，有的人身处朝廷如鱼得水，有的人一入官场便如拘如囚。陶渊明入仕有“望云惭高鸟，临水愧游鱼”之叹，李白应诏入京有“游说万乘苦不早，着鞭跨马涉远道”之歌。陶李二人都被后世目为受道家影响很深的诗人，在人生道路的选择上二人并无高下之分，出仕与归隐本来就没有雅俗之别。嵇康认为，尧舜称帝于世，许由岩栖终身，张良辅佐刘邦成就帝业，接舆行吟于田亩之中，可以说都实现了各自的志向。每个人人生道路的选择固有不同，而要达到的人生目的却完全一样：让万物各遂其性，让人们各得其所。陶渊明在《感士不遇赋》中也说：“或击壤以自欢，或大济于苍生，靡潜跃之非分，常傲然以称情。”只要根据自己的本性以尽自己的本分，不管是出仕还是归隐都会“傲然称情”。

出仕还是归隐可根据自己的禀性和志向进行选择，但一旦选择出仕以后就应该公而无私，就必须利物爱民。

在前面章节中我们曾说到：人应效法地，地应效法天，天应效法道，而道则自然而然。人的一言一行既然应以天地为楷模，那么我们就要像天道那样至公无私。常言说“天长地久”，天地之所以能长久存在，就是因为它们的存在不为一己私利，天不因其私利而覆盖，地不因其私利而承载，日月不因其私利而烛照，四时不因其私利而运行，正是由于天地、日月、四时没有自己的私心，天地之间的万类万物才得以化育生长。

阴阳之和并非为了某一类人物的成长，甘露时雨并非滋润某一种植物，作为万民之主或单位之长怎么能只为自己一人呢？《吕氏春秋·贵公》中记载说：古时楚国一位老兄遗失了一把弓却不寻找，他解释自己不寻找的原因说：“是楚人丢失了它，又是楚人拾到了它，又何必再去寻找呢？”孔子听说后评论道：“去掉前面那个‘楚’字好了，是人失之又是人拾之，又何必‘楚人’呢？”老子听到孔子的言论后说道："去掉'人'字就更好了，人失之而天下得之，又何必非得'人'拾到才行呢？"吕不韦在文中赞叹说："与那位失了弓的楚人和儒家圣人孔子相比，老子才真正称得上'至公无私'。"

天地化育万物却不占有万物，万物蒙其泽但不知其泽所来。同样，君主和领导者领导人民却不能压榨人民，让人民受其惠却不要人民感其恩。为人民竭尽全力而毫无保留，替社会谋其利但不据为己有，普施广济而不求回报，这才是每个出仕者应尽的义务和不可推卸的责任。

有些人出仕的动机原本就不纯洁，他们走上仕途不仅不想利物爱民，反而绞尽脑汁如何蠹民利己、害物自肥。眼前平坦的正道不走，偏要走那些歪门邪道。许多统治者一上台就大兴土木，把宫殿修得巍峨壮丽，把行宫建得金碧辉煌，将天下珍宝劫掠殆尽，将全国美女选入后宫，穿上锦绣华贵的衣着，餍饱各地美味佳肴，佩带锋利的宝剑，坐着豪华的高车。统治者役民力、夺农时，使得田地成片成片地荒芜，他们兴土木、废农商，使得公私仓库全都空虚，全国各地市场一片萧条。老百姓衣不遮体，食不果腹，上无片瓦挡风雨，下无寸土谋生存。

这样巧取豪夺、纵欲荒淫的统治者，事实上已不是一国的君主，而是名副其实的强盗头子。

既然是强盗头子就不会有好下场，越是掠夺贪婪，越是荒淫腐败，他们的灭亡就越快，他们的结局就越惨，不信，你们看看殷纣王，看看周幽王，看看隋炀帝，再看看陈后主！

（参见原第53章）

2. 功成身退

端着装得过满的茶杯，再怎么平稳小心也容易荡溢出来，倒水时应在盈满以前就停止；锥子捶打得过于尖锐，再怎么小心也容易折断；刀刃磨得过于锋利，再怎么小心使用也要变钝；聚敛的财富超过了一定的限度，一方面会招来忌妒和觊觎的目光，一方面也易于腐蚀财富的拥有者，怎么谨慎也不可能永远保有满堂金玉；因大富大贵而炫耀骄人，那简直是在自寻灾难，无论如何也躲不过飞来的横祸。当壮志已经实现，当事业已告成功，我们最好是含藏收敛急流勇退。

天上月圆月缺，地上花开花谢，河中潮涨潮落，四季暑往寒来，不管是自然还是社会，没有任何东西能够永远固定不变。就像天上找不到一轮凝固不变的满月，世间也不可能有永远处在生命巅峰的完人；就像登上山顶观看了壮丽的日出便要下山，我们在事业上饱览过人生的“无限风光”也要从功名的顶峰上走下来；就像舞台上的演员不能老让聚光灯照着自己，在事业的舞台上“亮相”以后就应退入后台，否则观众就会给我们喝倒彩。

功成身退符合自然之道，它是一种政治智慧，也是一种明智的人生抉择。中国历朝历代那些功高盖世的英雄豪杰，在政治舞台上遵循这一自然之道就进退裕如，否则，招来的就不是别人喝倒彩而是自己掉脑袋。

韩信为刘邦建立汉朝立下的功劳不可谓不大。当刘邦与项羽在荥阳相持不下时，他率军抄袭项羽的后路，为刘邦占据了黄河下游；不久又与刘邦会合，在今天安徽灵壁南面（当时叫垓下）包围项羽，逼得那位不可一世的霸王自刎乌江。韩信是我国历史上少有的将才，不管多少兵都能从容调度，在刘邦面前称自己带兵“多多益善”，常出奇兵致敌人于死地。

可是，他能率兵打败楚霸王，却不能保住自己的性命。汉立国后韩信被封为楚王，可他觉得这一封赏与他自己的战功不相称，经常不顾场合口出怨言，后来被政敌当作谋反的把柄，他的封爵由楚王降为淮阴侯，接着又因被告与他人勾结谋反叛乱而死在吕后手里。

韩信绝不是中国历史上仅有的一例悲剧，有多少皇帝在自己坐稳天下以后大杀功臣！战功越高越被猜忌，这就是俗话所说的“功高震主”。战国时范蠡比韩信高明，他选择了一条不同于韩信的人生道路，因而他的结局不像韩信那么悲惨。越国被吴灭亡以后，越王勾践痛定思痛，卧薪尝胆，后来在范蠡等人的帮助下终于消灭了吴国，报了昔日的亡国之仇。当越王大赏功臣之际，范蠡却飘然远隐。他从冷酷的历史中总结出了一条同样冷酷的道理：

“飞鸟尽，良弓藏；狡兔死，走狗烹。”

飞鸟被人射尽了，良弓自然成了主人的废物；狡兔被人捉光了，猎狗的末日也不会太远。他知道自己只是越王用来射杀“吴国”的“良弓”，是他用来实现个人目的的工具，现在吴国已经灭亡，越王的目的已经实现，越王很快将把自己像弓一样折断和扔掉。与越王一起共患难没有问题，同他一起享富贵就有危险。于是，他携着自己心爱的知己荡舟五湖，潇洒地度过了自己的余生，成了历代功臣效法的典范。试想，如果范蠡像韩信那样大模大样地居功自傲，越王还会有好果子给他吃吗？

功成身退说说容易，真的要“退”可就难了。大多数人有点像升空的气球——能上不能下，也有点像过河的卒子——能进不能退。自己亲手打下的天下不好好享受一番就溜？有谁放着一幢豪华住宅不用，却偏偏跑到荒山僻野去睡茅屋？有谁放着一桌美味佳肴不吃，却跑到乡下去啃馒头红薯？

选择功成身退要目光深远，在轰轰烈烈之际预知潜伏的危险，还要能克制自己的私欲，如果贪婪心重，嗜欲习深，即使无功也希望受禄，有功又如何会身退呢？

看来，功成身退不仅是一种政治智慧，也是一种精神境界。

（参见原第9章）

3. 再说功成身退

世人无功时尚且邀功受禄，立功后更是要夸功请赏，很少有人愿意效法“道”来为人处世，所以我们反复强调“功成而弗居”（2章）、“功成而不处”（77章）、“功成而不有”（34章）、“功成身退”（9章），其用心是要大家像“道”那样繁衍万物但不据为己有，养育万物但不自逞其能，万物长成而不居功夸耀。想不到这给人造成一种错觉，以为《老子》只谈退隐而不讲进取，只看重个人的超然而轻视社会责任，只鼓励人们逍遥出世而反对人们积极入世。

真是天大的误会。

顾名思义，“功成身退”是先要“功成”然后才能“身退”，不仅不反对建功立业，反而十分崇尚个人的丰功伟业。如果没有崇高的社会责任感，没有救世济民的宏伟抱负，那不过是浑浑噩噩随波逐流，无所谓仕进也无所谓退隐。“身退”是以“功成”为其先决条件，“隐居”是以“出仕”为其逻辑前提，没有积极进取的志向还谈什么退隐林泉的幽情？没有先天下之忧而忧的襟怀又哪来后天下之乐而乐的雅韵？

诸葛亮当年在南阳躬耕陇亩时，“每自比管仲、乐毅”，也就是以春秋时帮齐桓公建立霸业的名相管仲自期，以战国时率燕、赵、韩、魏、楚五国大军打败齐国的名将乐毅自许，虽然他自己总是谦称为“山人”和“野老”，可时人都将他视为隆中“卧龙”。看看他在“隆中对”纵论天下大势时的风采，听听他对时局走向的精僻分析，就知道他对国家兴亡是何等关切，对苍生祸福是何等挂怀。假如孔明真的只是一位“苟全性命于乱世，不求闻达于诸侯”的“散淡人”，任你曹刘怎样龙争虎斗，不管国家如何四分五裂，都无妨他隆中高卧、抱膝长吟，自然他也不会赢得一代又一代人的景仰。正是他那为国“鞠躬尽瘁，死而后已”的忠诚，正是他那“出师未捷身先死”的悲壮，才有“长使英雄泪满襟”的千古流芳。

假如范蠡没有和越王勾践一起卧薪尝胆，在吴越之战中为国立下赫赫武功，一辈子只是荡舟五湖撒网度日，那他就像太湖边的无数渔父一样草草一生，断然不会有人还能记起他的名字，更不会博得无数后人的赞叹和钦敬。

陶渊明如果只有“采菊东篱下，悠然见南山”的超旷潇洒，没有“刑天舞干戚，猛志固常在”的刚烈慷慨，没有“丈夫志四海”或“猛志逸四海”的雄心壮怀，他肯定不会成为历代文人咏叹的典范，诗人们也不会讴歌“陶潜酷似卧龙豪，万古浔阳松菊高”，“种豆南山下”的农夫多的是，何苦偏偏要去赞美陶渊明呢？

大家常常将老、庄相提并论，往往忽略了二者价值取向的差异性。庄子主张放弃社会义务而“任其性命之情”，鄙薄那些“以天下为事”的入世行为，终极取向是解脱社会束缚以求得精神的逍遥。据说一次庄子在濮水边垂钓，楚威王派两个大臣来看望他。见庄子钓鱼那般悠闲自得的神情，使者便十分谦恭地传达楚王的旨意说：“大王想把楚国的大事托付给您，烦您出仕和他一起治理国家。”庄子手持钓竿头也不回，好像全然没有听见似的，过了好半天才不紧不慢地答道："听说楚国有只神龟，活了三千岁才死。国王把它用锦缎裹着放在竹盒里，然后藏在庙堂之上。我想请教二位：假如你们是这只神龟，是愿意死掉后留下一把骨头被供奉在庙堂之上让人敬奉瞻仰呢，还是愿意活着拖条尾巴在泥里来回爬？"那两个大臣毫不犹豫地说："当然愿意拖着尾巴在泥里爬啰。"庄子笑着接过话说："那就请你们回去告诉大王吧，我也愿意拖着条尾巴在泥里爬，那样要多自在有多自在。"

这与我们所说的"功成身退"风马牛不相及，庄子只求个人的自在洒脱，全不顾及国家的安危，毫不在乎百姓的冷暖，而我们主张大丈夫的出处应取法于"道"——生成万物却不占有万物，抚育万物但不自恃有功，全心全意"爱民治国"（10章），大功告成后便悄然隐去，这种既积极有为又坦荡无私的生命境界，又岂是"逍遥游"的精神所能比拟的？

我们并不一味提倡人们"不事王侯，高尚其事"，不管是在朝为官还是遁迹江湖，"爱民治国"是一个人人格的精神支柱，为贪图私利而做官固然可耻，为个人清高而隐居也不值得推崇，还是李白说得好："苟无济代心，独善亦何益！"

（参见原第34章）

4. 三说功成身退

说说"功成弗居""功成身退"很容易，但要真的做起来可不那么简单：自己打下的天下能让别人坐享其成？自己创办的企业能让别人来当董事长？自己长期"经营"的地盘能让别人来指挥？

要做到功成身退，首先就得无私无欲，是以天下为重、以企业为重、以单位为重而不是以个人为重。天下是天下人的“天下”而不是哪个人的天下，单位也是国家的单位而不是哪个人的“地盘”。如果别人能将天下治理得更好，为什么不能让别人来“坐”天下呢？如果有人能把单位搞得更加兴盛，为什么不可以让贤呢？即使是自己的企业，如果有人能把企业管理得更好，自己的企业不是更加兴旺发达吗？

当然，几乎没有一个人愿意说出不想功成身退的真实原因，他们公开说出来的理由都冠冕堂皇，这一点在即将退休的高官身上表现得尤其明显。

退休制度在我国先秦时就开始实行了，古人把官吏退休叫“致仕”。《礼记》载：“大夫七十岁就应该放下工作告老回家。”我们这儿所说的退休主要是指政界人物而言的，不涉及工人、教师和政府企业的普通办公员，因为这些人退休都很容易，有的还主动申请退休。国家废除了干部终身制，行政要人上了年纪也得退下来，让年富力强的青年人走上领导岗位。

照理说年老回家休息是一件轻松愉快的事情，可对有些人来说，一说要回家养老像丢了魂似的，最轻松的事情反而成了最沉重的负担。

其中有些人可能觉得国家、企业和单位离不开自己，没有自己谁来签字，谁来批“条子”，谁来最后拍板呢？少了自己国家就可能动乱，企业也许会垮台，单位或许要乱套。这种想法多半是自己高看了自己，无意识地加重了自己在社会中的分量。其实，离开了“你”以后，国家照样发展，公司照样赚钱，单位照样红火，而且“你”退休后，国家、企业和单位被更有能力的人领导，说不定更加蒸蒸日上。

说来也许有点冷酷，可这是明摆着的事实：人们希望我们“退席”往往胜过要我们“出席”。教授是人类才智最高的阶层之一，是每一个时代、每一个国家的精神财富，照理说应该恳请他们为国家和单位服务终身，可实际情形真叫人沮丧，许多国家的大学都在制定新校规，好让老教授们提前退休，以便给年轻一代腾出空位置。真个是长江后浪“推”前浪呵。

另有一些人不愿退休是舍不得交红印，是舍不得交出掌握红印时的种种“好处”。实权在手时家里门庭若市，轿车送往迎来，人们前呼后拥，好不威风气派！一旦交出了红印，马上就“门前冷落鞍马稀”，过去周围的那些谦恭的笑脸一下子换成了冷面，恭维、捧场、送礼、说情全都消失了，昨天还觉得这个世界离不开自己，一交出红印才知道自己原来是这个世界多余的人。有了红印就有尊严、价值、地位、财富和威风，谁愿意随随便便交出红印呢？

古时我国虽有退休制度，但大部分人还是不闭眼睛不交权，从前叫作“恋栈”。白居易有一首名为《不致仕》的诗歌，挖苦那些弯腰驼背的老翁，仍然留恋高官厚禄舍不得告老回家。“谁不爱富贵？谁不恋君恩？”他们一直到爬不动还念念不忘权势名利，还在想着要趁机为子孙后代经营安乐窝：“可怜八九十，齿堕双眸昏。朝露贪名利，夕阳忧子孙。”这种人实在可恶！

可见，从领导岗位上退下来，需要宽宏的气度，尤其需要无私的精神。只要你一生真的为社会做了贡献，只要你把毕生心血奉献给了人民，你主动退下来让后人有锻炼的机会，即使你没有掌握红印了，人民也一定会更加尊重你。如果你当官只为了个人的名利，只为了子孙后代的奢华，就是在位也不会赢得尊敬，只能得到势利小人的拍马谄媚。

当我们已经功成名就，当我们为社会尽了自己的义务，当我们由黑发变成了白发，爽快地从重要岗位上退下来，把接力棒传给后来人，既无愧于己又有益于人，何乐而不为呢？

（参见原第2、34章）

5. 有利必争非君子

“大道”生养了万物而不据为已有，推进了万事但不自恃其能，为万物之宗却不自居主宰，无私无欲是“大道”最深远最崇高的本性。

人类的本性则恰恰相反，生养了万物就将万物当作自己的私有财产，打下了天下就要让子子孙孙坐天下，成为万民之主就要奴役百姓，稍有恩于人便想别人一生一世感恩戴德，略有功于国就得一辈子居功自傲。人类进入了“文明社会”以后便染上了贪欲，便少不了私心。

只有体“道”之士才能像“道”那样无私无欲，他们立功而不居功，施恩而不图报。

战国时，秦国打到了赵国首都邯郸，魏王派将军晋鄙前去援救，哪知晋鄙因畏秦军的强大一直按兵不动。魏王又派辛垣衍偷偷潜入邯郸，通过平原君向赵王说：“秦之所以急于围赵，不过想要帝号的虚头衔，赵国如果尊秦王为帝，秦国必定罢兵。”当时齐国名士鲁仲连正好也在邯郸，听说这件事后立即求见平原君，一见面就单刀直入地问他说：“公子打算如何处理？”前不久赵国四十万大军被秦坑了，现在国都又被秦军围困，平原君是当时四大公子之一，身为赵相，弄得国家损兵失地，他哭丧着脸回答说：“我正一筹莫展哩，还谈什么处理办法？”鲁仲连见他这副熊样，失望地说：“原先我以为您算得上天下的贤公子，现在看来有点名不副实，魏王派来的将军在哪儿？我想见见他。”

等见到了辛垣衍以后，鲁仲连一声不吭。辛垣衍想嘲弄一下这位名声震耳的高士，尖刻地对他说：“我看这座被围的城中，所有的人都有求于平原君；而先生这派高洁的玉貌，大概不会有什么事要平原君帮忙吧？干吗在这儿待着不走呢？你难道不明白此城目前的险境吗？”

鲁仲连豁达坦然地说：“现在有些人喜欢以小人之心度君子之腹，总以为每个人行为的动机，和他自己一样是为了个人的私利。秦国贪婪而又残忍，以权谋来驱使它的官吏，把老百姓当作奴隶来役使。如果让它毫无顾忌地称帝，我宁可到东海去淹死，也不愿做这个虎狼之国的臣民。今天所以见将军，就是为了助赵抑秦。”

辛不以为然地笑了笑说：“请问先生如何助赵抗秦呢？”

“我将使梁国、燕国出兵相助，至于齐、楚等国，本来就想助赵抗秦的。”

“其他国家我不了解情况，说到梁国，我自己就是梁国人，你如何使梁助赵抗秦呢？”

“梁尚未认识到秦称帝的危险性，如果认识到这一点，就会主动出兵相助的，对此我很有把握。”

“秦称帝有什么危险性呢？”

鲁仲连引经据典地给他分析说：“鬼侯、鄂侯和文王当年是商纣王的三公。鬼侯的千金出落得十分标致，就把她进献给了纣王。纣王却觉得她长得太丑，一气之下把鬼侯剁成了肉酱。鄂侯为此极力向纣王陈情苦谏，纣王又把鄂侯杀死做成肉干。文王听说后只轻轻叹了口气，就把文王抓到牢里关了一百天。梁与秦本是平等的国家，干吗要向秦王俯首称臣，让人家随意砍成肉酱做成肉干呢？而且，秦称帝后魏王的宫廷得不到安宁，将军你又怎么保得住昔日的尊荣呢？”

辛垣衍听后改容拜谢说：“起初我以为先生只是个徒有虚名的庸人，现在才算领教了先生的才智，您不愧为当今天下的豪杰之士。我再也不敢说半句帝秦的事了。”

秦王刺探到鲁仲连正在联合各国抗秦，便打消了吞并赵国的念头，不几天就鸣金收兵了。

赵国得救了。赵相平原君想封鲁仲连，鲁仲连推谢再三不肯接受。平原君又以千金为他祝寿，鲁仲连笑着说：“英雄豪杰的可贵之处，在于为人排患解难而不居功，在于效力于社会而不求报，如果做了点好事、立了点小功就居功取利，这与以货易货的商人有什么两样呢？”

可悲的是，社会上功成不居的豪杰太少，而有利必争的“商人”又太多！更可悲的是，大家都把“为而不恃，有功不居”的人当成“傻子”，而将那些无功受禄、贪财取利的人视为“能人”。

（参见原第10章）

6. 替天行道

“替天行道”既是明君推行仁政的宗旨，也是昏君滥杀无辜的借口，更是农民起义暴动的旗号，《水浒传》中那些梁山泊好汉们起义旗帜上就写着“替天行道”。

那么，什么是“天道”呢？打个比方说吧，天之道很有点像张弓一样，弦高了就把它压低一些，弦低了就把它调高一点；弦长了就把它缩短，弦短了就把它加长。可见，“天道”的本质就是减少有余以弥补不足，它所强调的是公平与公正。

而“人道”则恰恰相反，它减少不足以供奉有余，剥夺赤贫以养肥阔老，正是“人道”破坏了人间的公平、公正与公道。

人类进入了“文明”社会以后，就开始了统治者对弱小群体极不“文明”的掠夺与榨取，不管国家是“兴”还是“亡”，不管社会是治还是乱，下层人民永远是被宰割、被奴役、被盘剥的对象，就像元代作家张养浩在散曲《山坡羊·潼关怀古》中所说的那样：“兴，百姓苦；亡，百姓苦！”且不说“乱世的百姓不如狗”，就是生在“太平盛世”也照样是“饿殍遍野”，如宋代苏舜钦《城南感怀呈永叔》所描写的惨景就发生在北宋的“太平盛世”：“十有七八死，当路横其尸。犬彘咋其骨，乌鸢啄其皮。胡为残良民，令此鸟兽肥？……高位厌粱肉，坐论搀云霓。”“盛世”总是统治者的“盛世”，它从来就不属于下层百姓，自然灾害和社会动乱首先遭殃的却是下层百姓，权贵甚至还可以在灾害和动乱中大发横财。杜甫的名作《岁晏行》就是写于“万国城头吹画角”的战乱时期：“去年米贵阙军食，今年米贱大伤农。高马达官厌酒肉，此辈杼柚茅茨空……况闻处处鬻男女，割慈忍爱还租庸。”

“人道”何以总是反“天道”而行之，处处损不足以奉有余呢？

这主要是由于“人”很难像“天”那样无欲无为、无私无己，无欲无为才能公正，无私无己便会公平。不少野心家混入官场或走上疆场，拼命“打天下”或“抢天下”，为的就是将来好自己“坐天下”。所以章太炎在辛亥革命后愤激地说：“狼盗狗窃鼠偷，死者不瞑目。”所以见惯了改朝换代的古人辛辣地说：“乾坤大半属偷儿。”

一旦“抢”到了天下或“偷”到了天下，当然就要完全地占有天下和放纵地享受天下，搜刮天下之财以供自己挥霍，强征天下之民以供自己役使，霸占天下之女以供自己淫乐。一登上了龙庭，一窃踞了高位，马上就撕下了当年“救民于水火”的幌子，很快就忘记了早先“解民于倒悬”的许诺，人民刚出狼窝便又入虎口。

这样“替天行道”的使命就只有通过那些被宰割被奴役的穷苦百姓来完成，他们被逼向绝境就置于死地而后生，以“打家劫舍，抢富救贫”来换取社会的公平，以武装暴动推翻暴君来恢复人间的公正。

不幸的是，以暴力的手段实现公平和公正，常常给经济造成巨大的破坏，给社会带来毁灭性的震荡，使大地上血流成河。打家劫舍的结果不是使所有穷人脱贫，让人人都走上共同富裕的道路，而是使大多数富人倾家荡产，使人人都变成一样的穷光蛋。

王夫之曾深有感触地说：“唯弓有‘高’‘下’，而后人得施其‘抑’‘举’；唯人有‘有余’‘不足’，而后天得施其‘损’‘补’。夫自损者固未尝无损，而受天损者其祸烈矣。”

只有体“道”者才能自损其有余以供给天下不足。他们无私无己而与“天”合其德，无欲无为而与“道”同其体，这时候“人道”与“天道”二者就可能统一。他们出仕不是为己自肥而是为国献身，不是求一己的享乐而是求人民的福祉，借用范仲淹的话来说，他们“先天下之忧而忧，后天下之乐而乐”。天下居者无屋自己就睡不安寝，天下百姓挨饿自己就食不甘味。

无富也就无所谓贫，无贵也就无所谓贱。不知道什么是偏心天下就自然公正，不懂得什么是利己社会就自然公平。

在日常生活中，见得更多的是富人为自己锦上添花，难得看到人们为穷人雪中送炭，因而造成贫富的两极分化越来越严重，极少数富翁富可敌国，大多数人则一贫如洗，露宿街头。

（参见原第77章）

7. 自爱而不自贵

《庄子·盗跖》篇中记载说："盗跖从卒九千人，横行天下，侵暴诸侯。"如果说庄子常用"荒唐之言"尚不足信，几百年后司马迁《史记·陈涉世家》则为公认的信史，该文记载秦时陈胜、吴广远戍渔阳，遇上大雨道路不通，一行九百多人不能按时到达指定地点，按秦法戍卒失期当斩，陈吴两人计议说："如今逃亡也是死，起义也是死，既然同样都是死，干吗不起义推翻暴虐无道的秦朝呢？"于是他们决心揭竿而起，带领同行的农民兄弟们"伐无道，诛暴秦"。此后，历朝历代的农民起义史不绝书，每次起义轻则削弱暴君的统治，重则天翻地覆改朝换代。

可见，当百姓不再畏惧统治者生杀之威的时候，那么天崩地裂的灾难就要发生了。

唐太宗就深知人民的力量，他反复告诫自己和臣下说：水可以载舟，水也可以覆舟。顺应民心可以成就帝业，失去民心就会被人民推翻。

民心向背决定国家的治乱和政权的兴亡，《文子》对此曾有精到的阐述："为治之本务在安人，安人之本在于足用，足用之本在于不夺时，不夺时之本在于省事，省事之本在于节用，节用之本在于去骄，去骄之本在于虚无。"

要使国家繁荣和政权巩固，首先就得使人民安居乐业，国家要是盘剥得人民身无立锥之地，人民能不痛恨这样的暴政？君主要是压榨得人民毫无喘息之机，人民就必然诅咒这样的暴君。民不聊生致使民怨沸腾之日，也就是国家开始动乱和暴君将被推翻之时。君主与人民同其苦乐，人民就与君主共其命运，政府关心人民的祸福冷暖，人民就会拥护政府的政策方针，甚至乐于为国家的稳定和昌盛而献出自己的一切，从古至今人民就富于“捐躯赴国难，视死忽如归”的爱国献身精神。

要使人民生活上丰衣足食，精神上无忧无虑，关键就是让人民能专心于工农业生产，让商人能全力于经商，让学者潜心于学术研究和技术发明。在古代主要就是不误农时，《淮南子》早就认识到“食者民之本也，民者国之本也”的道理，“富民”然后才能“利国”，而“富民”之术就在于“上因天时，下尽地财”，不破坏万物的生长，尽力使五谷丰登。

要使生产不夺其时，统治者就要“省事”，“省事”在古代表现为君主尽可能减少征役，不贪民利以满足一人之心，不竭民力以放纵一己之欲，不兴不义之兵以轻启边衅，不大兴土木以劳民伤财，在现代“省事”则主要就是尽量减少政府的不必要的行政干扰。

要做到“省事”的关键就在于统治者要去掉骄奢淫逸之心，而施行清静无为之政。这就要求执政者有自知之明而无自炫之心，不好大喜功以夸耀自己的才能，不逞一人之才而用天下之智，也要求执政者洁身自爱又不高高在上，身处庙堂而心系百姓。明白自己的权力来于人民，因而尽力使自己的政令有利于民，使自己终身服务于民，这样还用得着担忧人民与自己离心离德，还用得着提防人民起义暴动吗？

（参见原第72章）

第九章
治与乱

引言

关于社会治与乱这一问题，老子开出的药方就是“无为而治”。对此他有许多精彩的论述：“圣人处无为之事，行不言之教”（《老子》2章），“为无为，则无不治”（3章），“爱民治国，能无为乎”（10章），“不言之教，无为之益，天下希及之”（43章），“损之又损，以至于无为。无为而无不为。取天下，常以无事；及其有事，不足以取天下”（48章）。他认为最好的政治就是“其政闷闷”（58章），《老子》第60章还有个很形象的说法：“治大国，若烹小鲜。”为什么说治大国像煎小鱼一样呢？煎小鱼翻动得越快就碎得越厉害，治大国法令变动越多百姓就越无所适从。政事省则民易治，法令简则社会安。统治者如果纵私欲而逞私智，行酷法而用重刑，人民要么忍气吞声，要么奋起反抗，国家要么死气沉沉，要么动荡不安。他在第64章中说得就更绝了：“为者败之，执者失之。是以圣人无为，故无败；无执，故无失。”有心于“治”则国不治，无心于“治”则国大治，他用十分机智的语言揭示了治国的逻辑悖论：治则不治，不治则治。你说怪吗？

一点也不怪。“无为而治”是他“自然无为”原则在社会政治领域的逻辑推衍：“道常无为而无不为。侯王若能守之，万物将自化”（37章），既然天道自然无为，君主也应以无为治国，“上德无为而无以为”（38章）。

他关注国家的治乱，同样也关心人民的祸福，在他看来这二者息息相关：当人民被盘剥得一贫如洗、被压迫得无以为生的时候，他们就可能不顾一切地铤而走险，这样必定导致社会剧烈的震荡，造成经济的长期停滞，致使国家由治变乱。统治者的贪婪、奢侈、奸诈和暴虐，给百姓带来巨大的痛苦，给民族带来深重的灾难，同时也加速了他们自己的灭亡。

老子说“爱民治国”而不是说“治国爱民”，这四个字的顺序排列并非无心而是有意，他自觉地将人民的祸福放在国家的治乱之上，这不仅是由于“民”为“国”之本，“爱民”是“治国”的根本目的，而且不能“爱民”就不能“治国”，“爱民”也是“治国”的基本保证。实现“爱民治国”的唯一途径就是“无为”：“天下多忌讳，而民弥贫；民多利器，国家滋昏；人多技巧，奇物滋起，法令滋彰，盗贼多有。故圣人云：‘我无为，而民自化；我好静，而民自正；我无事，而民自富；我无欲，而民自朴。’”（57章）

1. 不值得信任，才不被信任

狂风刮不了一早晨，暴雨下不了一整天，谁也没有见过春夏秋冬都酷热难熬，谁也没有见过一年到头都天寒地冻。是谁使它们成为这样的呢？当然是天地。天地中的狂风暴雨尚且不能持久，何况社会中的狂热与暴力呢？天地反“常”，尽管为天为地却不能“久”；人类反“常”，尽管大吹大擂大喊大叫却不能“长”。这里的“常”就是“道”或“自然”。

因而，从事于“道”便与“道”同体，从事于“德”便与“德”同流，从事于“失”便与“失”沆瀣一气。

与“道”同体，“道”也就乐于和他同在；与“德”同流，“德”也就乐于和他同行；与“失”沆瀣一气，便将“失去”一切——行为乖张就失去朋友，为政残暴就失去政权，愚弄百姓就会被百姓唾弃。

春秋时晋文公对此似乎别有会心，他非常注意执政者的诚信，总害怕自己不讲诚信，招致属下和人民失去对政治和政府的信任。周襄王曾将“原”这个地方赐给晋文公，原地首领不久发动叛乱，晋文公兴兵讨伐叛军时与晋国大夫约定以三日为期，没想到三天过后原还是没有攻下来，原地叛军死也不投降，三日一到晋文公便下令撤军。晋军中的将领对晋文公说：“原地叛军已弹尽粮绝，再拖一二天就要请降了，何苦胜利在望时却退兵呢？”晋文公解释说：“我开始不知原地三日攻不下来，出兵时与大臣为约以三天为限，现在三天过了原地叛军仍未投降，此时要是还不罢兵就会失信于人，失去诚信而取得失地，我不干这种因小失大的蠢事。”晋文公的话传到原地百姓那里以后，原人都感叹说：“有这样讲诚信的君王，我们还不归附不是傻子吗？”他们很快就弃甲向晋文公请降。和原人一起叛乱的温地叛军听说也随之投降了晋军。

天地无言而水流花开，大道无言而寒来暑往，我们为什么不效法大道呢？“处无为之事，行不言之教”才符合自然。

（参见原第23章）

2. 治国三宝

爱尔兰作家王尔德优美的童话《小国王》讲述了这样一个美丽的故事——

陶醉于华美服饰和稀世珍宝的小国王，加冕的前一天晚上连续做了三个梦，梦见为他做加冕王袍的纺织工，在又臭又闷又潮又窄的工坊里昼夜工作，形容憔悴，面色蜡黄，白天他们与劳累相伴，夜晚他们与饥寒同眠。男女不停地在织机上织着金线，双手不住地摇晃颤抖。小国王还看见黑奴冒着生命危险下海去打捞珍珠。这些奴隶们用生命换来的美丽珍珠，很快就要镶嵌在他加冕时用的王袍和权杖上。另外还有许多奴隶带着重病为他寻找红宝石，死神和瘟疫一批批地夺走了他们的生命。这时他才明白，是人民的鲜血造就了王宫的富丽，是人民的卑贱衬托了王权的显贵，是人民的劳累带来了国王的悠闲；同时他也明白，国家是兴是亡百姓都穷，社会是治是乱百姓都苦，战时强者迫使弱者为奴，平时富人迫使穷人为奴——穷人和弱者永不能见天日，永不得翻身。于是，他扔掉了御前大臣捧上的王袍、王冠和节杖，身穿牧羊人穿的粗皮外套，手拿牧羊人用的牧羊拐杖，头顶荆棘编成的“王冠”。羽缨颤摇的贵族们说他打扮得像个乞丐，给伟大的国家丢尽了脸面，全都拿着出鞘的剑和发亮的盾牌要杀死他，他的贴身侍卫个个吓得四处逃窜。小国王立志要做一个热爱自己祖国、慈爱自己臣民的国王，不能再把自己的尊严和权势建立在人民的苦难之上，他面对身边的贵族勇敢地登上了祭坛。上帝救助那些富于慈爱仁心的人，突然他的全身和四周光彩照人，百姓敬畏地向他下跪，贵族惊恐地向他行礼，没有人敢正视他的脸，因为他像天使那样威严而又慈祥。

遗憾的是，各国的太子们很少有人做过王尔德童话中小国王那样的梦。他们从小就学习怎样治国御民，怎样显示高贵气派，怎样威加海内，就是不能像小国王那样明白，治国首先要学的不是权谋而是慈爱，强国首先要学的不是显示富贵而是厉行节俭，威望不是来于骑在人民头上作威作福而是甘居天下人之下。

对于治国和用兵我们有三件法宝，但愿有志于此的人掌握和保全它们：第一是“慈爱”，第二是“俭啬”，第三是“不敢居于天下人前面”。慈爱便能勇敢，俭啬便能宽广，不敢居天下人之前便能为万物之长。

为什么慈爱便能勇敢呢？慈母愿意为自己的儿女付出自己的一切。如果母子二人必有一死的话，她会毫不犹豫地选择死亡而把生留给儿女。报载美国西部有一家的女儿被流氓奸杀，母亲为了替女儿报仇，她不顾个人生命的安危，放弃了一个女性的尊严，去红灯区做一名娼妓，最后终于找出杀害女儿的凶手。又据《汉书·王陵传》载，楚汉相争时王陵起兵帮助刘邦，项羽劫持王母以要挟王陵投降，王母怕儿子不顾大义和生命不测而伏剑身亡。慈祥柔弱的母亲因爱子尚且能勇敢赴死，热爱自己祖国和人民的七尺男儿，在祖国和人民面临生死存亡的关头，更有许许多多的人能慷慨就义。从我国古代岳飞、文天祥等民族英雄到现代革命史和抗战史上的先烈，他们每一个人都用自己的生命和鲜血向我们表明爱心能生勇敢。慈爱不仅能使自己英勇献身，同时爱心也能激发他人勇于效命。汉代飞将军李广就十分爱护士卒，每次战争士卒们都勇往直前，奋不顾身。

为什么俭啬便能宽广呢？冬天如果不能冰封地冻，春夏时草木就难得茂盛，天地尚且不能无休止地浪费消耗，何况个人、民族和国家呢？过度破坏水土和植被，连民族的母亲河也出现断流；过度开垦和放牧，连辽阔的草原也将变成沙漠。假如我们重新保护水土植被，母亲河还会像从前一样源远流长；假如我们限制开垦和放牧，草原仍会像过去一样“天苍苍，野茫茫，风吹草低见牛羊”。节省开支则家庭富有，注意休息则精力旺盛，避免战争则人丁兴旺。

为什么不敢居天下人之前便能为万物之长呢？大海居于众水之下才汇成海洋，长江居于众溪之下才成为长江。同样，只有居于天下人后面才能成为天下之王。

现在有些人舍弃慈爱而求勇敢，舍弃俭啬而求宽广，舍弃退让而求抢先，这种做法无异于南辕北辙，其结果只能是自取灭亡。

在这三宝之中“慈爱”尤其重要，要是没有对亲人、民族、祖国和人类的至爱，我们就会患得患失、畏首畏尾，哪里还谈得上“勇敢”？要是只爱自己就绝不会想到节俭，甚至可能变得贪婪、奢侈、挥霍、放荡；要是没有对他人的关切与挚爱，遇事就会抢先占便宜，绝不可能无私退让。因而，从王尔德的童话《小国王》可以看到，上帝要想帮助谁就让他充满慈爱，以慈爱来战斗就战无不胜，以慈爱来守卫就固若金汤。朋友，让我们对万物充满爱意，让世界都充满爱心吧！

（参见原第67章）

3. 捡了芝麻，丢了西瓜

我们曾说过“大象无形”，我们也曾说过“大道”是“无物之象”，“大象”其实就是“大道”的别名。“大道”虽然本身无形无象，但它无所不在而又无物不容，所以我们“形象”地将“无象”的“大道”称为

“大象”。

谁能够持守“大道”或“大象”，则天下百姓都将倾心归往。倾心归往而不相互伤害，于是天下就和平安泰。

“执大象，天下往”主要是告诫统治者治国理政要“崇本息末”，同时也提醒大众为人处世要分清主次。

大家都知道“纲举目张”的道理，人们也都有过“振裘持领”的经验，民间也常有“打蛇打颈”的说法，无非是要教人们遇事把握关键，抓住要领。

君主最大的失误莫过于纠缠小事而忽略大道，明察近物而暗于远图，这种治国方法是典型的“捡了芝麻，丢了西瓜”。如此治国的昏君没有不使国家混乱和灭亡的。

有些领导人事无巨细都要过问，会无大小都要参加，国无远近都去访问，成天忙忙碌碌地东奔西赶，结果是干预得越多就管得越死，会开得越多形式主义就越严重，指手画脚越多造成的损失就越大。

之所以详于小事而忽于大道，明于近物而暗于远图，主要原因是有些具体东西其味甘美，而大道则淡而无味；近处事物的好坏易于检验，而宏远大业的成效难于见到，于是人们惑于甘甜而拒斥平淡，就其所易而弃其所难。美妙的音乐使人入迷，香浓的醇酒使人沉醉，倾城的艳色使人动心，常言说“乐与饵，过客止”，岂止“乐与饵”能使“过客止”，美色也许更能使过客止步，甚至老少贵贱对此概莫能外。《陌上桑》说“秦氏好女”罗敷是个人见人爱的姑娘，不仅让自命不凡的“使君”起了邪念，也使行人和农夫都看傻了眼：“行者见罗敷，下担捋髭须。少年见罗敷，脱帽着帩头。耕者忘其犁，锄者忘其锄。”

“大道”可不像美乐、美酒、美色那样令过客止步，它无形、无声而又无味。无形则视之不可见，因而不能赏心悦目；无味则食之不可尝，因而不能给人口腹之乐；无声则听之不足闻，因而不如丝竹能娱其耳。难怪君主常迷于声色而远离大道，也难怪历朝历代昏君多而明君少了。

迷于酒色的昏君不用说是无心治国，励精图治的君主其要务不在于骑射之娴熟，不在于言辞之博洽，也不在于文墨之精通，善于这些技能只能说是胜于某项具体工作，并不能保证其治理好国家。道理很简单，小器不可能兼容，小智也不通于大道。

精于小技看起来好像是多才多艺，而多才多艺很容易赢得人们的赞叹；通于大道者却自然无为，而自然无为便不可能博得人们的掌声，即使将国家治理得国富民强人民也会说“这实属自然”。然而，君主以小技小智自夸自恃，只使得进谏者望而却步，使得直言者三缄其口，使得君主本人步亡国后尘，丝毫无助于他治国安邦、救民济世。自然无为才是治国安邦的根本，自然无为的君主不用仁义却能养育百姓，不用智巧却能治理国家，不逞威风却能禁暴除奸。

处事能审其轻重，治国能辨其本末，何事不能成，何国不可治？

（参见原第35章）

4. 想民之所想

时下的政治家们十分注意民意调查，通过调查的统计数据来看民心的喜怒向背，并以此作出相应的政策调整。重大的国策还要直接由民意来决定，如2002年欧洲中立国瑞士政府申请加入联合国，就是在公民投票有54.6% 人赞成加入后的结果。十几年前该国政府就想加入联合国，还就此举行过一次全国性公民投票，那次反对加入的人超过了半数，政府不敢违背民意而采取行动。在民主社会里上至国家最高领导人下至一般基层公务员，他们的权力基础来于民意，丧失了民意支持就丧失了职位和权力，所以他们在公开场合的一举一动都得顺从乃至迎合民意。

现代社会中国家领导人尊重民意受法律的制约，他们不敢不按民意施政；古代社会里君主是否重视民意和体察民情，则完全取决于他们个人的道德修养和认识水平。

体“道”的圣人治理国家，常常没有自己的意见而以百姓的意见为意见，没有个人的私心而以百姓之心为心。

凭什么能让体“道”者“以百姓之心为心”呢？

首先是由于体“道”之士无思无虑、无为无欲，他们从政不是为了捞取私利，也不是为了满足贪欲，更不是为了获得更大权力，而是为了救民于水火，为了人民能按自己本性自由自在地生活，因而他们完全以人民的意志为依归，以人民的心愿为出发点，这样，他们就能与人民息息相关、心心相印。

再说，体“道”之士也深深懂得“食者民之本，民者国之本，国者君之本”的道理，人民才真正是国家的主人，儒家的圣人孔子强调“君君臣臣父父子子”，但它的“亚圣”孟子同样也说“民为贵，社稷次之，君为轻”。百姓安乐天下才太平，百姓富裕国家才强盛。两千多年前的有若就懂得这个理：“百姓足，君孰与不足？百姓不足，君孰与足？”（《论语·颜渊》）老百姓都富裕了，国家能不富裕吗？老百姓都一贫如洗，国家又能富裕到哪里去呢？在这一点上可以说君民一体，民富则君不至于独贫，民贫则君也很难独富。

因而，有“道”之士都特别注意倾听人民的心声，周武王在伐纣的誓词中说：“天视自我民视，天听自我民听。”在他看来天意与民意二者是统一的，老天所见到的来自老百姓所见到的，老天所听到的也就是老百姓所听到的。他认为“惟天惠民，惟辟奉天”，也就是说，上天永远惠爱百姓，国君永远奉承天意，而要奉承天意就要顺从民心，这样也就顺理成章地得出了如下的结论：一国之君不得有个人私心，而必须以百姓之心为心。

有“道”之君与民同呼吸共命运，国有饥民则食不兼味，路有冻者则衣不披裘。素鳞驼羹的滋味不是不美，可当百姓连糟糠也吃不上的时候，再美的佳肴明君也不能下咽；高台楼榭飞阁雕甍不是不壮丽，可当百姓连庇身的茅屋也没有的时候，再壮丽的宫殿明君也住不舒心；华床柔席并不是不舒适，可当边塞烽火连天，士卒在冲锋陷阵的时候，再舒适的床席明君也睡不安神。

俗话说：“足寒伤心，民劳伤国。”衰世暴君才不重民意不惜民命，竭百姓之财以供一人的淫乐，倾全国之力以满足一人的贪心。人民一旦赤贫劳悴，国破君亡的日子还会远吗？

明白“民者国之本”的道理，有“道”之君就不会轻弃其民，对天下所有的百姓就会有一种一体同仁的关爱。就像太阳普照禾苗与稗草，雨露普润鲜花与毒刺一样，英明的君主既无弃物更无弃人。善良的人固然以善待他，不善良的人也照样以善待他，这样就使得天下人人都向善；诚信的人固然以诚待他，不诚信的人也照样以诚待他，这样就使得天下人人都归于诚信，邪恶和奸诈就找不到容身之地。

有“道”之君富有天下，拥有万民，但他们丝毫不会放纵自己的私欲，百姓倾耳目以注其上，君主无私无欲也使百姓返本归真，君心与民心都同乎无私无欲，全社会的民风民俗就归于淳厚浑朴，人民又回到无思无虑的稚子状态，每个人都是那样快乐、质朴而又纯真。

（参见原第49章）

5. 政事省，民风淳

“其政闷闷”是我们所提倡的一种管理方法，同时也是一种大家都向往的政治理想。“闷闷”的意思与今天所说的“苦闷”大不相同，它是指执政者施政的清静宽和，因而“其政闷闷”是指政治环境的清静、和谐、宽松。

执政者清静宽和，老百姓就忠诚纯朴；执政者苛察严酷，老百姓就狡黠奸诈。据说在上古神农的时代，政事省而民易治，法令简而社会安；君主推仁诚宽宏之心，人民怀淳朴正直之德；其上不以察察为明，其下不以欺诈为巧。那时大家不知道忿争而财用足，不用焦心劳形而事功成。到末世的政治则恰恰相反，上好贪而无厌，下自私而不让，因贫穷而生争夺，因劳苦而起怨心，上层统治者压迫下层人民，下层人民憎恨上层统治者，这样上下相互欺诈、相互怨恨，社会又怎么可能安宁，国家又怎么可能昌盛？

光石板上五谷不生，秃山顶上禽兽不栖，水至清则鱼儿死，君至察则民心伪。

领导者假如能以宽厚无为的方式施政，在自己国家或单位里创造一种宽松和谐的氛围，大家就能心情舒畅地工作，上下级都会以真诚相待，这样工作热情和工作效率都会提高。但有些头头为了抖自己的威风，有意识地制造一种你整我、我斗你的恐怖气氛。有些领导好像怕手下的“兵”不知道自己的分量，今天心血来潮订这个条条，明日又一时兴起立那个框框，时时忘不了在下级面前显示自己的精明能干，总想给人造成一种自己把一个国家或一个单位整治得井井有条的印象。其实背地里人们与他越来越疏远，大家你怀疑我，我猜忌你，人们心不往一处想，劲不往一处使，一千个人有一千条心，你想上山，我想下海，什么事情也办不成。

必要的法律和规章当然不可少，但光靠法律和规章并不能解决一切问题，所以时下政府既主张以法治国，也强调“以德治国”的治国方略。西方企业家们把条条框框称为管理的“硬件”，而把抚慰职工情感、统一职位思想的方法和手段称为“软件”。假如大家从心底想把国家或单位搞上去，他们就觉得这些法律和规章是楼上的栏杆，是行路时的拐杖，就会自觉地去维护它和遵守它；假如大家对政府或单位没有感情，对头头更是反感，加之头头又总喜欢出风头，他们一定会觉得这些法律和规章是一根根绳索，是一条条锁链，是头头们想尽办法整人的鬼把戏，他们时时感受到束缚和牵制。可以想象，人们一旦有这种反抗情绪，法律和规章也就成了一纸空文。

一个高明的领导人并不是要时时管住自己的下属，更不是要让他们觉得处处有人在盯着自己，相反，他既使人们团结在自己周围，为一个共同的目标而拼命奋斗，又让人意识不到自己的存在。每个人为自己国家或自己单位效力，完全不是由于领导的强迫和监督，也不是出于法律的强制和制度的规定，而是他们自觉自愿的行为，是一桩自自然然的事情。

最好的领导甚至下属还不知道他的存在，其次是虽然知道他的存在，但不知道他的才能和政绩，再次的是对他的才能十分钦佩，对他的人品非常敬重，更次的领导是订立许多条条框框，下级因心存恐惧而不得不工作，最差劲的领导是无才而又要卖弄才能、无德却偏要显得德高的那些家伙，他们喜欢无事生非、无中生有地整人，下属暗地里总是蔑视他们、咒骂他们。

“其政闷闷”绝不是要领导糊里糊涂，也不是要领导毫无原则，而是要他们方正而不生硬，有棱角而又不伤人，正直而又不无所顾忌，明亮而又不至于刺眼。他们从不轻易发号施令，但大家都忠于职守，从不露才扬己炫耀聪明，但人人都愿意为他效力，既不逞能也不居功，“待到山花烂漫时，她在丛中笑”。

（参见原第58章）

6. 不治则治

以法制、典章、禁令这些“正”的方法治国，以阴谋、诡谲、险诈诸种“奇”的方法用兵，以清静、无欲、无为来取天下。

为什么以法制、典章、禁令这些“正”的方法治国不足以取天下呢？

在修车人的眼中也许辆辆车都有毛病，在医生们的眼中几乎个个都是病人，在老想着如何“治”国的君主眼中，国家处处都急于需要治理，在天天考虑重整乾坤的人眼中，好像国家无事不在等着他去“整顿”，他们对每个人、每件事都看不顺眼。于是，统治者就订下多如牛毛的法律、规章、禁令，以它们为准绳来“正”社会之所“不正”，规定人民哪些事可做哪些事不可做，哪些话可说哪些话不可说，弄得人民开口触讳，举手违禁，投足犯法，大家时时刻刻都诚惶诚恐、畏首畏尾。一条条禁令就是一条条捆绑百姓的绳索，一个个规章变成了一个个桎梏百姓的枷锁，禁令越多百姓越是手足无措，规章越多百姓越是举步维艰，忌讳越多百姓越是贫穷潦倒。

如果法律、规章、禁令只是让老百姓动辄得咎，那么人们就不得不追问：统治者这些用来“正”社会之所“不正”的东西本身是“正”的吗？人们的确有充分理由怀疑这些法律、规章、禁令的“正当”性，一种法律、规章、禁令带给老百姓的只是贫穷痛苦，让老百姓失去的则是自由和天性，能说这些法律、规章、禁令具有“正当”性吗？

拿这些本来就不“正”的东西去“正”社会，去“正”人心，难怪社会越“正”越“歪”，难怪人心越“正”越坏了。人们一旦怀疑法律、规章、禁令的“正当”性，他们就会想方设法来逃避法律，冒着生命危险去破坏禁令，这就是时下人们所常说的“上有政策，下有对策”。在人们用心计、机巧对付法律禁令的过程中，大家会变得越来越狡猾，人心会变得越来越阴险，世风也会变得越来越浇漓。

退一万步说，即使那些法律、规章、禁令是“正”的，法律也只是对那些守法的人才有效，对于那些不守法的人来说，你有你的千条法令，我有我的万般诡计，法令从来就管不了不法之徒。“锁只能防君子而不能防小人”，君子不上锁也不会去偷，小人上锁了也有办法偷。守法的人无须法律来束缚，不法之徒有法又全无用处，那我们要这些法律、规章、禁令干什么呢？法令越繁琐人民就越滑头，禁令越严密盗窃就越高明。

当法律、规章和禁令不能有效进行管制时，剩下的就只能靠警察、特务、军队来控制了。于是，“立法”便变成了“用兵”，“奇”的手段便代替了“正”的方法，“以正治国”必然要导致“以奇用兵”。

立法令以止邪却邪不止，订规章以济民却民更贫，造利器以强国却国更乱。统治者去慈爱而行苛政，改宽厚而用严刑，丝毫无助于社会的安宁和国家的强盛，更不可能使民风返朴还淳，这无异于手执弹弓而想招来飞鸟，挥动棍棒而想呼来狗猫，其结果只能是事与愿违。刑罚不仅不能敦风化俗，反而会使风俗更为败坏，道德更为堕落，杀戮不仅不能禁止奸邪，反而会使奸邪更为猖獗，正如扬土以除尘只会使灰尘更大，抱柴以救火只会使火烧得更猛一样。

对此前人比我们有更清醒的认识。战国时期惠施奉命为梁惠王起草法律文件，文件初稿完成后送给梁国的大臣和缙绅传阅。大臣和缙绅们阅毕文稿后无不拍手称善，接着就把这些法律文稿奉奏梁惠王。惠王看完后也非常满意，并很快把它转送给老臣翟煎，翟煎读后也连声叫好。上朝后梁惠王对翟煎说："大臣们既然都对法律文稿称善，我们现在可以在全国施行吗？"翟煎断然回答说："不行！"惠王大为不解地问道："你们一边说它好，一边又说它不可行，这是什么原因呢？"翟煎冷静地向梁惠王解释说："陛下看看那些抬重木头或大石头的人，前面的人喊'哼唷'，后面的人也应声喊'哼唷'，这就是举重劝力的歌声，并不是没有郑、卫那些优雅动听的音乐，而是它们不适宜抬木头的苦力歌唱。治国又何尝不是如此呢？治理国家不在于严法酷刑，而在于大王无为无欲，古人说'法出奸生，令下诈起'，愿大王三思而行！"

领导者如能无欲、无为、无事，就无须施与而有仁，无须言说而有信，无须求取而有得，无须法令而成治。君主无为人民就自然归化，君主清静人民就自然端正，君主无事人民就自然富足，君主无欲人民就自然淳朴，这样的社会里无邪可禁无奸可捉，还用得着刑法律令来禁邪捉奸吗？

这听起来近于逻辑悖论：有心于"治"则国不治，无心于"治"则国大治。庄子早就向君主们发出过警告："'治'既是国家动乱之因，也是君主致祸之根。"（《庄子·天地》）"治则不治，不治则治"，人们听到这一"怪论"可能要大摇其头。然而，恰恰是这一"怪论"揭示了治国的本质，不信，你去问问汉文帝，你去问问唐太宗！

（参见原第57章）

7. “治大国”与“煎小鱼”

“小鲜”就是“小鱼”。“治大国，若烹小鲜”是说治理大国就像煎小鱼一样。

“治大国”与“煎小鱼”有什么相似之处呢？

工匠屡次变换自己的职业，他的技艺必然不能提高；劳动者屡次变动处所，他以前的劳动必然前功尽弃。一个人一天浪费半天，十天就浪费了五个人的工作；一万人每天浪费半天，十天就浪费了五万人的工作。不断变换工作的人越多其损失就越大。只要国家的法令变更了，利与害的情况也跟着改变；利与害的情况改变了，民众从事的事情也跟着变化；所从事的事情起了变化，他们所从事的职业也要变动。从一般的情况看，领导人民而又不断扰动他们，就必然难以成功；收藏贵重的物品而不断搬迁地方，则必然多有损伤；烹小鱼而不断翻动，翻得越勤碎得越厉害；治大国而朝令夕改，那老百姓就不堪其苦。对于一个大国的领导人来说，首要的是保持清静无为，保持法令和政策的连续性，一切政事和民事顺其自然，让人民安静无扰、安居乐业，扰民就会使国家动荡，虐政更会使国家遭殃。

那么，清静无为怎么能治理好国家呢？《庄子》中记载崔瞿曾就此请教过一位智者：“清静无为而不治理天下，怎么能使天下人向善呢？”

那位智者回答说：“小心别扰乱人心就是了。人心这个东西受到压抑就消沉，受到一点激励就高扬。心志的消沉和高扬之间，好像时而让人上天堂时而让人下地狱。心志可以使其柔化，也可以使其刚强。一个人在接连受到挫折时，要么急躁得像烈火，要么忧伤悲痛得像寒冰。人心安稳时深沉而宁静，跃动时浮躁而飞扬，世上的事物中最强傲不驯、最难对付的就要算是人心了！

“从前统治者就用什么‘仁义’去扰乱人心，害得尧、舜东跑西赶，大腿上不长肉，小腿上不生毛，为了取悦天下的生灵，想出各种花招来满足天下人的欲望，愁劳心志去施行仁义，枉费心机去规定法度，然而还不能讨好人心。尧又把他的大臣一个个流放，重新换一批人来治理国家，照样没法把国家治好。盗贼遍天下，奸臣满朝廷，社会上儒墨各派争论得相持不下，人们相互猜忌，愚智相互嘲笑，好人与坏人相互指责，天下的风气一天比一天坏。这全是妄为搅乱了人们的心性，天下都崇尚权谋，百姓必然发生纠纷，接下来只能用武力来制裁，用典章制度来约束，用严刑峻法来惩罚。

“治理大国应清静无为，无惊无扰，这就像去井中打水一样，千万别把整口井水都搅动，搅得越厉害，残渣败叶就越多，井水因而也就越混浊。只有不搅动井水才能打到清洁的饮用水，只有不动荡社会才会太平安定。”

粉碎“四人帮”以前，我国一个运动接一个运动，每次运动都整得人人自危，父子成仇，夫妻反目，从社会到家庭没有一天宁日，国家更是元气大伤。近二十多年来国家规定取消运动，禁止“大字报”“大辩论”“大鸣大放”这些扰民政策，在安定宽松的环境中人民才有心思去从事建设。如今这几代人念念“治大国，若烹小鲜”，每个人都默然首肯，别有会心。

据前些年《光明日报》的一篇报道载，“治大国，若烹小鲜”已被载入1987年美国政府的国情咨文中。看来我们所说的这一治国之道，已逐渐为全世界的政治家所接受和运用。它不仅适用于古代国家，也同样适用于现代社会；不仅适用于东方的文明古国，也同样适用于太平洋彼岸的年轻国度。

（参见原第60章）

8. 以智巧治国，国必遭殃

从前体“道”之士治理国家，不是想方设法使人民变得奸诈机巧，也不是考虑如何使人民学得圆滑世故，而是尽可能让人民不失其自然之性，让人民能够臻于至柔之和，让人民像赤子一样无欲无求。

世风之所以不淳朴，秩序之所以混乱，社会之所以缺乏诚信，主要原因就在于人们相互欺诈，大家彼此敷衍，每个人都丧失了真诚质朴之心，竞相卖弄伪善、智巧和阴谋的“小聪明”。

怎样才能使人民返朴还淳？怎样才能让人民无欲无求？怎样才能找回人间的诚信？怎样才能使世风归于敦厚？

《淮南子·诠言训》警告执政者说：“天下不可以智为也，不可以慧识也，不可以事治也，不可以仁附也，不可以强胜也。”为什么天下不能凭智巧来治理、不能凭智慧去辨识呢？有“道”者任天地之性，万物也就各遂其能，不用思虑而得失自明，不用探究而吉凶自显。

执政者以智巧来审察人事，人们自然就用智巧来对付他；他用权谋来实现个人野心，人们也用同样的办法来回应他。统治者越是任用阴谋机巧，百姓就学得越是滑头；统治者越是不讲信用，民风就变得越发险诈。这样下去，社会上就见不到淳朴的百姓而只有狡黠的奸民，人世就没有以诚相待的温暖而只有相互利用的冷酷。

以智巧来治理国家，只会给国家带来灾祸；不用智巧来治理国家，那才是国家和人民的幸福。

《庄子·胠箧》中曾愤激地说，抛弃所有的聪明才智，大盗才可能停止；毁坏所有珠玉珍宝，小盗才可能绝迹；焚烧一切印符手册，人民自然就归于淳朴；砸碎天下全部斗秤权衡，人民自然就不会争斗；毁灭天下所有圣智法制，人民才可能议论国事。搅乱六律销毁琴笙，塞住乐师的耳朵，天下人才可能耳聪；消灭文饰打乱五采，粘住画师的双眼，天下人才可能目明；毁坏钩绳，扔掉规矩，打断巧匠的手指，天下人才可能有真正的"大巧"；削除曾参、史鱼之行并封住杨朱等人之口，天下人的真性才可能得以保全。人们内敛其智慧，天下就不会迷惑；内敛其聪明，天下就没有忧患；内敛其德性，天下就不会淫邪。

统治者如果一意孤行，背离"大道"而任智巧，不内敛智慧而炫耀才能，就必然要搅得天下大乱，搅得万物失性，搅得鸡犬不宁，搅得百姓无以安生。

古代帝王的帽子缀以冕旒，也就是用丝绳穿珠玉垂在帽前，帽子左右缀以黈纩，就是用黄色棉絮做成圆球状饰物垂在帽子左右耳边。按《大戴礼记》的说法，"冕旒"掩目为的是不让帝王明察，"黈纩"塞耳为的是不让帝王过聪。不让帝王耳聪目明则是为了"去圣绝智"。如果君主不用智明察，人民哪用得着躲躲闪闪地伪饰？如果君主不用机巧打探，人民又何必畏畏缩缩地说假话？人民都无须伪饰欺诈，领导人不用明察也不会受骗，不用暗探也不会被瞒。上下同心而人民合德，天下便又回到那淳真欢乐的黄金时代，有了智巧恐怕也派不上用场。

（参见原第65章）

9. 民不畏死

"杀鸡给猴看""杀一儆百"是统治者恐吓人民的一贯伎俩，以致它们现在成了生活中的常用词汇。

“杀鸡”能否吓唬猴子，得看猴子是否怕死，如果猴子对死亡毫无畏惧，杀再多的鸡对猴子也不起作用。

统治者总以为人民必定像他们自己一样贪生怕死。只要国内稍有风吹草动，他们就害怕自己的统治受到挑战，于是就残暴地大开杀戒，企图以死亡的威胁来平息人民的怒火。

的确，生命对于每个人都只有一次，通常情况下人人都珍惜生命，蝼蚁尚且贪生，人又怎不怕死？可是，当人们衣不遮体、食不果腹，当人们被压迫得快要窒息，当人们因徭役而苦不堪言，当人们觉得活着还不如死了好的时候，谁还害怕统治者无情的镇压和残酷的杀戮呢？没有生的愿望又怎么会有死的恐惧呢？

假如像啼哭的婴儿一听说“老虎来了”就吓得不再啼号，怒火填膺的人民一见到流血就不敢反抗，那么杀一批闹事的“领头羊”，不就又是万马齐喑天下“太平”吗？

然而，实际情况恰好与之相反，使人民流血就像给烈火浇油，血流得越多人民的怒火就烧得越旺，统治者杀人越多他们就倒台越快。这一点甚至明太祖朱元璋也意识到了：“见本经云：‘民不畏死，奈何以死惧之。’当是时，天下初定，民顽吏弊，虽朝有十人而弃市，暮有百人而仍为之……朕乃罢极刑而囚役之。”（《明太祖御注道德真经序》）连孟子“民为贵，社稷次之，君为轻”都听不进去的朱元璋，也知道光靠“极刑”既不能平息民愤也不能安定民心。《尹文子·大道》中分析“民不畏死”的原因说：大凡民不畏死都由于刑罚太过、赋税太重。刑酷税重就逼得民不聊生，民不聊生就可能“视死如归”，“视死如归”就会视暴君的威胁如儿戏。要使人民畏死就得让他们生活幸福，生活幸福才能体验到人生快乐，人生快乐才畏惧刑罚而服从教制。

前文不是说过“天网恢恢，疏而不漏”吗？少数真正为非作歹的人自然会遭到惩罚。老天（自然）赋予每个人的生命神圣而又庄严，因而只有老天（自然）才有权夺去个人的生命，可那些“喜有赏怒有刑”的暴君，总喜欢代替老天来行使生杀大权，使许多善良的人民冤死在他们的屠刀之下。代木匠砍木最后必定伤手，代老天杀人最终能逃脱被杀的命运吗？

（参见原第74章）

10. 上不欺，下不诈

百姓之所以忍饥挨饿，就是由于统治者吞食的赋税太多；百姓之所以不服从统治，就是由于统治者胡作非为；百姓之所以冒险轻生，就是由于统治者奉养过分奢厚。

我们的先民早就说过：“仓廪实则知礼节，衣食足则知荣辱。”（《管子·牧民》）贫穷则生奸邪，饥寒便无廉耻，这是古代政治家们的共识。

马惊敢触猛虎，鸽争敢啄鸷鹰，人穷敢于冒险。

统治者的穷奢极欲使得国库空虚，国库空虚便要加重征敛。因而，一边是“朱门酒肉臭”，一边是“路有冻死骨”，这种强烈的反差必然要激起强烈的仇恨。贪官们明目张胆地“剥我身上帛，夺我口中粟”，人民自然要咬牙切齿地骂他们是“虐人”的“豺狼”，称他们是“窃国”的“大盗”。等到抛妻弃子无以为生的时候，他们就不顾一切，铤而走险，或打家劫舍，或聚众生事，或暴动起义。伟大诗人杜甫对这一社会现象曾深有感触，他在《有感五首》之三中说：

洛下舟车入，天中贡赋均。日闻红粟腐，寒待翠华春。

莫取金汤固，长令宇宙新。不过行俭德，盗贼本王臣。

此诗写于唐代宗广德元年（763）秋。诗人说国库中的粮食大批大批地烂掉，饥寒交迫的百姓日夜盼望着皇帝开恩赈济贫民；国家长治久安不能凭借地势险要和武力强大，关键在于革新政治以安定民心；只要皇帝能躬行俭德，只要不过分盘剥压榨，只要让人民安居乐业，谁愿意提着脑袋去“闹事”呢？那些现在正在“暴动”的“盗贼”，原本是皇上安分守己的臣民呵！李商隐在《行次西郊作一百韵》中也写到了晚唐官逼民反的现象：“儿孙生未孩，弃之无惨颜。不复议所适，但求死山间。尔来又三岁，甘泽不及春。盗贼亭午起，问谁多穷民。”将亲生骨肉“弃之无惨颜”，为躲避征役赋税“但求死山间”，可见他们完全被逼向了生活的绝境，身陷绝境的“穷民”最后才变成了“盗贼”。

官不逼民不反，上不欺下不诈，统治者的压迫、欺侮和盘剥，在给人民带来深重苦难的同时，也在给他们自己挖掘坟墓。

统治者恬淡寡欲便政简事省，政简事省便赋轻刑宽，赋轻刑宽便国安民富，而要做到这些就非得“无为而治”不可：上无为而民自化，上无欲而民自朴，上无事而民自足。

（参见原第75章）

11. 理想社会

史有明文的夏、商、周三代，每个朝代无一例外地由大一统走向了大混乱，文明并没有保证人类的秩序，知识也没有给人类带来稳定，礼义更没有使人们更加淳朴善良。从周文王到周幽王这一历史时期，随着文化不断积累和理性日益觉醒，社会非但没有变得越来越安定和谐，越来越道德文明，反而越来越动荡混乱，越来越堕落险恶。

孔子把造成这一切的原因归结为“礼崩乐坏”。世风的浇薄和社会的动乱甚至还激起了他对周文王时期礼乐文明的神往：“郁郁乎文哉！吾从周。”他一生栖栖惶惶、东奔西赶，为的就是“克己复礼”，他似乎没有想到过社会的堕落、混乱是否是礼乐文明的必然结果？

要想社会由混乱归于安宁，人类由堕落返回淳朴，不是要恢复周王朝的礼乐文明，而是应回到历史天真未凿的起点，回到人类原初的无为至治之世。后世之所以出现父子相互利用，兄弟相互争斗，朋友相互猜忌，夫妻相互欺骗，不正是因为理性使人们变得奸诈、礼义使人们变得虚伪、财货使人们变得贪婪的缘故吗？复杂的社会结构必定导致人们精神躁动不安，微妙的人际关系必定教会人们世故圆滑。

如果世上只有机巧奸诈，那社会处处都将是陷阱；如果人们都虚伪刁猾，那人世还有什么真情？

如果机械只给人们带来机心与功利，那机械对人类又有何用？如果知识只让人们外表博学而骨子里缺德，那知识带给人类的就是灾难。

在大道未亏的黄金时代，山无路径，河无桥梁，舟车不行于水陆，即使有了车船也没有地方行驶；有力者不欺凌弱小，大国不侵伐小国，即使有了剑戟戈矛也无用武之地；大家生活都朴素简单，所需也非常有限，即使有各种器具也派不上用场；人心是那样淳朴单纯，即使有了语言文字，也还是选择方便简易的手段结绳记事。

《庄子·天地》篇中记载说：子贡一次南游楚国返回晋国的途中，

在汉阴这个地方看见菜园子中一位老农正挖地至井中，用瓮来取水浇灌园子，用力很多而功效很小，子贡便好心地对他说："现在已有一种灌溉用的机械，一天可浇灌田地一百多亩，既省力气又有成效，先生不愿意试一试吗？"灌园老汉仰头看看他说："灌溉机械是怎样的呢？"子贡耐心地给他解释说："这种木做的机械前轻后重，提水好像抽引，快得如同沸汤涌溢，它的名字叫桔槔。"灌园老汉面有怒容地笑道："我曾听我的老师说过，用机械者必定有机事，有机事者必定有机心。机心存于胸中，精神便不能纯洁澄明，精神不能纯洁澄明便心神不定，心神不定便不能抱一守道。对于浇灌等各种日常机械，我不是不知道，而是羞而不用它。"子贡听到这番话后满面羞愧地低下了头。

人世没有机械就没有机事，没有机事人们就不用机心，不用机心就会重回从前的纯朴真诚。大家都无欲无求，不管吃什么都觉得香甜，不管穿什么都认为漂亮，不管住什么都感到满足，不管在什么地方都身心快乐。

在这样的社会里，人人各安其生，万物各遂其性——这儿"日光随意落，河水任情流"，这儿"潜虬媚幽姿，飞鸿响远音"，这儿"芳草鲜美，落英缤纷"，这儿"童孺纵行歌，斑白欢游诣"。这儿国土既狭，人民又少，智不欺愚便无愚智之分，强不凌弱便无强弱之别，人不贪求聚敛便无贫富之殊；这儿老少不识兵戈，安宁的生活带来平和的心境，谁也没有体验过烦躁焦虑，谁也不知道盘剥、征役是怎么回事。

据《庄子·胠箧》篇中所描绘的情景，从前容成氏、大庭氏、伯皇氏、中央氏、栗陆氏、骊畜氏、轩辕氏、赫胥氏、尊庐氏、祝融氏、伏羲氏、神农氏那些世道里，邻国之间可以相互看见，鸡鸣犬吠之声能够彼此听清，家与家田埂相接，村与村溪径相连，可人人既无求于世，个个又自足于内。足于己便不求于外，所以人们从生到死都不相往来；日出而作日入而息，用自己的汗水换来丰衣足食，所以人们想不到要去相互利用。等到知识勃兴、智巧日炽之后，人们就丧失了纯真，德性就完全亏损，人与人因而就显出了贤愚，家与家就分出了贫富，百姓就伸长脖子踮起脚跟盼望“某某地方有贤能的人”，于是就背着粮食归附他；人民相互打听哪些地方特别富庶，于是就纷纷卷起行李背井离乡。这样对内遗弃了父母，抛弃了妻子，对外耽误了大好农时，荒芜了大片田地。

为了追逐财富，人们越洋过海，足迹遍及世界各地，车轨延伸到万里之外。如今不仅机器将地球弄得百孔千疮，甚至火箭把太空也搅得不得安宁，国与国之间只有永久的利益而无长久的友谊，人与人之间只有长期利用并无半点真诚。

什么时候才还地球以碧水蓝天？什么时候才使人们返朴还淳？什么时候才能重现黄金之世？

（参见原第80章）

第十章

战与和

引言

春秋时期“天下无道，攻战不休”，因而人们常说“春秋无义战”。列国之间无休无止的战争成了“民之残，财用之蠹”。

老子认为“天之道，利而不害。圣人之道，为而不争”(《老子》81章)，天道“善利万物而不争”(8章)，战争自然为有“道”者所反对。老子为人的“三宝”中以“慈”为首(67章)，所以反战是他的基本立场：

“以道佐人主者，不以兵强天下。其事好还。师之所处，荆棘生焉；大军之后，必有凶年。”(30章)

“夫兵者，不祥之器，物或恶之，故有道者不处。君子居则贵左，用兵则贵右。兵者不祥之器，非君子之器，不得已而用之，恬淡为上。胜而不美，而美之者，是乐杀人。夫乐杀人者，则不可以得志于天下矣！”(31章)

战争带给社会的只是遍野哀鸿和满地荆棘，带给人民的更是家破人亡和瘟疫饥荒，那么统治者为什么要一次又一次地发动战争呢？老子一针见血地指出这是由于他们要满足自己贪婪的欲望："天下有道，却走马以粪；天下无道，戎马生于郊。祸莫大于不知足，咎莫大于欲得。"（46章）他们倾全民之力来争夺霸主，竭全国之财来攻城略地，牺牲士卒来发泄私愤，贪欲是挑起战火的深层动因。现代西方许多思想家也和老子持有相同或相近的看法，罗素就认为权力的欲望和占有的冲动才是导致暴力和战争的根源（参见罗素《权力论——新社会分析》，商务印书馆1991年版）。

恃强凌弱或以大欺小是"不道"的，而不合于"道"的人很快就会灭亡（30章）。问题是，反对不义战争并不一定能避免不义战争，如果那些"服文彩，带利剑"的窃国大盗强加我们战争怎么办呢？老子认真思考了应敌之策和取胜之术。关于战略战术老子主要强调后发制人和"以奇用兵"（57章）：

"用兵有言：'吾不敢为主而为客，不敢进寸而退尺。'是谓行无行，攘无臂，扔无敌，执无兵。祸莫大于轻敌，轻敌几丧吾宝。故抗兵相加，哀者胜矣！"（69章）

善用兵的人不敢"为主"而宁可"为客"，不敢先发而宁可后发，不敢进寸而宁可退尺。"为主"是挑起战火，"为客"是奋起自卫；"进寸"是甘为戎首，"退尺"是消弭战祸，后者是被拖入战争的"哀兵"，未战之前就已经取得了道义上的胜利，两军相争"哀者"必胜。当然老子更欣赏的是不战而屈人之兵，"行无行，攘无臂，扔无敌，执无兵"——无阵势可摆，无胳膊可举，无敌人可对，无兵器可执，这才算是最高明的将军。

万不得已而兴兵也只可用以自卫和济难，绝不能以武力逞雄于天下，"善有果而已，不敢以取强"（30章）。他理想的社会中"虽有甲兵，无所陈之”。他想象的黄金时代里人间全无争斗，老少不识兵戈。

老子思考战争为的是熄灭战火。或许军事家、战略家能从《老子》中悟出不少战争智慧，历史上“领兵者”和“言兵者”的确十分推崇它，但称“《老子》是一部兵书”实属误读，说《老子》“未尝有一章不属意于兵”更是夸张。

1．盛极必衰

用“道”辅佐君主的人，绝不靠兵力逞强于天下；靠兵力在天下逞强斗狠，天下人会用同样的手段以牙还牙——你通过战争使他人流血，他人也将以武力让你丧命。

两军鏖战之地，要么因人民逃亡而百业萧条，要么因无人种田而遍地蒿莱；连年激战之后，或因横尸遍野而流行瘟疫，或因田地荒芜而闹饥荒。三国时期群雄并起战乱频仍，以致“铠甲生虮虱，万姓以死亡。白骨露于野，千里无鸡鸣”（曹操《蒿里行》）。连中原这个当时经济文化最繁荣发达的地方，甚至连洛阳这个冠盖络绎宫殿嵯峨的首善之区，在战争时期也是到处血腥满地荆棘。曹植《送应氏》一诗真实地表现了战后的洛阳惨象：

步登北芒阪，遥望洛阳山。洛阳何寂寞，宫室尽烧焚。垣墙皆顿擗，荆棘上参天。不见旧耆老，但睹新少年。侧足无行径，荒畴不复田。游子久不归，不识陌与阡。中野何萧条，千里无人烟……

人们都知道“春秋无义战”，其时的战祸之惨痛可能更甚于三国，那时人们就把战争称为“民之残”和“财用之蠹”。仅说周定王十三年（前590）楚宋之战，被楚军围困的宋都城内粮食断绝，军民“易子而食，析骸而炊”。

现代战争也同样是战时和战后“必有凶年”。第二次世界大战期间，纳粹德国包围苏联列宁格勒和斯大林格勒，致使两城饿死军民成千上万。日本侵略者攻破南京后，制造了惨绝人寰的“南京大屠杀”，三十万同胞惨死于侵略者的屠刀之下。更不用说原子弹、贫铀弹造成的环境灾难了，被炸国家和地区的居民很多年以后还要受到核辐射。

善用兵者用兵除暴安良、救危济难，绝不用大兵来耀武扬威。以兵杀敌尚属不得已而为之，以兵涂炭生灵就更是罪大恶极。

最上用兵以生，最下用兵以杀。

体“道”者既以守柔不争为尚，杀敌取胜便不值得得意洋洋，达到了目的并不矜夸，达到了目的并不炫耀，达到了目的并不骄傲，达到了目的更不逞强，因为在万般无奈时才采取这种手段来达到目的。

统治者总是好大喜功，总是夸耀“军威远振”，总想迫使“四夷来朝”，也就是总希望以武力称雄天下。然而，以武力奴役人民的终将被人民打倒，以武力侵略他国的终将被他国战败，想“军威远振”的最终将“兵临城下”，想“四夷来朝”的最终将“四面楚歌”。

盛极必衰，物壮则老。当空的艳阳必将偏西，绚丽的花朵终归凋谢，只有“道”才无盛无衰无壮无老。假如不体“道”尚柔却恃兵称壮，那么必定走向衰落和灭亡。当年横扫欧洲的拿破仑，最后成了圣赫勒拿岛上的囚犯；当年声称要吞并世界的狂人希特勒，最后的结局是死无葬身之地；当年要称霸亚洲的日本，最后在亚洲人民的耻笑中投降。至此我们又想起了苏轼在《赤壁赋》中评点曹操的那段名言：“‘月明星稀，乌鹊南飞’，此非曹孟德之诗乎？……方其破荆州，下江陵，顺流而东也，舳舻千里，旌旗蔽空，酾酒临江，横槊赋诗，固一世之雄也，而今安在哉！”

岂止曹操一人，古往今来无数以武力逞强的“一世之雄”，如今都到哪里去了呢？还是来重温一下李白《越中览古》那首优美的诗章吧：

越王勾践破吴归，义士还家尽锦衣。宫女如花满春殿，只今惟有鹧鸪飞。

（参见原第30章）

2. 会打仗便不打仗

兵器可不像圣诞老人的礼物，它绝不是什么吉祥的东西。越是科技先进的武器，所杀的人就越多，所造成的破坏就越大。从前的剑、戟、戈、矛，一次射杀不过一两人而已；稍后的机枪、大炮，每发炮弹炸死的也不过百十人罢了；可如今的导弹、氢弹、原子弹，动辄杀人上万乃至千百万。现在美国和俄罗斯武库中的核武器，足以将我们居住的地球毁灭几十次，人类好像要给自己制造末日似的，想来真叫人不寒而栗。对杀人的魔王谁都憎恨，对杀人的武器大概也没有人喜欢。有“道”者对它们避之唯恐不及，当然不会轻易去使用它们。美国当年第一颗原子弹试爆成功以后，原子弹的制造者们对此深感不安。苏联原子弹之父札哈罗夫，最后成了销毁原子弹的积极倡导者和支持者，并因此而荣获诺贝尔和平奖。

古代人们认为左为阳右为阴，阳主生育而阴主杀戮，所以风俗贵左而贱右。君子和平时期以左方为上，用兵打仗时则以右方为上，这主要是表明对武器和战争的厌恶之情，以示和为贵而战为卑。除非到了万不得已的时候，有“道”者谁愿意诉诸战争来解决争端呢？

当大军压境或敌国入侵，眼看就要失去和平、尊严、生命、亲人和祖国的危难之际，我们当然要义无反顾地走上战场与敌人兵戎相见；当需要用武力来统一祖国之时，我们也会扛起刀枪去抛头颅洒热血；两军狭路相逢不是你死便是我活，将士当然要一往无前奋勇杀敌。不过也要考虑到，即使是在这种场合杀得敌人血流成河，我军已经大获全胜也没有什么值得洋洋得意的。因杀人多而洋洋得意就是嗜杀成性，嗜杀成性的人怎么可能得天下呢？

后世许多广为人们传诵的边塞诗中，一味地赞美自己军威的豪迈雄壮，一味地讴歌将士的英武勇敢，如王昌龄的《出塞》和岑参的《轮台歌奉送封大夫出师西征》：

骝马新跨白玉鞍，战罢沙场月色寒。城头铁鼓声犹振，匣里金刀血未干。

上将拥旄西出征，平明吹笛大军行。四边伐鼓雪海涌，三军大呼阴山动。虏塞兵气连云屯，战场白骨缠草根。

不用说，这些作品洋溢着强烈的爱国主义激情，同时也弥漫着阴森的杀伐之气，一方面叫人热血沸腾，另一方面又令人心惊胆战。从某种角度来讲，我们倒是更注重李颀的《古从军行》这一类诗中所抒写的情怀：

白日登山望烽火，黄昏饮马傍交河。行人刁斗风沙暗，公主琵琶幽怨多。野云万里无城郭，雨雪纷纷连大漠。胡雁哀鸣夜夜飞，胡儿眼泪双双落。

古时吉庆的事情以左方为上，凶丧的事情以右方为上。偏将军居于左边，主将军居于右边，就是说打仗要依照凶丧的仪式处理；把敌人杀得片甲不留的时候，应以哀痛的心情面对满地的死尸。

《三国演义》写到孔明为了蜀汉的后方安定，于建兴三年（225）兴兵南征孟获，作者说他此举是“为国平蛮统大兵，心存正道合神明”。在“驱巨兽六破蛮兵，烧藤甲七擒孟获”这一回中，孔明用地雷和烈火将孟获的主将“兀突骨并三万藤甲军，烧得互相拥抱，死于盘蛇谷中。孔明在山上往下看时，只见蛮兵被火烧得伸拳舒腿，大半被铁炮打得头脸粉碎，皆死于谷中，臭不可闻。孔明垂泪而叹曰：‘吾虽有功于社稷，必损寿矣。’左右将士，无不感叹。”孔明到底不愧为孔明，他不仅对自己的国家非常热爱与忠诚，对人类的苦难也有深切的怜悯与同情，也有对杀戮同类的深切愧疚与自责，所以面对满谷敌人的尸体，他首先想到的不是“勒铭燕然”庆功邀赏，而是痛苦感叹唏嘘流泪，以凶丧的仪式处理胜利，难怪被征服的南方兄弟也尊称他为“慈父”了。

当然，从无为守弱的原则来看，以丧礼处胜利毕竟是求其次，上策是尽可能地避免战争。与其悲之于后不如避之于前，与其以凶丧居功不如以吉庆无为，“不战而胜”才是真正的“善战”，才是真正的“大胜”。

（参见原第31章）

3. 要想对手弱，就先让对手强

“要想削弱它，必须先让它强大起来。”这句话听来着实让人费解。要把恶势力扼杀在萌芽状态之中、防微杜渐等等，是人们常常听到的处世格言。因为羽翼未丰之时容易对付，翅膀硬了以后就难于收拾。难道大家忘了“养虎贻患”这个成语吗？谁会傻到把小老虎好好养起来，等它长到凶猛无比时再去制服它呢？

不过，这只是问题的一个方面。为了打败和消灭邪恶势力，而鼓励邪恶势力恶性扩张、膨胀，让它物极必反而走向事物的反面——由强转弱，这样的事例在历史上是屡见不鲜的。

春秋末年，越国被吴王夫差打败后，越王勾践被迫求和，放下国王的架子，主动给吴王夫差当奴仆，后来做了吴王的一名马前卒，而且把这一职位看成是自己人生的莫大成功。回国后还一直小心侍奉吴王。听说吴王准备过江攻打齐国，与这一当时强大的诸侯国争夺北方的霸主地位，越王忙着赶来朝见吴王，并献上许多贡品、礼物，谨表对吴国的忠诚和对吴王伐齐的支持。吴王在今山东莱芜县这个地方打败了齐军，把自己的势力范围扩大到长江和济水。接着又在宋国的黄池与诸侯会盟，和另一强大的晋国争做盟主。

当吴王在北方耀武扬威的时候，越王勾践卧薪尝胆励精图治，任用范蠡和文种等人在国内积极整理国政，上下一心的越国很快转弱为强，趁吴国久战疲惫、外强中干的大好时机，一举打到了吴国的首都将其消灭，报了当年的亡国之仇。勾践促使吴国扩张领土，四处称雄，让它表面越来越强大，实际上是让吴国耗尽自己的国力，直至最后使它变成了不堪一击的纸糊巨人。

（参见原第36章）

4. 要想废了他，就先抬举他

“欲废先兴”所依据的原则也是推动事物走向自己的反面。“要想废掉它，就必须先让它兴盛起来。”历史上许多政治家和军事家就是运用这种方法干掉对手的。

战国时郑武公的夫人武姜先后生了两个儿子：庄公和共叔段。她生庄公时不幸难产，据说庄公是倒着从娘胎里出来的，把这位郑国的第一夫人吓得昏了过去，所以她给儿子取名为“寤生”(即倒着出生)。儿子的出生险些要了她的命，因而她打心眼里讨厌这个儿子，处处都看他不顺眼，事事都想刁难他。由于感情上偏爱自己的小儿子，想立他为王位的继承人，她多次在枕头边向丈夫吹风，但郑武公可不像妻子那样感情用事，一直没有答应她的这一无理要求。

等到儿子庄公登上王位以后，她就跑去为小儿子共叔段说情，要庄公把制这个地方封给小儿子。庄公对他母亲说：“制这个地方太危险，当年虢叔就在那儿送了命，我怎么忍心把自己的亲弟弟往虎口里送呢？其他任何地方谨从母命。”她又要求把小儿子封在京这个地方，庄公应允了母亲的请求。于是，人们就称共叔段为“京城太叔”。

庄公的这位老弟去了封地以后，仗着母势，完全不按先王的法制来建筑自己封地的城墙。郑国大夫祭仲去找庄公说：“封地的城墙超过了三百丈，就会危及国家的安全和统一。大城的城墙不得超过国都的三分之一，中等的不得超过五分之一，小的不得超过九分之一，这是先王定下来的制度。眼下京城太叔的城墙高过国都，违反了先王的法制，您作为君王怎么会吞下这口气呢？”

庄公无可奈何地说：“姓姜的老婆子要这样，我有什么办法呢？”

祭仲说：“姓姜的什么时候知道满足呢？不如早早打主意，不要放任这种现象恶性发展。再发展下去就难办了。乱长的野草尚且不好除尽，何况国君宠爱的弟弟呢？”

庄公冷冷地说：“坏事做得太多了，必然自取灭亡，你们先等着瞧吧。”

接着，太叔让西北原不属于自己封地的地段同时归属于自己。郑国大夫公子吕对庄公说：“国家不能承受这种二属的局面，敢问您将如何处置他呢？如果想把国家让给您的这位宝贝弟弟，我请求去侍奉京城太叔；如果不想把国家让给他，就干脆尽快把他除掉，以免让老百姓因有两个政权而生二心。”

庄公笑了笑说：“用不着这样，他会自取灭亡的。”

京城太叔果然得寸进尺，胃口越来越大，很快把原来偷占的地方公开宣布是自己的，又把自己封地边界扩大到了廪延这个地方。子封见此十分担心地对庄公说：“现在是京城太叔一统天下的时候了，他的地盘眼看着越来越大，将要拥有的臣民越来越多，这样下去也就越来越难制服了。”

庄公胸有成竹地说：“共叔段老弟对君不义，对兄不亲，土地再广大人民也不会依附他，他会像沙丘那样顷刻崩溃。”

京城太叔修筑城郭，训练士兵，制造战车，准备突袭郑庄公，庄公的母亲姜氏做小儿子的内应。庄公刺探到他弟弟偷袭的时间后说：“现在是干掉他的时候了。”很快他便命令子封率领二百乘战车讨伐太叔的封地，太叔的百姓都背叛了他，他狼狈地逃到鄢这一偏僻的地方，庄公又派兵尾追到鄢，他又仓皇逃窜到共地。

庄公早就想干掉野心勃勃的弟弟，但他并不在弟弟野心尚未暴露时动手，因为这样做会遭到道义上的谴责，而且也不好向他那偏袒弟弟的母亲交代。他采取的办法是先尽量满足弟弟的贪欲，纵容他的一切不义行为，几乎达到了姑息养奸的地步，让弟弟和母亲不仁不义的野心全都暴露于世人面前，失去了道义和人民的支持，一步步滑向自取灭亡的深渊。

这是庄公出色地运用“欲废先兴”的成功范例。

（参见原第36章）

5. 要想获取，就先施与

“要想最后得到，就得事先给予。”这句话凝聚了中国丰富的生活智慧、政治智慧和军事智慧。从君临一切的国王到指挥千军万马的将军，从坐着豪华轿车的权贵到骑自行车上班的小民，从腰缠万贯的大亨到不名一文的穷光蛋，无不熟悉并运用过这种智慧。它在长期的运用和实践中，还获得了更生动、更形象、更通俗的表达方式——

“不放出野山鸡，就引不来金凤凰。”

“不放诱饵，就钓不到大鱼。”

为了达到自己的某种目的，先慷慨地四处联络感情；为了做成一笔交易，先不惜大方地请客送礼。这些包藏着功利目的的脉脉温情，这些吃小亏占大便宜的处世之道，在日常生活中司空见惯。现在我们来看看“欲取先与”这一智慧在政治军事上更为复杂的运用。

春秋时晋献公准备偷袭虞国，先殷勤地给虞国国王送去了宝璧和骏马，请求借虞国的道路去讨伐虢国。虞国国王拿了人家的东西手软，一口答应了晋兵借道自己国土的要求。虞国大臣宫之奇听说后跑去进谏虞王，说：“虢国是我们虞国的门户和屏障，虢国要是灭亡了，虞国还能存在下去吗？借道给晋兵就刺激了它的贪心，万万不可对侵略者掉以轻心。两年前那次借道给晋军就已是很过分了，现在怎么还能再借道给晋军呢？俗话所说的‘唇亡齿寒’，正好用来形容虢国和虞国的这种关系啊！”

虞王哪里听得进宫之奇的劝告呢？他舍不得失去晋国送来的宝璧和骏马，漫不经心地对宫之奇说：“晋国与虞国同宗同姓，难道还会害我吗？”宫之奇不以为然地说：“要说到同宗同姓，晋国与虢国的血缘还近些，晋国与虢国应比与我们更亲，现在晋国连虢国都准备消灭掉，怎么还会爱到我们虞国头上来呢？”虞王听不进这些劝告，他边听宫之奇的话边摸着晋王送来的宝璧，仍然不改变先前答应晋使借道的要求。宫之奇见虞王如此昏庸贪财，很快带着全族的人离开了虞国。

果然不出宫之奇所料，晋人消灭了虢国以后，回师时顺便吃掉了虞国，虞王当了他所谓“同宗同姓”人的俘虏。

晋国对“欲取先与”这一手好像特别在行，在政治和军事中屡次运用后都达到了预期的目的。下面一则故事说的又是战国时期的晋国——

晋大夫知伯想伐仇由这个小国，恼火的是道路艰险难行，于是他就铸了一口大钟赠给仇由国王。这个小国的国王难得收到别国的礼品，想不到竟是一口大钟，而且是强大的晋国送来的，高兴得昏了头，连忙命令人修通道路去迎接晋使。仇由的大臣赤章曼枝说：“此事万万使不得。从来只见小国铸大钟贡给大国，而今天大国向我们献大钟，它的军队一定会跟着大钟而来。我看大钟不能接受。”仇由国王一心想着过一下别国向他进贡的瘾，赤章曼枝的话使他大为扫兴，他狠狠地瞪了这位不会察言观色的呆子，把他的话当成了耳边风。他急急忙忙修路以迎接晋使。很快他收到了晋国的大钟，同时也迎来了晋国的大兵，收钟之日也就是他的灭亡之时。

可笑的是这个贪婪成性的知伯最后竟然也死于“欲取先与”这一政治智慧，也就是说别人用“欲取先与”这一方法以其人之道还治其人之身。

知伯灭掉仇由不久，很快向魏桓子索要土地，遭到了魏桓子的拒绝。魏大臣任章听后对魏桓子说：“为什么不把土地给予知伯呢？”魏桓子说：“无故索地，所以不给。”任章向魏桓子分析说：“知伯无缘无故向别国索土地，邻国必定恐慌；他这样欲壑难填、贪得无厌，天下人必定害怕。您如果给予他土地，他就会变得骄蛮。骄蛮则会轻敌，邻国恐惧就会相亲。以相亲之兵待轻敌之国，知伯的命大概不会太长吧。《周书》上不是早说过‘准备打败它，一定要先帮助它；准备得到它，一定得先给予它’这样的话吗？您不如姑且先给予他土地以使他骄蛮起来。干吗不以天下人的力量来打败知伯，而独独让我国成为知伯的靶子呢？”

魏桓子听后如梦方醒，连忙称道这是个妙主意，于是给知伯一个上万家的采邑。知伯果真飘飘然起来，接着他又向赵索要蔡、皋梁等地，赵没有答应他的无理要求，他因而围困赵的晋阳。这一次韩国、魏国和赵国联合起来抵抗知伯，韩、魏反之于外，赵接应于内，不久就消灭了知伯。

（参见原第36章）

6. 以奇用兵

《老子》第57章说，以堂堂正正的方法治国，以奇诈诡谲的方法用兵。这一思想被孙子进一步加以发挥，成为一条重要的战术原则，

《孙子兵法·计》说："用兵是一种诡诈的行为，所以能打要装作不能打，想打偏要装出不想打，要调兵近处却要装作调兵远处。敌人贪图小利就用小利引诱它，等其混乱就乘机攻取它。对手的力量充实时就防备它，它的兵力占优势时就避开它；激怒对手以便于制服它，卑辞示弱以使它麻痹骄傲；敌人休整得好就设法使它疲劳，它内部和睦就离间使其分裂；以出乎敌人意料的行动，攻击它完全没有防备的地方。这是军事家取胜的奥妙，作战方案要随机应变，不能事先规定一个死框框。"

汉高帝三年十月（前204），韩信奉命率兵攻赵，井陉口东有二十万赵军死守，如果与赵军在战场上"光明正大"地硬拼，汉军显然是没有办法取胜的。幸而赵将陈馀是个笨伯，死守着"不用诈谋"的教条，决不采用"不光彩"的手法攻打对手。韩信摸透了对方将军的愚蠢和古板，决定出奇兵置敌人于死命。他命令部队在井陉口西三十里扎营，深夜派二千轻骑潜伏在赵军附近的山中，又派一万人为前锋，越过井陉口背着绵河列阵。赵军当然不会怀疑韩信会"小偷小摸"事先在附近埋下伏兵，因为赵军统帅陈馀是从不在战争中搞"小动作"的，韩信这样的名将怎么可能战时搞"小动作"呢？他见了背水列阵的汉军前锋暗暗发笑，韩信也是徒有虚名而已，竟然不懂得兵家之大忌，自陷部队于死地。赵军一心想把这些自己送死的傻瓜一口吃掉。天亮后韩信命令全军主力冲过井陉口，赵军匆忙出来应战，韩信假装溃败退入背水阵中。赵军全力攻击背水的敌人，汉军则竭力死战。这时，提前埋伏的二千骑兵一跃而起，突袭毫无防备的赵营，转眼之间就把赵旗换成了汉旗。赵营失守后赵军乱了阵脚，韩信乘胜反击，斩了陈馀，生擒了赵王，消灭了赵国。

本来占优势的赵军败在它的统帅陈馀这头蠢驴上，带兵打仗却反对搞不光彩的“小动作”，最终被本比它处于劣势的军队击溃，活该！只是坑害了那二十多万被迫当兵的老百姓，他们因为将帅的愚蠢而不明不白地血洒疆场。

（参见原第57章）

7. 兵不厌诈

“以奇用兵”作为一种战术在实战中可说是千变万化，当然出奇制胜的目的主要是制造假象，造成敌人的错觉和判断上的失误。清代唐甄总结历代兵书的战略战术思想，特别吸取了我们“以奇用兵”的精华。他认为“以奇用兵”至少应包括三个方面：

其一是出其不意，避实击虚。在平坦的大道上，我军所往也是敌军所来，我军争夺它，敌军防御它，这样不容易成功。善于用奇兵的指战员不出击那些当出击的目标，而出击那些看上去不应当出击的目标——没有伏兵的山谷，没有防御的小径，没有堡垒的处所，突袭可以轻而易举地得手。

其二是声东击西，攻其不备。料定必然要遭攻击的地方一定防御坚固，必然要遭攻击的城池一定很牢，必然要遭攻击的时间一定有戒备，正面硬攻必定要吃败仗。善于作战的将军想攻击东线却先攻击西线，这样敌方既要守东又要守西；准备攻前方却先攻后方，这样敌人既要顾头又要顾脚。

其三是制造假象，迷惑敌人。善于用兵的将军不只是调遣手中已有的军队，正规军之外有地方军，无兵之处设疑兵，无军之时装有军，用散兵游勇扰乱敌人，用追兵来牵制敌人，调动少量部队以迷惑敌人的视觉，弄出声音来迷惑敌人的听觉。

刘邦想打回关中，但自知兵力斗不过霸王项羽，他拜韩信为大将军，一切军事听其调遣。韩信吩咐樊哙和周勃，带领一万人修筑去关中的栈道，限期三个月完工。栈道修不起来汉军就过不去，但要修的栈道长三百多里，而且地势不是峭壁就是悬崖，修了才十几天，就死伤几十人，只修了短短的一小段，累得监工和士兵都怨天恨地。樊哙和周勃都是刘邦的旧部下，破口大骂韩信瞎指挥，刘邦撤了他们二人的职，又派来新的将军监督运木料，拉民夫，送粮草。汉王正在修栈道要打回关中的消息满天飞。关中霸王的守将章邯得知这一消息，调兵去挡住东边的栈道口，但他心里暗笑韩信是个草包，这样子修栈道一两年也完不成，把行军大事全当儿戏。

可他万万没有想到，一天他与军妓调情时突然传来急报：刘邦的大军已打到关中！章邯堕入了五里雾中，栈道不是还没有修好吗？汉军难道长着翅膀不成？他哪里知道，韩信带着大军根本没有走栈道，是抄陈仓的小路偷袭关中的，闹毗地修栈道只是障人耳目，使对方忽略了对小路的防守。章邯只知道死守在栈道口，让他白白在那儿等了几个月，一个汉军的影子也没有见着。

这就是历史上著名的“明修栈道，暗渡陈仓”。

（参见原第57章）

8. 战火起于贪欲

在一个君主英明而政治清明的社会里，国家对外不结怨于邻邦，对内施德泽于民众。外不结怨于邻邦则与他国相待以礼，内施德泽于民则待民以仁；待他国以礼便不会燃起战火，待民以仁则君主不至于骄淫。既然外无战事而内禁骄淫，君主就用不着马匹四处征伐，也用不着马匹运输宝玩珍奇，臣民也用不着马来驰骋疆场、冲锋陷阵，上下一心于农业耕种和国家建设，因而在这样的社会里，人们必定会用马来种田。

假如国家君主昏庸而政治黑暗，对内就会压榨、暴虐自己的人民，对外也将侵略、攻打其邻邦；对内暴虐则百业凋敝，对外侵略则战事频仍；百业凋敝牲畜就急遽减少，战事频仍则士卒丧命很多；牲畜少，战马自然就紧缺，士卒死伤太多，军队的战斗力就会低下；战马缺就不得不让快生小驹的母马也用来打仗，士卒少连国内的儿童也得上战场去当炮灰。

成书于西汉时的《盐铁论·未通》中有这样一则记载："听说从前没有征伐胡与越的时候，赋役轻而百姓足，入藏新粮而食用陈谷，衣服暖和又轻便，粮帛充裕，牛马成群。农夫用马耕地载货，人民不知征战骑射。后来师旅征调频繁，战马奇缺以母马入阵，因而驹犊生于战场，六畜不育于家中，五谷不殖于田野，百姓吃不上糟糠。"

战争往往使国家陷入灾难，使人民白白牺牲，除了保家卫国的正义战争能激起人民的参战热情外，大家厌恶和抗拒一切穷兵黩武的不义之战。

杜甫的《兵车行》就是对不义战争的控诉："耶娘妻子走相送，尘埃不见咸阳桥。牵衣顿足拦道哭，哭声直上干云霄……信知生男恶，反是生女好；生女犹得嫁比邻，生男埋没随百草！君不见，青海头，古来白骨无人收。新鬼烦冤旧鬼哭，天阴雨湿声啾啾！"唐天宝十四年（755）唐玄宗发兵远征南诏，"去者无全生，十人九人死。岱马卧阳山，燕兵哭泸水。妻行求死夫，父行求死子"（刘湾《云南曲》)。仗打败了就是士卒送命，仗打胜了却是将军居功，这就是刘湾在《出塞曲》中所说的“死是征人死，功是将军功”。张蠙的《吊万人冢》也说出了征人的心里话:“可怜白骨攒孤冢，尽为将军觅战功。”

那么，统治者为什么总是不顾国家前途和人民生死一次又一次地轻启战端呢？挑起战争的内驱力就是贪欲。

战争是两个集团或敌国之间的武力冲突，敌对双方都想将对方斩尽杀绝以达到各自的目的，而这些目的不外乎对权力的欲望和对财富的占有。

罗素认为，对于统治者来说，在他人身上滥施淫威是一种快乐，依靠他人劳动而生活也是一种快乐，征服者比被征服者无疑更多地享有这两种快乐。

古代斯巴达与特洛伊为争夺美女海伦而大兴干戈，显然不是由于两国国王缺妻少妾；古代中外统治者不断发动开边战争，很少是因为这些国家土地逼仄；希特勒进攻法国和苏联，当然也不是他缺吃少穿。

穷兵黩武无一不是由于统治者的贪婪与荒淫。李白就曾对“青海横行夜带刀，西屠石堡取紫袍”的战事大加挞伐(李白《答王十二寒夜酌有怀》)，李颀也对“年年战骨埋荒外，空见蒲萄入汉家”的国君极度鄙夷(李颀《古从军行》)。

“祸莫大于不知足，咎莫大于欲得。”灾祸没有过于不知足的了，罪过没有过于贪得无厌的了。不幸的是，统治者常常就不知满足，昏君更往往贪得无厌，因而不义的战火就烧个没完。为了满足国王征服的野心，就是送上千百万人的性命也要夺得一寸土地；为了满足国王奢侈的生活，无数男儿的鲜血只换回了几颗葡萄；为了国王的荣耀和尊严，不惜让大地上血流成河，不惜让荒野白骨成堆……统治者为了显示他的威严和强大，总想使别人怕他而不是爱他，总想使邻邦臣服他而不是亲善他，总是想让天下财富个人独占而不愿与人分享，总想让别人屈服而不是让人信服，所以他们总是抑制不住燃起战火的冲动。

战祸正起于贪欲占有，和平则来于恬淡知足。

（参见原第46章）

9. 善战者，不发怒

一提起将军，人们马上就会想到他们“壮志饥餐胡虏肉”那种令敌胆寒的气概，会想到他们“杀人莫敢前，须如猬毛磔”那种粗豪威猛的形象，会想到他们“独立扬新令，千营共一呼”那种万人听命的威风，还会想到“欲将轻骑逐，大雪满弓刀”那誓追穷寇的勇武；一说到战争，人们马上会想起满目怒火的士兵冲锋呐喊，想起鲜血淋漓的肉搏场面，想起抢攻敌人阵地时的奋不顾身，当然还有那胜利会师的欢呼雀跃，或身死城陷的惨烈悲壮。诗人们也着意渲染战争的残酷，赞美将军的英武，描绘将士的震怒，表现杀敌的勇敢。

然而，善战的将帅不逞勇武，善于作战的不轻易动怒，善于克敌制胜的不用与敌人交锋，善于带兵的对士兵关爱谦下。

逞勇尚武便嗜杀好斗，想以强大的武力屈人，这违背了天道不争的原则，违背了以慈用兵的盛德。以武力屈人必然激起武力的反抗，违背天道更为天道所不容。逞勇尚武嗜杀成性一定会招致天怒人怨，天怒人怨哪能不一败涂地？

即使用兵也应当以“恬淡为上”，真正的“善战者”不会轻易动怒。有“道”者不会无缘无故地对别人、别国侵伐暴戾，兴兵不是为了自卫便是为了正义而战。以正义战胜邪恶不同于意气之争，所以无须盛怒后的血气之勇。

再说，从战术上讲发怒也为兵家之大忌，《孙子兵法·火攻》警告君主和将帅说：“主不可以怒而兴师，将不可以愠而致战。”许多重要战役事关整个战争的胜负，实属国家的“死生之地”和民族的“存亡之道”(《孙子兵法·计》)，而“怒可以复喜，愠可以复悦，亡国不可以复存，死者不可以复生”(《孙子兵法·火攻》)。

盛怒之下容易失去理智，失去理智就难以对战事作出冷静的判断，因怒而兴师，当愠而出战，很可能给军队和国家造成不可挽回的损失。刘备听说关云长遭东吴杀害后，在悲怒交集之时要为二弟报仇，不听军师孔明的劝阻，仓促出兵，结果被东吴大将陆逊火烧连营，不仅损兵折将，自己也险些送命——这是怒中兴师的必然下场。

“百战百胜”似乎是对一个将军最高的评价，“杀得敌人片甲不留”好像是一次战役的最大胜利。不过，“不战而胜”才是真正的“善战”将军，未等交战敌军就全部降服才是真正的胜仗。诉诸战争原本就事出无奈，在战场上歼灭敌人也实属下策，最好是在兵刃未接之前就降服敌人，这不是靠兵力强大以凌人，而是因道德的伟大而感人。“将军夸宝剑，功在杀人多”的将军不是好将军(刘商《行营即事》)，凭武力使人屈服远不如以慈爱让人敬服。

古今良将无不爱兵若子。将军只在战时对士兵发号施令，平时对他们的冷暖麻木不仁，以致“战士军前半死生，美人帐下犹歌舞”，这样的军队不将士离心、士气消沉才怪哩。将军只有对士卒富有发自内心的慈爱，士卒才会与将军同心同德，愿意为将军而生，乐意为将军而死，这样的军队才攻无不克、战无不胜。

“不逞强”“不发怒”“不交锋”就是所谓“不争之德”——不与人争斗的德性，对士兵关爱谦下就是所谓“用人之力”——借助他人的力量。秉“不争之德”和靠“用人之力”就与天道相符，与天道相符是自古以来的行为准则。

（参见原第68章）

10. 两军对阵，慈悲者胜

任何一次侵略战争，对被侵略的国家和人民都将造成深重的灾难。近一百年来中华民族饱受列强的欺凌与侮辱，仅抗日战争就死去了两千多万同胞，从鸦片战争以来的割地赔款就更不计其数。侵略战争同样也给侵略者带来灭顶之灾。德国在第二次世界大战中大部分适龄青年都亡命疆场，还有不少儿童被拉去充当炮灰。日本仅盟军轰炸东京时就有几十万军民丧命，还不算死于广岛和长崎原子弹爆炸的市民。

战争对于参战双方都会带来巨大的破坏和心灵的创伤。第一次世界大战德奥意同盟国投降后，英国作家韦尔斯真实地描写了英、法等战胜国人们当时的心境：“人们想笑，也想哭——真是哭笑不得。兴奋的青年们和年轻士兵们组成稀疏而嘈杂的游行队伍，挤过人流，尽力做出欢乐的样子。一尊俘获的德国大炮从陈列许多战利品的马耳大街拖运到特拉法尔加广场，举火焚烧了炮架。鞭炮和花炮到处乱扔。但是人们并没有什么共同的欢乐。每个人几乎都因为损失太重，忍痛太深，没有什么热情去庆祝了。”（韦尔斯《世界史纲》第三十八章）两次世界大战使人类陷入苦难的深渊，使文明濒于毁灭的边缘。

“天之道利而不害，圣人之道为而不争。”也就是说，有道者利物但不害物，施与而不争夺，对宇宙的生命心存敬畏，对人世的苦难满怀怜悯。他们从内心深处否定和厌恶战争，即使别无选择而兴师也“不敢为主而为客，不敢进寸而退尺”——不敢取攻势而宁愿取守势，不敢前进一寸而宁愿后退一尺。

“为主”就是主动燃起战火以伐人，“为客”则属于万不得已而应敌。“进”是故意挑起战端，“退”则是试图躲避争斗。

“为客”也好，“退尺”也罢，它们和前面讲的“不武”“不怒”“不与”一样，反映了体“道”者在战争中不愿进犯而想躲避的心态，表现了他们柔弱而不逞强的风貌。

我们不难想象一个柔弱不争的人在战场的举动：明明有阵势，却像没有阵势可摆，因为他无意于鸣金伐鼓吃掉对方；明明有臂膀，却像没有臂膀可举，因为他讨厌攘臂挥拳的凶相；明明面临强敌，却像没有敌人可以攻打，因为他并不想残害生命；明明有的是武器，却像没有武器可用，因为他不想以武力逞强天下。

再也没有比想以武力无敌于天下更大的祸患了。战争狂人希特勒就想以武力称雄世界，人类永远忘不了法西斯暴殄天物、荼毒生灵的兽行。在世人面前炫耀武力就丧失了我们曾说过的“三宝”——“慈爱”“俭啬”“不居于天下人前面”。企图以武力称雄天下的人不可能以慈悲为怀，相反他会因仇恨人类而以天下人为敌；不可能事事厉行节俭，相反他要肆意挥霍人类的资源；不可能处处退让谦下，相反他要拼命爬在世人头上。

当然，以武力逞强的人都不可能得逞，仇恨人类必为人类所不齿，以天下人为敌必为天下所不容，想爬在世人头上必为世人打倒，想统治天下必为天下人所推翻。当旗鼓相当的两军对阵时，慈悲的一方必定获胜——天道毕竟永远护生而不是杀生。

（参见原第69章）

第十一章

修身与养生

引言

不管是谈养生还是论修身，老子都是从“道”这一最高原则出发的。

《老子》第54章说：“修之于身，其德乃真。”这里所谓“修身”就是我们平常说的“道德修养”，其主要内容包括如下几个方面——

首先是要返朴归真。《老子》15章中说“古之善为道者……敦兮其若朴，旷兮其若谷”，第19章更是强调有“道”者应“见素抱朴”。他还认为只有“复归于朴”才“常德乃足”，只有“复归于婴儿”才“常德不离”（28章）。他之所以将“含德之厚，比于赤子”，是因为他觉得一个人应该永远保持质朴、淳厚和纯真的自然本色。

其次是要“少私寡欲”（19章）。他说“圣人”最大的特点是“欲不欲，不贵难得之货”（64章），人类应该像大道那样“为而不恃”“利而不争”，“无私”适以成其私，“不欲”适以遂其欲，“不争”则天下无人与其争。任何人如果自私多欲就会心为形役、身为物累。《老子》第

12章说："五色令人目盲，五音令人耳聋，五味令人口爽，驰骋田猎令人心发狂，难得之货令人行妨。"

再次是要有自谦之德。既然"大道""为而不恃"，"功成而弗居"，人假如反其"道"而行之就将"自遗其咎"（9章）："自见者不明，自是者不彰；自伐者无功，自矜者不长。……故有道者不处。"（24章）体"道"者有功而不骄，有才而不傲，有能而不矜。

最后有"道"者应当"俭啬"（59章）。"俭啬"兼指修身与养生而言，在修身上表现为恬淡以立身，节俭以爱民；在养生上则表现为省思虑之劳，戒淫逸之欲。

庄子说老子有丰富的"卫生之经"（《庄子·庚桑楚》），后世也把他说成是善养寿且享高寿的隐君子，而道士们更将他附会为神仙之祖。然而《老子》一书既"不言药"也"不言仙"，即使59章中所说的"长生久视之道"，也不过是在阐明"治人事天莫若啬"的道理，"长生久视"也不是指"长生不老"，其本意只是说能尽其天年而已。

如果硬要说老子有什么养生之道的话，那么他养生之道的最大特点就是"自然"，他反对世人"贵生""益生"和"厚生"：

"出生入死。生之徒，十有三；死之徒，十有三；人之生，动之死地，亦有十三。夫何故？以其生生之厚。"（50章）

"益生曰祥，心使气曰强。"（55章）

"夫唯无以生为者，是贤于贵生。"（75章）

对自己的血肉皮囊过分爱惜，厚自奉养，"益"之反而损之，"厚"之反而害之，"贵"之反而贱之，其结果是希望长生却反而短命。

1. 精神体操

“有”既因“无”而生，“形”也因“神”而立；同时，“无”因“有”而显现，“神”则借“形”为依托。谁都知道精神是身体的主宰，没有精神人将行尸走肉；而身体又是人最宝贵的“本钱”，没有了身体人的精神就无所依附——薪尽火就必定不传，烛完则光一定会灭，堤坏后水也难留。

一个健康的人不仅是虎背熊腰百病不生，而且还应形神相亲、灵肉统一，也就是现代心理学家所说的精神与肉体的和谐平衡。

要做到形神相亲和灵肉统一，从生理的角度来说可由练气、引气、调息等方法入手，从古至今人们探索了种种卫生的方法，诸如气功、太极拳、体操等养生活动。“气”与“神”息息相关，“气”竭则“神”必憔。养生必须专精守气以至于柔和的境地，就像气和筋柔的婴儿一样。

要专精守气达到婴儿那种状态，光是注重引气、调息一类的生理活动还不够，最主要的是还应强迫自己坚持做“精神体操”，让我们能抵御来自各种不同精神“病毒”的侵袭。

侵袭人精神的“病毒”好似侵袭人身体的病毒一样防不胜防，如荣华势利使人坐卧不宁，花容玉貌使人魂不守舍，美名盛誉使人忘乎所以，阿谀奉承使人黑白不分……对权势的热衷、对佳人的迷恋和对声名的追逐，好像得自精神上的“遗传”，人人都几乎是不学而会，不劝而行。而这些人们极为痴迷的东西又正是人们精神上的“大麻”和“鸦片”，对它们越是上瘾我们越容易形衰气竭。

只有通过“精神体操”才能涤除种种“精神病毒”，保证我们能抗拒种种外物的诱惑，视尊位大权为赘疣，以美名隆誉为腐臭，哪管它什么贫富穷通，全不在乎荣枯得失，让心灵不着一物不染一尘。清除了所有杂念就能深入静观，此时的心灵像浩瀚的宇宙，“江天一色无纤尘”。内视静观则无所不见，回心反听则无所不闻。感官虽然日接万物，心底却似雁过无痕，眼中有妓而心中无妓，任何诱惑都不能搅扰精神的恬静；心里尽管世事洞然明白透彻，处世却不涉心机不用私智，全然如赤子似的有口无心，大可与麋鹿相处与鸟兽同游。

这时候我们岂止是灵肉和谐，岂止是形神相亲，甚至与天地同其流，随大化而永在。

（参见原第10章）

2. 来也潇洒，去也潇洒

落地为“生”，入地为“死”。世上享高寿的人约占三分之一，短命夭折的约占三分之一，本可长寿却自蹈死地的也占三分之一。

生命对每个人都只有一次，钱弄丢了可以再挣，路走错了可以返回，事做错了可以弥补，但人要是死了一切都无从谈起，所以除了极度的厌世者外，人人都热爱自己的生命。《伊索寓言》中讲了这样一个很有人情味的故事：一位在山上砍柴的老人，将柴扛在肩上翻山越岭又渴又累，走了一大段路以后实在撑不住了，把柴撂在路边歇脚时感叹道：“活着这样受罪，还不如死了好！”死神一听连忙过来问他需不需要帮助。老人并没有要求死神马上把自己带走，反而说：“麻烦你帮忙把这捆柴放到我肩上。”看来古希腊人与我们有着共同的生死观：好死不如赖活。

既然“好死不如赖活”，那么追求生命的长度就成了许多人的人生目标，有的服食养身，有的吐纳养气，有的滋补养颜，有的炼丹求仙。脸上稍有皱纹便去拉皮美容，头上刚生二毛就赶忙去染发，结果养身者各种美味煎熬他们的腑脏，佳酿醇醪烧坏了他们的肠胃，奇香异味侵蚀了他们的骨髓，饮食不节导致百病丛生，艳色淫声使得精疲力竭。炼丹求仙者的下场就更惨了，“服食求神仙，多为药所误”，古代许多人祈求长生反而弄得短命，不少统治者为了长生不老求仙食药，后来不是送了自己的命就是害了他人的命。古往今来求长生不老者千千万万，长生不老的人至今见不到一个。横扫六合一统天下的秦始皇，曾派徐市带数千童男童女入海求仙，到神话传说中的仙山蓬莱去采长生不死药。徐市入海后并没有看到什么仙山，也没有采到什么仙药，回来后却骗秦始皇说：“海里有一条大鲸阻挡了去蓬莱山的航道。”聪明一世的秦始皇竟糊涂一时，亲自带人去海边射死挡道的大鲸，但还是没有采到什么长生不死药，没有过多久他自己就一命归天了。李白曾有一首诗讽刺他说：“尚采不死药，茫然使心哀，连弩射海鱼，长鲸正崔嵬……徐市载秦女，楼船几时回？但见三泉下，金棺葬寒灰。”（《古风》之三）

“生存华屋处，零落归山丘。”坟墓是从皇帝到平民的共同归宿。每个人有生日就必定有忌日，就像有白天就必定有黑夜一样，它是谁都逃避不了的自然规律。庄子说把船藏在山谷里，把山谷藏在深泽中，可以说再牢固不过了，但由于大地不断运动，有些低谷隆起为高山，有些高山又夷为平地，山谷尚且隐藏不住，船儿还能藏得牢吗？高山深谷都会发生变化，何况血肉之躯的人呢？

因而体“道”者能以一种平常自然的心态对待生死，他们既不会贪生也不会恶死。出生了不欢天喜地，要死时不呼天抢地。无拘无束地来，无牵无挂地去；不忘记自己从哪儿来，也不抗拒将要往哪儿去。

死到临头就欣然接受，不想方设法求生，也不绞尽脑汁避死，一切都听从自然的安排，不以心灵智巧去损害“大道”，不用人为方式去破坏天然。

深知生有常理则不厚其生，明白死属自然则不惧其死，祸福不烦其神，生死不变乎己，对于这样的人犀牛无法用上它的角，老虎无法用上它的爪，兵器无法用上它的刃，陆地上不用避猛兽，江河中不用怕蛟龙，战场上不用躲枪炮，任何野兽、任何人、任何武器都奈何他不得。何以如此呢？因为他已经哀乐不能入其腑、死生不能动其心了。

真正的体“道”者既参透死但又热爱生，热爱生却又不畏惧死，因而他们的一生来得潇洒去得也潇洒。

（参见原第50章）

3. 保养元气，乐享天年

无论是治理国家还是调养身心，再没有比厉行“俭啬”更好的了。

“俭啬”之道用于治理国家主要表现为：适动静之节，恤稼穑之艰，省奢靡之费，返淳朴之风。君主躁动则必然多事，多事则必然扰民，扰民则必然导致社会动荡；上层生活奢靡则造成国库空虚，国库空虚就会对人民横征暴敛，横征暴敛必定使得民不聊生，民不聊生就会铤而走险，百姓都铤而走险国家能不灭亡？作为领导人最重要的就是处静以修身，节俭以爱民；处静则不骚扰百姓，节俭则财用有余。统治者喜欢铺张奢侈，大兴土木营造高台深池，不惜人力搜罗珍奇宝玩，以致百官疲而财用乏，赋敛重而民力竭，这样下去必然动摇立国的根基。史载古代明君们往往住所茅茨不剪，身着粗麻之服，食用粗茶淡饭。正是他们身行“俭啬”才使得国运昌隆。

“俭啬”之道用于调养身心则表现为：保聪明之力，免思虑之劳，守淡泊之志，戒淫逸之欲。韩非子对此曾有过精彩的阐述，人们的听力和视力得自自然的赐予，而动静思虑则是人为的努力。我们依靠天生的视力去察看，凭借天生的听力去倾听，仰赖自己的智力去思考，因而视力用得过度就眼不明，听力用得过度则耳不聪，思虑用得过度则头脑昏乱。眼不明就分不清黑白之色，耳不聪就听不出清浊之声，头脑昏乱就辨不出是非成败。两眼分不清黑白之色和大小之形则为瞎，两耳听不清高低之音和清浊之调则为聋，头脑辨别不出是非成败就是迷乱。瞎子不知道避开眼前的险境，聋子不知道避开雷电的危害，心智迷乱的人不知道躲避已经临近的灾祸。

“俭啬”在调养身心中尤其强调节欲。每个人都难免有七情六欲，可以说情欲内在于个体生命存在本身，连儒者也承认“口之于味也有同耆焉……目之于色也有同美焉”(《孟子·告子上》)，告子也认为“食色，性也”。不过，虽然情欲产生于生命本身，过分放纵情欲却有害于生命，这就像蠹虫虽然产生于树木本身，却绝对有害于树木一样。蠹虫太多树木就会枯朽，纵欲无度生命就会衰亡。耳目之于声色，鼻口之于香味，肌体之于安逸，每个人的感受和欲求大体相同，用之有节便有益于身心健康，肆情纵欲则会使人损命。乐之于内就能恬淡清虚，不羡于外就会清心寡欲。恬淡寡欲就能内守精神保养元气，个人身心因而也就精力弥满元气充溢。

保养元气积蓄力量就是谨守“俭啬”之德。以“俭啬”之德养生就无事而不成，治国就无往而不胜。无事不成、无往不胜的人能力就不可估量。能力不可估量的人既能肩负治国的重任，又能兼顾个人的身心调养。

有些人取得天下很快又失去天下，有些人生就健壮体魄却死于盛年。享国日短就是不能保家卫国，享寿日蹙也不能说会保养身心。善保国者在于能安社稷，善养生者在于能享天年。

于国能安社稷，于己能享天年，关键就在于能守“俭啬”之道。这就像树木的生长一样，只有根扎得深柢生得牢才能枝繁叶茂。只有适动静而省思虑、甘淡泊而戒淫逸，才能使国家长治久安，个人得享天年。

可见，治国养生之道在于“俭啬”，而“俭啬”的本质就是“无为”。

（参见原第59章）

4. 欲壑难填

山羊吃足了草料就不再咩咩叫，和栏中的伙伴们一起静静地躺着享清福；老虎咬死了一只肥壮的母鹿，饱餐了一顿新鲜的鹿肉，回到虎窝便鼾声大作；给狗一块带肉的骨头，它就在角落里慢嚼细啃，绝不会四处游荡、狂吠不停。

鸟儿只要筑一个小巢便“栖香正稳”，蛇只要有一个小洞便心满意足，老鼠只要一个窄窝便其乐无穷。鸟离巢，蛇出洞，鼠别窝，要么是因为饥肠辘辘出去寻找食物，要么是因为发情出去追逐“情人”，要么是因为它们的窝巢被其他动物破坏，可以肯定，它们出走绝不是因为觉得自己的“家”太简陋寒酸，比不上别人的宽敞豪华。

人与动物的最大区别，古今中外的学者众说纷纭、莫衷一是，有的说是人懂得“仁义礼智”，有的说是人具有理性，有的说是人创造了语言。这三种说法都失之武断和片面：看看战场上人与人相互残杀，商场上人与人相互利用，老虎与老虎、蛇与蛇之间肯定不会如此残忍；一边发明尖端武器用来杀人，一边又制造良药抢救伤病，也很难说到底是人还是兽更有理性；人创造了各种各样的语言倒是不假，既用它来进行交流也用它来进行欺骗，但谁能肯定各类禽兽之间没有语言交流？老虎的高声吼叫，黄鹂的圆润啼鸣，夜莺的甜美歌声，它们以此在同类中呼朋引类，可见禽兽发出的声音能充分地表情达意，同类的理解也不存在什么困难，至今还没有听说有哪类禽兽聘请人类去做它们的语言翻译。

我认为人不同于禽兽的地方，是禽兽的欲望有限，而人的欲壑难填。禽兽对食物绝不挑肥拣瘦，对“情侣”也不知道喜新厌旧，对“窝居”更不作更高的要求。它们的物质和“精神”生活，绝对符合它们各自的本性，它们对物质和“情侣”的欲求，绝不超出它们的本能。人可就完全不一样了，在餐桌上“食不厌精，脍不厌细”，什么“生猛海鲜”，什么“山珍野味”，什么“珍羞馔玉”，什么“虎髓驼羹”，天上飞的、地上跑的、水中游的无不尝遍，只要条件允许我们会一直吃到对所有美味都没有胃口。唐诗中就描写了这种因贪馋饕餮而对佳肴美食生厌的现象，餐桌上“紫驼之峰出翠釜，水精之盘行素鳞”，而食客却“犀箸厌饫久未下，鸾刀缕切空纷纶”。我们对居室也同样挑剔苛求。自从人类告别了穴居野处以后，谁都讨厌荆扉、白屋、陋室、贫窟，都想住进华堂、大厦、庄园、别墅乃至宫阙，历代诗文中都少不了对“桂殿兰宫”“雕梁画栋”“玉宇琼楼”的描摹和艳羡。“大观园”中虽然装点了“稻香村”，那不过是政客附庸风雅；古代虽然传下了名文《陋室铭》，那不过是诗人在抒写高情，并不真的表明政客文人们想居陋室住茅房。至于人们对美色的贪婪也许更甚于对美食的垂涎，当代一位心直口快的将军说：“岂不爱粉黛，爱河饮尽犹饥渴。”

特洛伊王子勾引斯巴达王后海伦，并不是他自己娶不上太太；西门庆已是妻妾成群，还要去引诱并占有潘金莲；常人也惯被异性弄得魂不守舍："梦魂惯得无拘检，又踏杨花过谢桥。"

由于人类对诸如声色、财富、荣誉、权势的欲望无限膨胀，导致生活越来越奢侈糜烂，心灵越来越放纵驰荡。我们沉湎于各种物欲中不能自拔，缤纷的色彩使人眼花缭乱，喧杂的音调使人耳朵发聋，贪吃美食使人舌不知味，纵情狩猎使人纵逸放荡，稀奇珍宝使人丧心病狂。

欲望和野心一旦漫无节制，尘世一切美味、美声、美色可能都难合其胃口，社会中一切财富、虚荣、权势可能都难使其满足。得到了马上又生厌倦，享受过后便觉空虚，这又将诱发人们寻求更新、更大的刺激，而所求总是多于所得，于是，嗜欲弄得五脏六腑骚动不宁，贪婪使得精神苦闷烦躁。

因此，体"道"的君子生活单纯朴素，但求安饱而不逐声色之娱，也就是常言所说的"为腹不为目"。因为"腹"受而不取，纳而不留，易足而不贪，"目"则易迷于五色，看而不生厌，愈见愈不知足。"目"驰于外，"腹"止于内。"为腹"是以物养己，"为目"则是以己徇物；"为腹"是顺其天性，"为目"则伤于自然；"为腹"反求诸己，使精神内守而不外求，心灵因而恬淡宁静，"为目"则驰骛于外，使心神狂躁不宁，在物欲中丧失生命的真性。

为了趣味纯正，为了精神幸福，为了心灵安宁，我们应戒淫欲而守淡泊，存俭朴而去奢侈。

（参见原第12章）

5. 无欲则刚

战国时宋人曹商替宋王出使秦国，去时已获得车辆数乘，到秦国后秦王喜欢他的媚态，另给他增加了车辆上百乘。受宠若惊的曹商有点飘飘然，一回到宋国就在庄子面前夸耀起来：“像你这样住在陋巷里，穷得靠编草鞋度日，一家人饿得面黄肌瘦，这是我所不及的；一旦见到万乘之主就能博得他的好感，并赐给随从车辆百乘之多，这是我的长处。”庄子鄙夷地对他说：“秦王因病到处召请医生，能消除他毒疮的可获车一乘，愿意舔他痔疮的可得车五乘，所医治的地方越低下，所获得的车辆便越多。你大概是为秦王医治痔疮的吧，不然怎么能得这么多车辆呢？去你的吧！”所从事者越下，所立之功越高，其神态越媚，其得宠便越多。

难怪古人说：得宠和受辱都惊慌失态，对祸患就像对生命一样看重。

什么叫宠辱皆惊呢？邀宠者既人格卑下又利欲熏心，他们在主子面前胁肩谄笑、投机取巧，出售人的尊严换来私欲的满足，以得宠为荣，以失宠为辱。然而，辱因宠至，宠为辱根，刚才被赐以车乘，转眼就可能被施以鞭挞；刚才还被授以爵禄，转眼就可能被投入大牢。这使邀宠的小人受辱既惶恐不安，得宠也惶恐不安。利欲熏心者侍候于公卿之侧，奔走于权贵之门，是得宠还是受辱全凭权贵的喜怒，权贵喜则得宠，权贵怒则受辱。势利小人为了承欢受宠的一时“荣耀”，愿意下贱地阿谀奉承、吹牛拍马，由于他们的命运总是掌握在别人的手上，所以时时如临深渊、如履薄冰，“足将进而趑趄，口将言而嗫嚅”。

为什么把祸患看得像生命那样重要呢？一个自私心重、贪欲习深的人，必定把个人的利益、名声、地位、权势看得高于一切，利益小有损失，地位略有动摇，权势稍有削弱，就可能被视为大祸临头，或勃然而起，或愤愤不平，或牢骚满腹，或绝望哀鸣。为了保住已有的利益名誉和地位权势，不惜露出般般丑态，做出种种秽行，使尽花招伎俩。自私其身者切断了与社会的联系，不能将自己融入更广阔的生命之流，人格既卑微，胸襟更狭小，不仅担心身外的灾祸，更恐惧自身的死亡。许多人“生年不满百，常怀千岁忧”，一发现“颜色改平常，精神自损消”，便“但恐须臾间，魂气随风飘”，以至于“终身履薄冰”，一生在战战兢兢中度日。对死亡心存恐惧表明恐惧者心中有私，把自我的生命视为自己的一种私有财产，自私其身就想抓住自己的生命不放，有占有的欲望就有害怕失去的忧虑。怕死并不是害怕死亡本身，“因为当我们存在的时候，死亡并不存在；而当死亡在这里的时候，我们就不存在”，怕死是怕失去已经占有的东西：躯体、名誉、财产、地位等等。苏格拉底认为怕死鬼通常是“一个爱欲者”，“或者爱财，或者爱名，或者两者都爱”。只有解脱名利的羁绊和生死的束缚，个体完全从自我占有、自我中心的恋我心态中超脱出来，让自己“纵浪大化中”，精神才会“不喜亦不惧”，心灵世界就像浩浩天宇，任云去鸟来过留无迹；又像那汪洋大海，任它波连浪接永远渊静深沉。岂止宠辱不惊，甚至生死无碍，还有什么大患能使我们心神不宁呢？

多欲必定要俯首求人、低三下四，以不光彩的行为求得“光彩”的名利，其为人自然就奴颜婢膝；自私则以自我为中心，看不见也容不下个人之外的天地，其人格哪能不琐屑渺小？俗话说：无欲则刚，无私者大。

无欲者既不想邀功请赏，又不想追名逐利，无求于人才能挺起脊梁，不看人眼色才能扬眉吐气；无私者以天下之名为名，以天下之利为利，以天下之苦乐为其苦乐，其精神自然就宏放，其胸怀自然就博大。

像关心自身冷暖那样关切人民的祸福，像珍惜自己生命那样关注民族的命运，这样无私、无欲和无我的人，定然会给国家、民族乃至人类带来幸福，我们大可放心地将国家、民族和天下托付给他。

（参见原第13章）

6. 理想人格

“道”之为“物”无状无象不声不响，体“道”之士则无形无名戒满戒盈。

善于体“道”并力行其“道”者，为人无不幽微玄远而又精妙通达，深沉精细以致使人难以认识。正因为人们难以识其真容，这儿只能勉强描摹一下他们的人格与肖像——

他是那样机智、勇敢、乐观和自信，在他面前没有克服不了的困难和摆脱不了的困境，所谓“圣人无死地，智者无大难”，他大概就是这种无死地的“圣人”或无大难的“智者”罢。不过，他勇敢但绝不莽撞，机智但绝不轻狂，自信但绝不浮夸，乐观更不忘乎所以。

他立身处世从不妄动躁进，那犹豫畏缩的样子好像是冬天涉足过河，脱掉鞋袜、卷起裤腿要渡河又不想渡河；那谨觉戒惧的样子好像是四面受敌，随时都可能遭到邻里的暗算伏击；那庄重拘谨的样子好像是在他家做客，举手投足都不敢随便放肆；那温和亲切的样子像融融春日，到处冰澌溶泄、春暖花开；那敦厚朴实的样子就像幽深的山谷，敞豁、空旷而又开阔；那宽厚浑朴的样子恰似滚滚的长江大河，包容一切，因而是那样混浊。

犹豫、畏缩、戒惧和拘谨，在现代人眼里都成了消极的品格，今天人们看重的是一往无前的勇敢、破釜沉舟的横心、当机立断的果决，还有那潇洒自如的风度。谁还倾心那些优柔寡断的犹疑？谁还喜欢那胆小如鼠的畏缩？谁还忍受得了呆板乏味的拘谨？人们也真的是太健忘了，历史上“不肯过江东”的悲剧英雄正是当年在江边“破釜沉舟”的项羽，血洒疆场和埋骨边塞的多是那些“本自重横行”的男儿，据说使西晋短命的也是那些潇洒出尘的清谈者。干吗只注重行为的样式和为人的外表而不管行动的最后结局呢？刘邦在历史舞台上也许没有项羽“破釜沉舟”的壮美“造型”，但他最终成了汉朝的开国皇帝。今天中华民族的大多数儿女还被称为“汉人”，我们大多数人在“民族”一栏里也是填写“汉族”。盛唐一代名相姚崇、宋璟等人的举止也许不像王衍那样清通洒脱，但他们也没有像王衍那样使神州陆沉。

“敦厚”在今天也总是隐隐约约地与“老实无用”连在一起，人们青睐的是“精明能干”；“质朴”也别想赢得时人的喝彩，它老是让人联想到“破旧”和“寒碜”；而“浑浊”就更别提了，谁不喜欢“清澈见底”呢？时下到底是一切价值重估的时代，从前那些肯定的品格今天只有否定性的意义，从前圣哲们提倡鼓励的东西常被今人所蔑视和唾弃。譬如就“清”与“浊”来说吧，今人与古人就有完全不同的价值评价，现在的江河湖泊、曲涧回塘无处不浑、无处不浊，人们渴望见到碧水蓝天清澈明亮，古人大概睁眼闭眼就是蓝天碧水。虽然饮用和盥洗他们也喜欢清冽的甘泉，但我们的先人同时也看到了问题的另一面，《礼记》就告诫我们说“水至清则无鱼，人至察则无徒”。水太清了鱼儿在其中就无以活命，人太精了别人就难以和他相处。长江、黄河如果不是泥沙俱下无所不容就不能成其波澜壮阔，个人如果不能宽厚包容就不能凝聚人心，就不能团结广大的群众，就不能成就伟大的事业。

体“道”之士当然也并非只是一味地“浊”，他们动静清浊无施不可。“浊”与“清”相对，“动”与“静”相关，它们分别是体“道”之士不同的存在状态，“浊”见于动荡之时，“清”见于恬静之际。体“道”者动静得宜，“浊”而可复使之“清”，“动”极又归于“静”，“静”处又趋于“生”——创造与生成。

日中则移，月圆便缺。体“道”者深知天道亏盈之理，他们戒盈戒满、戒骄戒躁，聪明睿智而守之以愚笨，多闻博学而守之以寡陋，刚毅勇敢而守之以畏缩，富贵多财而守之以贫俭，广施博济而守之以谦恭。戒盈戒满则无亏无败，不骄不躁则能不断进步，去故更新。

（参见原第15章）

7.“呵，我多伟大！”

大道广泛流行，泽及万物，无远不到，无所不至。万物依靠它而生长，而它对万物从不横加干涉。它滋润了万物，但从不自以为有功。它养育了万物，却从不自居万物之主。它从来就没有私欲贪心，总是那样隐微虚无，因而可以说它很“渺小”；万物都依赖归附它，可它并不主宰万物，因而又可以说它很“伟大”。

正由于“道”不自以为它“伟大”，才成就了它的“伟大”。

古今体“道”者就秉有“道”这种“不自大”和“不为主”的精神，他们有恩于人民却不盘剥人民，有功于民族却不自居为“民族救星”，统一了全国却不当国家的太上皇。

我国历史上有许许多多先烈为了民族的统一和人民的幸福，英勇地献出了自己和亲人的宝贵生命，丝毫没有想到要人民将来感恩戴德。他们不以一家之利为利，而让天下人都受其利；不以一家之害为害，而让天下人都免其害；不以一家之乐为乐，而让天下人都享其乐。鲁迅先生的诗句“俯首甘为孺子牛”，真切地道出了他们的人格与胸襟。范仲淹那句名言“先天下之忧而忧，后天下之乐而乐”也是他们精神与风范的写照。他们无意于流芳百世，但子孙万代都将永远怀念他们；他们从来不自居为什么“英雄”“伟人”，但人民总是把他们作为伟大的民族英雄来歌颂。

那些自封为“千古一帝”“万世圣君”的人则不然，为了夺得天下不惜“屠毒天下之肝脑，离散天下之子女”，就是尸横遍野、血流成河也毫不痛心，还美其名曰是为了千秋万代的幸福；窃取了天下以后又“敲剥天下之骨髓，离散天下之子女”，以供一人或一家的奢侈淫乐，并把这视为理所当然，还大言不惭地说：“老子当年提着脑袋打天下，今天坐了天下还不享受天下？”（参见黄宗羲《明夷待访录·原君》）

汉高帝七年（前200）未央宫落成时，刘邦在未央宫前殿大宴诸侯群臣。他年轻时在家乡沛县中阳里，史家说他“不事家人生产作业”，也就是现在农村中常见的那种游手好闲的无赖，他父亲没少骂这个小儿子不成气，指责他不像老二刘仲那样勤俭持家。当了皇帝后刘邦还对父亲早年的责骂耿耿于怀，此刻他当着众大臣的面回敬父亲说：“始大人常以臣无赖，不能治产业，不如仲力。今某之业所就孰与仲多？”（《史记·高祖本纪》）这几句话活脱脱地勾画出了汉高祖自私无赖的一面，原来他打天下就是为了抢占天下，抢占了天下便把天下当作一家一姓的“产业”，并想把它传之子孙代代享受。

像汉高祖这样历史上的“明君”尚且如此，就更不用说那些数不清的“昏君”了。进入了阶级社会以后，没有一个君主不想宰割天下，没有一个君主不想敲榨人民，难怪有人愤激地说“乾坤大半属偷儿”，难怪有人无奈地喟叹“兴，百姓苦；亡，百姓苦”了。

君主视人民如草芥，人民就视君主为寇仇；君主自封为“明君”“伟人”，人民就骂他为“独夫”“民贼”；君主把天下当作自己的产业，天下人就把君主当作窃国大盗。

把民族的命运与自己的命运连在一起，全民族就把他当作“民族魂”来推崇；为国家的建立和兴盛贡献了自己毕生的心血，国家就将他当作“国父”来敬仰。这里我想起臧克家的名诗《有的人》，它说尽我这篇文章的主旨：

有的人活着，
他已经死了；
有的人死了，
他还活着。

有的人
骑在人民头上：“呵，我多伟大！”
有的人
俯下身子给人民当牛马。

有的人
把名字刻入石头想“不朽”；

有的人
情愿作野草，等着地下的火烧。

骑在人民头上的，
人民把他摔垮；
给人民作牛马的，
人民永远记住他！

把名字刻入石头的，
名字比尸首烂得更早；
只要春风吹到的地方，
到处是青青的野草。

他活着别人就不能活的人，
他的下场可以看到；
他活着为了多数人更好地活着的人，
群众把他抬举得很高，很高。

（参见原第34章）

8. 追名逐利有什么错？

有些哲学家将“人”定义为“社会性的动物”。既然是“动物”，自然就离不开生活的必需品；既然属于“社会性”的，自然就不可能无视他人对自身的正反评价。于是，“人为财死，鸟为食亡”，“有财富才有幸福”，被许多人当作理所当然的铁律。“人留名，树留影”，“人生在世只图名”，名声也被夸大为生命的终极目的。大家在滚滚红尘中钻营争夺，很少有闲暇冷静地想一想：

声名和生命相比哪一个更亲切？生命和财富相比哪一个更重要？得到名利和丧失生命哪一样更有害？

汉语中“声价”一词大概是由“名声”与“价值”或“价格”集合而成的，把“声”与“价”组成固定词组，真是既有趣又有理。一个人在社会上的声誉与他在社会上的价值的确难解难分：名气越大地位就可能越高，名声越响挣钱就可能越多，名书法家一个字就能卖几千几万，名歌星一首歌就能赚几万几十万，名画家一画更值成百上千万，普通人几年甚至几辈子也别想挣回来。

当然，名人的声价有点像股票狂潮，其涨落的速度和幅度有时让人瞠目结舌，多少歌星、影星、小说家和诗人尝过声价狂跌的苦头！昨天还是身价百倍的明星，今日就成了一文不值的卖唱者；前不久还是畅销书作家，转眼就成了制造文字垃圾的写字匠。知名度的高低俨然就是一个人价值的大小。

于是，“名”好像就等于“命”。

古人也并不比我们傻，他们早就发现了“名”的价值。《列子》中有这样一段对话——

杨朱到鲁国去旅游，夜晚在一个姓孟的人家借宿。几句寒暄客套就把主人与客人的距离拉近了，很快他们二人就神侃起来。姓孟的问杨朱说：“老老实实做人就行了，要名声干什么呢？”

杨朱回答说："靠名声来发财致富。"

"有些人已经够富了，为什么还要求名呢？"

"用名声来谋取高贵的地位。"

姓孟的还是迷惑不解地问道："有些人地位已经很显贵了，为什么还要汲汲求名呢？"

"为了死后能留名万世。"

越说姓孟的这位老兄越糊涂："人都已经死了，还要名声有什么用呢？留不留名棺中腐尸能听得见吗？"

"留名为了子孙后代。"

"呵。"

看来古今没有什么两样，名声能给自己带来财富和地位，还能造福子孙后代。有名就有钱有势且不说，有多少纨绔子弟靠一个大名鼎鼎的爸爸或妈妈，就可以四处招摇撞骗，还动不动就出国留洋哩。

再来看看财富与生命的关系吧。

财富原本是人类的创造物，是人们赖以生存的手段，但随着人类私有财产的出现，财产慢慢由人们的生活手段变成了人们生活的目的，由人的创造物变成了人的主宰者，由人用它来生活变成了人为它而生活，由它为人服务变成了人为它而献身。

货币出现以后，人就把自己的本质、能力转让给了钱，于是人创造的钱摇身一变，成了能呼风唤雨的神：钱可以把丑装扮成美，可以把邪恶打扮为善良，可以把卑贱粉饰为高贵；钱可以使驼背的鳏夫娶到大家闺秀，可以使鸡皮黄脸的寡妇重做新娘；钱还可以让仇人变成亲兄弟，同样也可以使亲兄弟变为仇人。

远在晋代就有一位名叫鲁褒的书生写了一篇《钱神论》，非常生动地描写了钱的广大神通："前人说死生有命，富贵在天。我以为死生无命，富贵在钱。何以见得呢？钱能转祸为福，因败为成，危者得安，死者得生，性命长短，福禄贵贱，都在于钱。”

“只要有钱，何必读书？”这是元代一个穷先生的愤激之言。环顾如今这个世道，好像这两句话也不是全无道理。贫穷的天才还得向有钱的蠢材鞠躬致敬。钱成了比人、比才气、比学问更宝贵也更受人尊敬的东西。于是，社会就出现了“人为财死”的现象。

其实，“名”与“利”都外在于生命。追逐名利将使生命丧本离真。庄子把名利视为生命的“外物”，认为这些东西会异化自己的本性，他在《庄子·骈拇》中说：自夏、商、周“三代以下者，天下莫不以物易其性矣。小人则以身殉利，士则以身殉名，大夫则以身殉家，圣人则以身殉天下”。

不管是以生命来追逐名利，还是以生命来征服天下，它们同样都使人丧失本性和异化生命。

由于在世俗眼中“名”是“命”的等价物，所以有人为了沽名而不择手段，有人为了求虚名而宁可得实祸，有人为了占有虚名而宁可失去自我。为了别人羡慕在结婚时大肆铺张，为了别人称赞而举债旅游，为了别人的恭维而假装斯文去听交响乐，为了别人叫好而写诗作文以媚俗，为了浪得虚名一生都为了别人而活，这种人什么时候真正“活”过呢？

假如不明白生命的价值不在于浮名而在于生命自身，不足于己则必求之于外，必定不敢坦露自己生命的真性。在追逐浮名的过程中，人们会“精心”地把真实的“我”隐藏起来，人们的形象就成了他们的假象。他们酷似一个人生舞台上的演员，老是在扮演世俗所期望和指定的角色：诚惶诚恐地侍候君王，满脸堆笑地讨好上司，恭恭敬敬地礼遇长辈，客客气气地对待同事……总之，他们是忠臣、孝子、慈父

（母）、好人，可就是不是他们“自己”。这些人害怕卸下自己的面具，他们的身份就是他们的伪装。奸贼总是要装成忠臣，忤逆也要装成孝子，负心郎不得不装成痴情汉，偷情的荡妇更会在丈夫面前显露忠贞。

如果人人都追逐虚名，那么人世将看不到一张真脸，找不到一颗真心。

陶渊明在《饮酒》这首诗中深有感慨地说：“道丧向千载，人人惜其情。有酒不肯饮，但顾世间名。”不悟“大道”就会追逐世俗浮名，追逐浮名就得压抑自己的生命，就得扭曲自己的本性，为浮名所累就会丧失生命本身。陶渊明清醒地告诫自己也提醒别人说：“吁嗟身后名，于我若浮烟”，“百年归丘垄，用此空名道”。为了虚名天天讨好别人，这样一辈子活得不累吗？为了虚名而丧失自我值得吗？明末小品文作家陈眉公自己既看透了虚名，还告诉儿孙别务虚名，他在《清平乐·闲居付儿辈》一词中说：

有儿事足，一把茅遮屋。若使薄田耕不熟，添个新生黄犊。

闲来也教儿孙，读书不为功名。种竹浇花酿酒，世家闭户先生。

钱财同样也是身外之物，俗话说“生不带来，死不带去”。大家只顾抢着出卖体力、出卖灵魂、出卖肉体捞钱，很少人扪心问一问自己：捞钱的目的是什么呢？人们只知道钱的可贵，却忽视了生命的价值，把“钱”放在“命”之上，出现了“要钱不要命”的怪现象。在市场上买东西争斤夺两、分毫不让，在生活中却分不清生命与金钱孰轻孰重，这到底是愚蠢至极还是聪明过头呢？

人们常说越有钱越贪婪，可是我们要过多的钱干什么呢？

山雀在深林筑巢，所栖不过一枝；老鼠在河中饮水，所饮不过满腹；人在万丈高楼之中，所卧也不过一间。

完全没有钱当然不能生活，但过多的钱又会成为生活的累赘。这就像一个人的十个指头，没有十指生活就不方便，超过了十个又成为负担。财多必害己，多藏必厚亡。

石崇为西晋功臣的后代，自小就有过人的聪明机敏，可为人贪婪成性，在荆州做官时靠抢劫江中客商成为巨富，家中珍宝堆积如山，侍女数百都穿绫着缎。曾与国戚王恺斗富。王恺是晋武帝的舅父，晋武帝在王、石二人的斗富把戏中暗助王恺，曾赐王恺一枝珊瑚树，高二尺，干粗枝密，世所少见。王恺把它拿到石崇面前炫耀，石崇见后拿起铁棍随手将它击碎，王恺以为他在嫉妒自己的珍宝，声色俱厉地吼叫起来。石崇毫不在乎地说："这是小意思，赔你就是了。"随即命令家丁拿出六七枝珊瑚树来，每枝都高三四尺不等，光彩夺目，王恺见后无地自容。石崇的厕所旁也常候着十来个侍女，个个都打扮得妖冶艳丽。他上完厕所还得换一套新衣服出来，连显贵上他家的厕所也感到拘谨不安。后来因得罪赵王伦被收监，他以为最多不过是流放边远地区，等送到刑场才大梦方醒地说："他们是想要我的家财。"押送他的人回答说："你既然知道财多害命，何不早早散尽家财呢？"石崇沉重地低下了头。

要知道知足呵，朋友，想想石崇吧。

（参见原第44章）

9. 祸福相倚

我们一般人通常对于一件事物，只能看到它的已成之局而不能预料到它的将成之势，好就是好，坏就是坏，祸就是祸，福就是福，很少人能从事物的正面看到它的反面，在好事中发现坏的根苗，在坏事中看到好的预兆。其实，灾祸中未必不藏着幸福，幸福中说不定潜伏着祸根。

常言说："祸与福同门，利与害相邻。"佛门对此好像也持有相同的看法，《大般涅槃经·圣行品第七之二》中载：某天一女子进入他人住宅，主人见她容貌华贵艳丽，便殷勤地问道："请问女子姓甚名谁？是谁家淑女？"那女子从容答道："我身就是'功德大天'，我所至之处能随之带来种种金、银、琉璃、珍珠等珍宝。"主人一听说她能带给自己金银财宝，马上便烧香、散花、供奉、礼拜。这时门外又站着另一女子，衣服又脏又破，模样奇丑无比，主人正在兴头上忽然看到如此丑陋的姑娘觉得十分晦气，便不耐烦地问道："门外站着的姑娘是什么人？叫什么名字？"丑姑娘回答说："我的名字叫'黑暗'，我所到之处能让主人家的一切家财全都倾家荡产。"主人听后连忙操起利刃威胁说："你这个倒霉鬼还不快滚，当心我要你的命！"丑女孩不慌不忙地说："你也真是蠢到家了。你家中这位靓妹子就是我姐姐，我与姐姐进退与共，你若赶我走，也就是赶我姐走。"主人进屋问"功德大天"女子，这位靓妹子证实了丑姑娘的话："她的确是我妹妹，她与我总是形影不离。"主人这才意识到在得到金银财宝的同时也将失去金银财宝，祸与福原本就相伴相随。

《淮南子·人间训》中讲了这样一则故事，说的是北方边疆地区有一户人家，他儿子的马跑到胡地去了，左邻右舍怕他失马伤心，都上他家来安慰他，想不到他的父亲满不在乎地说："马跑到胡人那边去了当然算是遭灾，但谁知道这不是福的前奏呢？"果不其然，几个月后那匹跑失了的马带了几匹胡人的骏马回来。邻居们听到消息后都来道贺，他的父亲脸上没有半点兴奋之色，只是淡淡地说："怎么知道这不是祸呢？"后来事情的发展被他不幸而言中，因他家中有很多良马，他儿子又好骑射，一次不小心从马上摔下来跌跛了腿。邻居们见此情景又上门来看望他，可是他好像并不为儿子摔残废了而难过，反而无所谓地说："怎么知道这不是福呢？"一年后，胡人大举入侵，村中的健壮青年都被征去打仗，战争中打死打残十之八九，他儿子由于跛足的原因得以留在家中，弟兄几个只有他独享天年。

人生或因祸而得福，或因福而致祸，或因利而受害，或因害而获利。春秋时阳虎在鲁国专权作乱，鲁君命令国人紧闭城门逮捕他，捕得者受重赏，放走者当重罚。城门被围了里三层外三层，阳虎绝望地准备举剑自尽。守门人制止说："何必如此灰心呢？人生的路还很长，我放你出去吧。"阳虎这才有机会突破重围，他急忙提剑倒戈而逃，守门人将他放出来时，他反而以戈刺伤了放走他的守门人。放走他的守门人埋怨说："我与你无亲无故，因同情你才让你逃走，为此我犯下死罪，你不感激我也罢了，反而还以戈刺伤我，这真是天降下的灾祸呀！"后来鲁国国君听说阳虎逃出了重围勃然大怒，打听他是从哪个城门逃走的，让负责安全的人逮捕放走他的守门人。结果受伤者有重赏，未受伤者定重罪。放走阳虎的守门人身负重伤，一时成了不怕死的英雄，这次他真的因祸得福了。

祸福的循环没有定准，没有人知道它的究竟。

前不久报上载了这样一则新闻：湖南省某市一个工人家里养了两个儿子，大儿子在高考中名落孙山，亲戚朋友都斜着眼看他，他的父母也认为这个孩子的前程算是完了。接着他很长时间又没有找到工作，成了社会上通常所说的那种“待业青年”，人们把他看成家里和社会上的“多余人”。小儿子在高考中一举高中，被北京一所名牌大学录取，成了社会和家中的宠儿，父母把他视为掌上明珠，家里的一切都向他倾斜。然而，几年后他们弟兄两人的结局却出人意料之外：哥哥待业两年后在一家皮鞋厂做临时工，由于他工作勤奋和技术日渐熟练，被聘为车间主任，后来这家皮鞋厂因经营不善连年亏损，在全厂职工大会上他勇敢地承包了这个厂，不仅使这家濒临破产的工厂起死回生，生意越做越大，产品还远销国外，如今他已是远近闻名的企业家和大亨。恰好是高考落榜给了他沉痛的教训，使他意识到自己面前的人生道路并不平坦，社会上的白眼使他特别渴望经济的独立与人格的尊严，这些都成了激发他向上的动力。弟弟开始时的人生道路太顺了，父母亲戚的宠爱，同学朋友的恭维，使他逐渐飘飘然起来。上大学以后怕吃苦，爱虚荣，讲排场，经常上舞厅追逐异性，为了自己生活得潇洒，为了在女友面前摆阔气，他大把大把地挥霍父母的血汗钱，而且多次在校内外偷窃行骗，最后被公安部门拘留，学校也开除了他的学籍。

祸与福实在是循循相因、连皮带骨，所以遇上灾祸用不着垂头丧气，交上了好运也别趾高气扬。

有“道”者并不能保证自己无祸，但能保证自己不招祸，不能肯定自己必然有福，但能肯定自己努力创造幸福；祸来了并非所求，所以他们处穷而不忧伤，福来了也不是求其所成，所以他们得志而不炫耀；总是反省自己是否努力奋斗了，但从不在乎自己将来的祸福穷通。

（参见原第58章）

10. 修身与养真

春秋时期楚庄王曾问大臣詹何说：“詹何呀，你给我谈谈治国之方吧？”詹何回答说：“我只知道如何治身，但不知道如何治国。”楚庄王相当坦诚地说：“好不容易才有了楚国这偌大的江山，我一定得学会如何治理它和保卫它。”詹何也直言不讳地说：“还从没有听说过国君修身整饬而国家贫穷大乱的，也从没有听说过国君荒淫堕落而国家富强昌盛的，可见，修身为治国之本，治国只是修身的末事，大王千万别舍本逐末呵。”

儒道两家虽然都讲“修身”，但前者以“修身”为“治国”的手段，后者则以“治国”为“修身”的末事。儒家经典《大学》首章就说：“故欲明明德于天下者，先治其国；欲治其国者，先齐其家；欲齐其家者，先修其身。”修身、齐家、治国、平天下就是儒家为每个人规定的生命历程和历史使命，它明白地阐明“修身”本身不是目的，它不过是日后“治国”的必要准备。

与之相反，庄子在《让王》篇中却说：“道之真以治身，其绪余以为国家，其土苴以治天下。由此观之，帝王之功，圣人之余事也，非所以完身养生也。”也就是说以“道”修身养真才是目的，治理国家只是修身养真的副产品，治理天下更是修身养真的剩余土芥，帝王那些盖世功业不过是体“道”者的余事而已。

当然，体“道”者强调以修身养真为本而以其余事治国，绝不是要否定和鄙弃“治国平天下”，只是主张崇本以息末或守母以存子，君主如能以修身为本，治国之末事则自在其中。

人不论贤愚都有自己的价值取舍，在清醒平静和恬淡寡欲时，几乎没有人不知道避祸趋福。然而，当我们被主观好恶所左右、被外在奢侈品所诱惑时，内心急遽的骚动引起思维的混乱，就是大祸临头也不能觉察、不知躲避，古往今来“饮鸩止渴”的聪明人还不多吗？恬淡则知取舍之义，虚静则识祸福之机，而世俗中人通常利欲熏心，见利便忘其义，纵欲而忘其身，他们总是被功名利禄所左右，因美色金钱而动心。体“道”者以“道”为取舍标准，他们性情凝定而专一，尽管见到世人所喜好的珍奇宝玩也不为它诱惑，即使有诱人的东西处在眼前也不为它所动摇，所以善于建树者不为物动，善于抱持者未尝中断。如果子孙仍能抱一守道，以同样的原则为人处世，并以同样的原则守护宗庙，他们世世代代的祭祀就将香火绵延永不断绝。

以“道”修身就不会被世俗所污染，就能做到“见素抱朴”。“见素”则明自然之道，“抱朴”则守自然之性，而能明自然之道、守自然之性便能抱一守真。

既然以“道”治身其“德”便真，那么以“道”治家其“德”便有余，以“道”治乡其“德”便久长，以“道”治国其“德”便广大，以“道”治天下其“德”便普遍。

我们不妨以个人的眼光来观察个人，以家庭的视角来观察家庭，以一乡的角度来观察一乡，以国家的角度来观察国家，以天下的角度来观察天下，小至一人一乡，大至国家天下，治之以“道”则德真、家兴、国盛、天下昌。

修身养真是兴邦治国之本，而抱一守道又是修身养真之本，只要能体“道”以修身养真，人民便无言而化，国家便无为而治，天下便自然安乐太平。

（参见原第54章）

11. 结怨与解怨

重圆的破镜总要留下痕迹，和解大怨总会留下宿怨，与其重圆破镜不如不摔碎圆镜，与其和解大怨不如不去结怨。“度尽劫波兄弟在，相逢一笑泯恩仇”，终归是诗人美好的想象和良好的愿望，在现实生活中，恩仇哪能“一笑”就可“泯”掉？

怎样才能避免结怨呢？

要想不结怨于人就得有无私的奉献精神，只是给予而不求索取，对于国家和对于个人都应如此。

对于国家来说，如果打天下为的是将来好坐天下，而坐天下又为的是好霸占天下和独享天下，那么他就是抢占天下的“窃国大盗”。窃一人之财会被一人痛恨，窃天下之财就会被天下人痛恨。有些人开始也许对人民做了一丁点好事，或许对国家有一丁点功劳，有恩于人受恩者当然充满感激，有功于国人民也自然会记取，可要是由于略施小惠就要别人终身报答，立点小功就要在国人头上拉屎拉尿，这和在别人贫困危难时放高利贷赚钱有什么两样？人们也许还记得莎士比亚《威尼斯商人》中那位高利贷者夏洛克，他惯于乘人之危牟取暴利，成了人人唾骂的自私小丑。更不用说那些无恩于人无功于国的暴君或贪官了，他们想的是如何损人利己，做的是尽量蠹国自肥，这伙人是千夫所指的独夫民贼。

对于个人来说也是一样，无私克己才不会结怨于人。老想占别人的便宜，老想贪图小利，老是与人斤斤计较，这种人能不招人怨恨吗？尤其是那些喜欢逞强斗狠的家伙，身边人人都受够了他的欺侮，因而处处都是他的冤家对头。这种人看起来好像聪明过人，其实是愚蠢到了极点，以一人之才与天下人斗智，以一已之力与天下人斗强，本想做人人敬畏的英雄，最后却成了人人喊打的老鼠。

体“道”者即使拿着借据的存根，也不向借债人强行要求偿还。有德者就像手拿借据的人那样宽容，无德者则像催租收税的人那样计较。

《战国策·齐策》载，齐孟尝君的门客冯谖代他去薛地收债，冯谖拿着借据向主人辞行说：“债款收到后替您买点什么东西回来？”主人回答说：“你看家中缺少什么就买什么吧。”冯谖到薛地后让地方官员召借债人都来验证借据，借据一一验证后，便假托主人的命令将债款全部免掉，并当众烧掉所有借据，百姓感动得连呼“孟尝君万岁”。冯谖连夜赶回齐国，清晨便去求见孟尝君。孟尝君奇怪他收债怎么如此之快：“债款都收到了吗？怎么这样快呀？”“全收齐了。”“买些什么东西回来了？”“临走前您说‘家中缺少什么就买什么’，我私下想了想，您家中堆积珍宝，狗马充实外厩，美人住满堂下，家中缺少的只是对人民的恩义，所以我私自为您买回了恩义。”“买回什么恩义？”“您今天的封邑只有一个小小的薛地，不仅不知道爱护那里的人民，反而像商人一样从他们身上榨取利息，薛地的人民能不怨恨吗？我假托您的命令免去人民所有债务，还当众烧掉了全部借据，当地百姓都感动得连呼‘孟尝君万岁’——这就是我为您买回的恩义。”孟尝君大为恼火地说：“你算了吧。”一年后齐王免去了孟尝君的职务，他只好到自己的封邑薛地来。离薛地还有一百多里路程，薛地百姓听说孟尝君到来，家家扶老携幼夹道相迎。孟尝君见此情景回头对冯谖说：“先生去年为我买回的恩义，今天我才亲眼见到了，真要感谢您呀！”

当然，冯谖矫命免去借债人的债务，为的是替主人经营“狡兔三窟”，这未免太过于“机心”。

有“道”者则无心于施惠而仁至，无意于行好而人和，因而，施与者并不自以为有德，受惠者也想不到感恩，于是恩怨两忘，物我一体，这还用得着去化解怨仇吗？

天道对人既无亲疏也无偏爱，可遵循“利物而无害，施与而不争”这一天道的人，天道将永远和他同在。

（参见原第79章）

附录：《老子》原文及注释

（1）今本《老子》原文，以任继愈《老子新译》原文为底本（上海古籍出版社1985年版），参校楼宇烈《王弼集校释·老子道德经注》（中华书局1980年版）、陈鼓应《老子注译及评介》（中华书局1984年版）、张舜徽《周秦道论发微·老子疏证》（帛书本）（中华书局1982年版）原文，异文择善而从。

（2）注释博采众说，间下己意。

第1章

道，可道，非常道；名，可名，非常名。①

无，名天地之始；有，名万物之母。故常无，欲以观其妙；常有，欲以观其徼。②

此两者，同出而异名，同谓之玄。玄之又玄，众妙之门。③

本章阐述"道"的本质和特征。

① 可道，可说。常道，永恒的道。名可名，可说出的名。

② 始，开端。母，根本，根源。徼，边的意思，引申为终极。

③ 玄，深黑色，此处有深远、奥妙等意思。众妙之门，一切奥妙的总门。

第2章

天下皆知美之为美，斯恶已；皆知善之为善，斯不善已。①

故有无相生，难易相成，长短相形，高下相盈，音声相和，前后相随。②

是以圣人处无为之事，行不言之教。万物作焉而弗始，生而弗有，为而弗恃，功成而弗居。夫唯弗居，是以不去。③

本章说明一切事物都有对立面，并各自以对方为存在的依据，同时还阐述了“无为”的思想。

① 恶，丑。斯恶已，于是就有了丑。

② 盈，包含。一作“倾”，对立。

③ 是以，所以，因此。圣人，指有道的人。无为，老子哲学中的重要概念，强调顺应事物的自然而否定人为干预。夫唯，正因为。去，失去。

第3章

不尚贤，使民不争；不贵难得之货，使民不为盗；不见可欲，使民心不乱。①

是以圣人之治，虚其心，实其腹，弱其志，强其骨，常使民无知无欲。使夫知者不敢为也。为无为，则无不治。②

本章进一步阐述无为的思想。

① 尚，推崇。贤，有能力的人。可欲，容易引起贪欲的东西。

② 知者，智者，此处指自作聪明的人。为无为，前一个“为”是

动词，做的意思。以无为的原则办事。

第4章

道冲而用之，或不盈。[①]渊兮，似万物之宗；挫其锐，解其纷；和其光，同其尘。[②]湛兮，似或存。吾不知谁之子，象帝之先。[③]

本章说明道的本质和特点。

①冲，虚或空的意思。不盈，不满，不尽，不穷竭。

②渊，幽深。锐，锋芒。和，涵蓄。同，混同。

③湛，没、无的意思。谁之子，从哪儿产生。象帝之先，好像出现在天帝以前。

第5章

天地不仁，以万物为刍狗；圣人不仁，以百姓为刍狗。[①]

天地之间，其犹橐籥乎？虚而不屈，动而愈出。多言数穷，不如守中。[②]

本章从政治的角度阐述无为的思想。

①仁，慈爱。刍狗，古代祭祀时用草扎成的狗。

②橐籥，风箱。不屈，不穷竭。数穷，加速失败。数，通“速”。中，通“冲”，虚静。守中，保持虚静。

第6章

谷神不死，是谓玄牝。[①]玄牝之门，是谓天地根。[②]绵绵若存，用之不勤。[③]

本章说明道是万物的根源。

① 谷神，指“道”。玄牝，雌性动物的生殖器。此处将道比喻为幽深的雌性生殖器。

② 根，根源。

③ 不勤，不尽。

第7章

天长地久。

天地所以能长且久者，以其不自生，故能长生。[①]

是以圣人后其身而身先，外其身而身存。[②]非以其无私邪？故能成其私。[③]

本章说明无为而无不为的思想。

① 不自生，不为自己。

② 外其身，将自身置之度外。

③ 成其私，达到个人的目的。

第8章

上善若水。水善利万物而不争，处众人之所恶，故几于道。[①]

居善地，心善渊，与善仁，言善信，政善治，事善能，动善时。夫唯不争，故无尤。②

本章仍然阐明无为而无不为的思想，主张以柔克刚、以退为进。

① 上善，最高的善。处众人之所恶，居于大家不喜欢的地方。几，接近。

② 渊，沉静。与，与人相交，相处。动善时，行动善于把握时机。尤，过失。

第9章

持而盈之，不如其已。揣而锐之，不可长保。①

金玉满堂，莫之能守。富贵而骄，自遗其咎。②

功成身退，天之道。

本章说明自满自傲的害处，告诉人们应功成不居。

① 持，执持，引申为要求。盈，充满。已，止，停止。揣而锐之，磨得尖锐。

② 自遗其咎，自取灾难。

第10章

载营魄抱一，能无离乎？①专气致柔，能如婴儿乎？涤除玄览，能无疵乎？②爱民治国，能无为乎？天门开阖，能为雌乎？明白四达，能无知乎？③

生之畜之，生而不有，为而不恃，长而不宰，是谓玄德。[④]

本章进一步发挥无为的思想。

① 载，语气助词。营魄抱一，形神合一。无离，不分离。

② 涤除，除去杂念。玄览，深入静观。

③ 无知，不用私智。

④ 畜，繁殖。玄德，深远的德。

第11章

三十辐共一毂，当其无，有车之用。[①]

埏埴以为器，当其无，有器之用。[②]

凿户牖以为室，当其无，有室之用。[③]

故有之以为利，无之以为用。

本章阐述“有”与“无”的关系：“无”为本，“有”为用。

① 辐，车轮中连接轴心与轮圈的木条。共，即“拱”，拱卫、集中的意思。毂，车轮中心的圆孔，插辐的地方。

② 埏埴，和陶土。

③ 户牖，门窗。

第12章

五色令人目盲，五音令人耳聋，五味令人口爽，驰骋田猎令人心发狂，难得之货令人行妨。[①]

是以圣人为腹不为目，故去彼取此。

本章认为应该过一种宁静淡泊的生活，精神务于内而不逐于外。

① 口爽，口病，失去味道。田猎，猎取禽兽。行妨，损害他人的行为。

第13章

宠辱若惊，贵大患若身。[①]

何谓“宠辱若惊”？宠为下，得之若惊，失之若惊，是谓宠辱若惊。

何谓“贵大患若身”？吾所以有大患者，为吾有身；[②]及吾无身，吾有何患？

故贵以身为天下，若可寄天下；爱以身为天下，若可托天下。[③]

本章认为大患在于有身，如果去身，何患之有？

① 贵，重视。身，身体。

② 为，因为。

③ 贵以身为天下，以看重自己身体的态度为天下。

第14章

视之不见，名曰“夷”；听之不闻，名曰“希”；搏之不得，名曰“微”。[①]此三者，不可致诘，故混而为一。[②]

其上不皦，其下不昧，[③]绳绳兮不可名，复归于无物。[④]是谓无状之状，无物之象，是谓惚恍。迎之，不见其首；随之，不见其后。

执古之道，以御今之有。[⑤]能知古始，是谓道纪。[⑥]

本章重在描述道体的特点。

① 夷、希、微，这三个字都是用来形容道体不可通过感官感受。搏，摸的意思。

② 致诘，追究。

③ 皦，明亮。昧，阴暗。

④ 绳绳，形容渺茫、不清楚的样子。

⑤ 有，指具体事物。

⑥ 道纪，道的规律。

第15章

古之善为道者，微妙玄通，深不可识。夫唯不可识，故强为之容：[①]

豫兮若冬涉川，犹兮若畏四邻，俨兮其若客，涣兮若冰之将释，敦兮其若朴，旷兮其若谷，混兮其若浊。[②]

孰能浊以静之徐清，孰能安以动之徐生?

保此道者不欲盈，夫唯不盈，故能蔽而新成。[③]

本章是对得道之士的描写和赞美。

① 微妙玄通，细致、精妙、深远、通达。强为之容，勉强对他的形象加以描述。

② 豫，迟疑慎重。冬涉川，冬天涉水过河。犹，警戒的样子。俨，庄严。涣，流动洒脱。敦，敦厚，朴实。旷，开阔旷远。混，

指心地宽广，包容一切。

③ 不欲盈，不求自满。蔽而新成，去旧更新的意思。

第16章

致虚极，守静笃。[①]万物并作，吾以观其复。[②]

夫物芸芸，各复归其根。归根曰静，静曰复命。复命曰常，知常曰明。[③]不知常，妄作，凶。知常，容。[④]容乃公，公乃王，王乃天，天乃道，道乃久，殁身不殆。[⑤]

本章阐述致虚守静的功夫。

① 致，达到。虚，指心境空明。“极”和“笃”都是指顶点、极度。

② 复，循环往复。

③ 芸芸，纷杂茂盛。归其根，回到它的本原。复命，回归本性。常，变化中之不变的规律。

④ 容，包容。

⑤ 公，大公。王，天下归从以为王。天，自然。殁身不殆，终身免于危险。

第17章

太上，不知有之；其次，亲而誉之；其次，畏之；其次，侮之。[①]信不足焉，有不信焉。悠兮其贵言。[②]功成事遂，百姓皆谓“我自然”。

本章的中心论旨是：治国的最佳方法是无为。

① 太上，指最好的统治者。不知有之，人民不知道他的存在。

② 信不足，不足以取信于人。悠，悠闲，悠闲的样子。贵言，不轻易发号施令。

第18章

大道废，有仁义；智慧出，有大伪；[1]六亲不和，有孝慈；[2]国家昏乱，有忠臣。

本章抨击了儒家的仁义忠孝，认为它们是社会病态的表征。

① 大伪，严重的虚伪。

② 六亲，父、子、兄、弟、夫、妇。

第19章

绝圣弃智，民利百倍；[1]绝仁弃义，民复孝慈；绝巧弃利，盗贼无有。此三者以为文，不足。[2]故令有所属：见素抱朴，少私寡欲，绝学无忧。[3]

本章提出救治社会病态的方法："见素抱朴，少私寡欲。"

① 圣，聪明。

② 文，文饰。

③ 有所属，有所归属。

第20章

唯之与阿，相去几何？ 善之与恶，相去若何？人之所畏，不可不畏。

荒兮，其未央哉！[①]

众人熙熙，如享太牢，如登春台。[②]

我独泊兮，其未兆，如婴儿之未孩，儽儽兮，若无所归。[③]

众人皆有余，而我独若遗。我愚人之心也哉！沌沌兮！[④]

俗人昭昭，我独昏昏；俗人察察，我独闷闷。澹兮其若海，飂兮若无止。[⑤]

众人皆有以，而我独顽似鄙。我独异于人，而贵食母。[⑥]

本章阐明有道者与俗人的区别。

① 唯，恭敬的答应。阿，斥责的声音。荒，指远古时代。央，结束，终结。

② 熙熙，无忧无虑、快乐的样子。太牢，备有牛、羊、豕的宴席。

③ 泊，淡泊。未兆，没有迹象，无动于衷。孩，婴儿笑声。儽儽，疲倦。

④ 沌沌，混沌。

⑤ 昭昭，清楚。察察，严厉苛刻。闷闷，淳朴。

⑥ 有以，有用。贵食母，以守道为贵。

第21章

孔德之容，惟道是从。[①]道之为物，惟恍惟惚。惚兮恍兮，其中有象；恍兮惚兮，其中有物。[②]窈兮冥兮，其中有精；其精甚真，其中有信。③

自古及今，其名不去，以阅众甫。吾何以知众甫之然哉！以此。④

本章描述道的特点。

① 孔德，大德。

② 象，形象。恍、惚，都指不清楚的样子。

③ 窈，深远。冥，暗昧。精，细微物质的实体。信，真实。

④ 以阅众甫，以观察万物的起源。甫，始。以此，原因就在此。

第22章

曲则全，枉则直；洼则盈，敝则新；少则得，多则惑。①

是以圣人抱一，为天下式。不自见，故明；不自是，故彰；不自伐，故有功；不自矜，故长。②

夫唯不争，故天下莫能与之争。古之所谓“曲则全”者，岂虚言哉！诚全而归之。

本章从正反两面论述无为而无不为的思想。

① 枉，屈。

② 抱一，守道。式，法式。伐，夸。矜，自高自大。

第23章

希言自然。①

故飘风不终朝，骤雨不终日。②孰为此者？天地。天地尚不能久，而况于人乎？故从事于道者同于道，德者同于德，失者同于失。[3]同于道者，道亦乐得之；同于德者，德亦乐得之；同于失者，失亦乐得之。

信不足焉，有不信焉。[4]

本章阐明道的原则，强调清静无为之政。

① 希言自然，少说话合乎自然。

② 飘风，大风。

③ 道者同于道，从事于道的人便与道同体。

④ “信不足”两句，不值得信任，人民才不相信。

第24章

企者不立，跨者不行；自见者不明，自是者不彰；自伐者无功，自矜者不长。[1]

其在道也，曰余食赘行。[2]物或恶之，故有道者不处。

本章说明躁进自炫不足取。

① 企，踮起脚尖。跨，跃。

② 余食赘行，剩饭赘瘤。

第25章

有物混成，先天地生。[1]寂兮寥兮，独立而不改，周行而不殆，可以为天下母。[2]吾不知其名，强字之曰“道”，强为之名曰“大”。

大曰逝，逝曰远，远曰反。

故道大，天大，地大，人亦大。域中有四大，而人居其一焉。

人法地，地法天，天法道，道法自然。

本章描述道的特征。

① 混成，混然而成。

② 寂，没有声音。寥，没有形体。不殆，不息。母，根源。

第26章

重为轻根，静为躁君。[①]

是以圣人终日行不离辎重。虽有荣观，燕处超然。[②]奈何万乘之主，而以身轻天下？

轻则失根，躁则失君。

本章举出重与轻、静与躁两对矛盾，并在矛盾对立双方之中肯定前者而否定后者。

① 根，根基。君，主宰。

② 辎重，行军带的粮食装备等。荣观，游玩享乐的地方。燕处，安居。

第27章

善行，无辙迹；善言，无瑕谪；善数，不用筹策；善闭，无关楗而不可开；善结，无绳约而不可解。[①]

是以圣人常善救人，故无弃人；常善救物，故无弃物。是谓袭明。[②]

故善人者，不善人之师；不善人者，善人之资。不贵其师，不爱其资，虽智大迷，是谓要妙。[③]

本章申说自然无为的思想。

① 辙迹，轨迹。瑕谪，过失。筹策，古代计数的工具。关楗，栓梢。

② 袭明，含藏着聪明。

③ 资，借鉴，凭借。要妙，精要玄妙。

第28章

知其雄，守其雌，为天下溪。[①]为天下溪，常德不离，复归于婴儿。

知其白，守其黑，为天下式。为天下式，常德不忒，复归于无极。[②]

知其荣，守其辱，为天下谷。为天下谷，常德乃足，复归于朴。

朴散则为器，圣人用之，则为官长。故大制不割。[③]

本章强调尚柔守雌的原则。

① 雄，喻指雄强躁进。雌，喻指柔静不争。

② 式，楷模，法式。忒，差错。

③ 朴，指道。器，具体事物。大制，完善的政治。

第29章

将欲取天下而为之，吾见其不得已。[①]天下神器，不可为也。[②]为者败之，执者失之。

故物或行或随，或歔或吹，或强或羸，或载或隳。[③]

是以圣人去甚，去奢，去泰。[④]

本章阐述无为的政治思想。

① 取天下，治理天下。不得已，得不到。

② 神器，政权。

③ 歔，张口出气。羸，瘦弱。载，安。隳，毁坏。

④ 甚，极端。泰，太过。

第30章

以道佐人主者，不以兵强天下。其事好还。[①]师之所处，荆棘生焉；大军之后，必有凶年。

善有果而已，不敢以取强。[②]果而勿矜，果而勿伐，果而勿骄，果而不得已，果而勿强。

物壮则老，是谓不道，不道早已。[③]

本章是第28章贵柔守雌的引申：反对“以兵强天下”。

① 其事好还，用兵一定要得到报应。

② 果，成功，达到了目的。

③ 早已，早死，过早终结。

第31章

夫兵者，不祥之器，物或恶之，故有道者不处。[①]

君子居则贵左，用兵则贵右。[②]兵者不祥之器，非君子之器，不得已而用之，恬淡为上。胜而不美，而美之者，是乐杀人。夫乐杀人者，则不可以得志于天下矣！[③]

吉事尚左，凶事尚右；偏将军居左，上将军居右，言以丧礼处之。杀人之众，以悲哀泣之。战胜，以丧礼处之。

本章是上章反战思想的延伸。

① 兵，武器。

② 左、右，古人以左为阳，右为阴，阳生而阴杀。

③ 美，得意洋洋的样子。

第32章

道常无名。朴虽小，天下莫能臣。侯王若能守之，万物将自宾。[①]

天地相合，以降甘露，民莫之令而自均。[②]

始制有名，名亦既有，夫亦将知止，知止可以不殆。[③]

譬道之在天下，犹川谷之于江海。

本章仍然阐述无为的政治思想。

① 朴，指道。宾，服从。

② 自均，自然均匀。

③ 始制有名，有了管理，因而有了名称。殆，危险。

第33章

知人者智，自知者明；胜人者有力，自胜者强。知足者富，强行者有志，不失其所者久，死而不亡者寿。①

本章谈论个人的修养。

① 死而不亡，身死而道犹存。

第34章

大道泛兮，其可左右。①万物恃之以生而不辞，功成而不有。衣养万物而不为主，常无欲，可名于小；万物归焉而不为主，可名为大。②

以其终不自为大，故能成其大。

本章阐述道的作用。

① 泛，水四处流溢。

② 衣养，护养。可名于小，可以算是渺小。

第35章

执大象，天下往，往而不害，安平泰。①

乐与饵，过客止。②道之出口，淡乎其无味，视之不足见，听之不足闻，用之不可既。③

本章继续阐述道的作用。

① 执，掌握，执守。大象，大道。

② 乐与饵，音乐和美食。

③ 既，尽。

第36章

将欲歙之，必固张之；将欲弱之，必固强之；将欲废之，必固兴之；将欲夺之，必固与之。是谓微明。[①]

柔弱胜刚强。鱼不可脱于渊，国之利器不可以示人。[②]

本章阐明“柔弱胜刚强”的思想。

① 歙，收敛。微明，不易看见的聪明。

② 脱，离开。利器，有效的武器。

第37章

道常无为而无不为。[①]侯王若能守之，万物将自化。[②]化而欲作，吾将镇之以无名之朴。无名之朴，夫亦将不欲；不欲以静，天下将自定。

本章阐述“无为而无不为”的思想。

① 无为，顺其自然，不妄为。无不为，没有什么事办不成。

② 自化，自生自长。

第38章

上德不德，是以有德；下德不失德，是以无德。

上德无为而无以为，下德为之而有以为。

上仁为之而无以为，上义为之而有以为。

上礼为之而莫之应，则攘臂而扔之。[①]

故失道而后德，失德而后仁，失仁而后义，失义而后礼。夫礼者，忠信之薄，而乱之首也。[②]

前识者，道之华，而愚之始也。

是以大丈夫处其厚，不居其薄；处其实，不居其华。故去彼取此。

本章进一步阐述“无为而无不为”的思想。

① 莫之应，得不到回应。攘臂，挽起袖子露出臂。

② 薄，衰薄，不足。

第39章

昔之得“一”者：天得一以清，地得一以宁，神得一以灵，谷得一以盈，万物得一以生，侯王得一以为天下贞。[①]

其致之也，谓天无以清，将恐裂；地无以宁，将恐发；神无以灵，将恐歇；谷无以盈，将恐竭；万物无以生，将恐灭；侯王无以贞，将恐蹶。[②]

故贵以贱为本，高以下为基。是以侯王自谓孤、寡、不穀，此非以贱为本邪？非乎？故致数舆无舆，不欲琭琭如玉，珞珞如石。[③]

本章前半部分讲道的作用，后半部分说明政治家应体认道的特性。

① 得一，得道。贞，通“正”，首领。

② 发，震动。歇，停止，消失。蹶，跌倒，失败。

③ 不榖，不善。榖，善。舆，即誉。致数舆无舆，过分追求荣誉则无誉。琭，美玉。珞，坚石。

第40章

反者，道之动；弱者，道之用。[①]

天下万物生于有，有生于无。

本章讲道的特性与作用。

① 动，指道的循环运动。用，作用。

第41章

上士闻道，勤而行之；中士闻道，若存若亡；下士闻道，大笑之。不笑不足以为道。[①]

故建言有之：明道若昧，进道若退，夷道若颣，上德若谷，大白若辱，广德若不足，建德若偷，质真若渝，大方无隅，大器晚成，大音希声，大象无形。

道隐无名。[②]夫唯道，善贷且成。[③]

本章阐述道的特性。

① 勤，积极。

② 建言，可能指古代的谚语或歌谣。夷，平坦。颣，不平坦。偷，怠惰。质真，朴质真纯。渝，改变。大方无隅，最方正却似无棱角。

③ 善贷且成，善于辅助使之完成。贷，帮助。

第42章

道生一，一生二，二生三，三生万物。万物负阴而抱阳，冲气以为和。[①]

人之所恶，唯孤、寡、不穀，而王公以为称。故物或损之而益，或益之而损。人之所教，我亦教之。强梁者不得其死，吾将以为教父。[②]

本章说明道为万物之基和柔弱为处事之理。

① 冲气以为和，阴阳二气在冲突中达到调和。

② 强梁者，强暴的人。教父，教人的开端。

第43章

天下之至柔，驰骋天下之至坚。无有入无间，吾是以知无为之有益。

不言之教，无为之益，天下希及之。[①]

本章从柔弱胜刚强阐明"无为"的好处。

① 驰骋，奔走。无间，没有空隙。希，少。

第44章

名与身孰亲？身与货孰多？[①]得与亡孰病？

甚爱必大费，多藏必厚亡。[②]

故知足不辱，知止不殆，可以长久。

本章告诉人们应知止知足。

① 多，尊重，重视。

② 大费，沉重的代价。

第45章

大成若缺，其用不弊。大盈若冲，其用不穷。大直若屈，大巧若拙，大辩若讷。[①]

静胜躁，寒胜热，清静为天下正。[②]

本章通过几种表与里的反差现象阐明清静无为的思想。

① 大成，最完满（圆满）的东西。冲，虚，空。屈，曲。讷，口吃。

② “静胜躁，寒胜热”原作“躁胜寒，静胜热”，据蒋锡昌《老子校诂》改，参见陈鼓应《老子注译及评介》第四十五章。

第46章

天下有道，却走马以粪；天下无道，戎马生于郊。[①]

祸莫大于不知足，咎莫大于欲得。故知足之足，常足矣！

本章重在戒贪戒欲。

① 却走马以粪，以战马来种田。

第47章

不出户，知天下；不窥牖，见天道。其出弥远，其知弥少。

是以圣人不行而知，不见而名，不为而成。[①]

本章说明认识的重点不在于外在经验而在于直观内省。

① 是以，因此。名，通“明”。

第48章

为学日益，为道日损。损之又损，以至于无为。无为而无不为。[①]

取天下，常以无事；及其有事，不足以取天下。

本章认为应弃绝探求外物的认知活动，这样才能做到“无为而无不为”。

① 为学，指旨在探求外物的认知行为。

第49章

圣人常无心，[①]以百姓心为心：善者，吾善之；不善者，吾亦善之。德善。信者，吾信之；不信者，吾亦信之。德信。[②]

圣人在天下，歙歙焉为天下浑其心，百姓皆注其耳目，圣人皆孩之。③

本章说明理想的统治者不应以主观的是非好恶为标准，而应“以百姓心为心”，落脚点仍在于无为。

① 今本作“无常心”，据帛书《老子》乙本改。

② “德善”“德信”的“德”，同“得”，得到。

③ 歙歙，和谐的样子。孩，使之像孩子。

第50章

出生入死。生之徒，十有三；死之徒，十有三；人之生，动之死地，亦十有三。①

夫何故？以其生生之厚。盖闻善摄生者，陆行不遇兕虎，入军不被甲兵。兕无所投其角，虎无所措其爪，兵无所容其刃。夫何故？以其无死地。②

本章说明养生的最好办法不是厚生而是清静无为，少私寡欲。

① 出生入死，离开生路，走向死亡。徒，通“途”，途径；一说“徒”为类或属的意思。十有三，十分之三。

② 生生之厚，求生太过。摄生，养生。兕，犀。兵，武器。以其无死地，因为没有进入死亡范围。

第51章

道生之，德畜之，物形之，势成之。是以万物莫不尊道而贵德。

道之尊，德之贵，夫莫之命而常自然。①

故道生之，德畜之，长之育之，亭之毒之，养之覆之；生而不有，为而不恃，长而不宰。是谓玄德。②

本章申论道是万物本源和主宰。

① 畜，养育。莫之命，不发号施令。

② 亭之，使……结果实。毒，成熟。玄德，深远的德。

第52章

天下有始，以为天下母。既得其母，以知其子；既知其子，复守其母，没身不殆。①

塞其兑，闭其门，终身不勤。开其兑，济其事，终身不救。②

见小曰明，守柔曰强。用其光，复归其明，无遗身殃，是谓袭常。③

本章认为道是万物的根本，道的特点是自然无为，守道就是要退守柔弱，心智不向外驰骛。

① 没身，终身。

② 兑，孔窍。勤，勤劳，劳扰。

③ 见小曰明，能察见细微处才是明。袭常，承袭常道。

第53章

使我介然有知，行于大道，唯施是畏。[①]

大道甚夷，而民好径，朝甚除，田甚芜，仓甚虚；服文彩，带利剑，厌饮食，财货有余，是谓盗夸。非道也哉！[②]

本章抨击了政治的腐败和政客的奢侈。

① 介然，确实相信。施，邪，邪路。

② 径，捷径，小路。朝，宫殿。除，整洁。厌，饱足。盗夸，强盗头子。非道，不合乎道。

第54章

善建者不拔，善抱者不脱，子孙以祭祀不辍。[①]

修之于身，其德乃真；修之于家，其德乃余；修之于乡，其德乃长；修之于邦，其德乃丰；修之于天下，其德乃普。[②]

故以身观身，以家观家，以乡观乡，以邦观邦，以天下观天下。吾何以知天下然哉？以此。[③]

本章阐明以道修身的益处。

① 拔，动摇。脱，脱落。辍，断绝。

② 丰，大。

③ 以身观身，从个人的观点来观照个人。以此，就是用这种方法。

第55章

含德之厚，比于赤子。毒虫不螫，猛兽不据，攫鸟不搏。骨弱筋柔而握固，未知牝牡之合而朘作，精之至也。终日号而不嗄，和之至也。①

知和曰常，知常曰明，益生曰祥，心使气曰强。

物壮则老，谓之不道，不道早已。②

本章要求人们通过修身回到婴儿那种纯真的境界。

① 牝牡之合，喻男女交合。朘作，小孩生殖器勃起。朘，小孩生殖器。嗄，哑。

② 益生，纵欲贪生。祥，灾祸。强，逞强。早已，过早死亡。

第56章

知者不言，言者不知。

塞其兑，闭其门，挫其锐，解其纷，和其光，同其尘，是谓玄同。①

故不可得而亲，不可得而疏；不可得而利，不可得而害；不可得而贵，不可得而贱。故为天下贵。②

本章阐述“玄同”的人生境界。

① 兑，孔窍。玄同，玄妙齐同。

② “不可得而亲”两句，对他既不可亲近也不可疏远。

第57章

以正治国，以奇用兵，以无事取天下。[①]吾何以知其然哉？以此：天下多忌讳，而民弥贫；民多利器，国家滋昏；人多技巧，奇物滋起；法令滋彰，盗贼多有。[②]

故圣人云："我无为，而民自化；我好静，而民自正；我无事，而民自富；我无欲，而民自朴。"

本章阐述无为的政治思想。

① 奇，指出奇制胜。

② 忌讳，对某些行为、语言的禁忌。利器，锐利武器。滋，更加。彰，明白。

第58章

其政闷闷，其民淳淳；其政察察，其民缺缺。[①]祸兮福之所倚，福兮祸之所伏！孰知其极？[②]其无正也。正复为奇，善复为妖。人之迷，其日固久。

是以圣人方而不割，廉而不刿，直而不肆，光而不耀。[③]

本章阐明矛盾双方的辩证关系。

① 闷闷，宽宏。淳淳，淳厚。察察，严苛。缺缺，狡诈。

② 极，极限，最后。

③ 方而不割，方正但不生硬。廉而不刿，锐利但不伤人。肆，放肆。光而不耀，光亮但不刺眼。

第59章

治人、事天，莫若啬。①

夫唯啬，是谓早服，早服谓之重积德。②**重积德，则无不克；无不克，则莫知其极；莫知其极，可以有国。有国之母，可以长久。是谓深根、固柢、长生、久视之道。**③

本章说明治人、侍天的原则——“啬”，也就是要求人积蓄力量、充实生命。

① 事，侍奉。啬，吝啬，它指爱惜精神、积蓄力量。

② 早服，早作准备。

③ 有国之母，保国的根本之道。久视，长生。

第60章

治大国，若烹小鲜。①

以道莅天下，其鬼不神。②**非其鬼不神，其神不伤人。非其神不伤人，圣人亦不伤人。夫两不相伤，故德交归焉。**

本章阐述无为的治国之道。

① 小鲜，小鱼。

② 莅，临。神，起作用，灵验。

第61章

大国者下流，天下之交，天下之牝。①**牝常以静胜牡，以静为下。**②

故大国以下小国，则取小国；小国以下大国，则取大国。[③]故或下以取，或下而取。[④]大国不过欲兼畜人，小国不过欲入事人。夫两者各得其所欲，则大者宜为下。

本章阐述国与国之间相处的原则。

① 下流，居于下流。交，归附。牝，雌，指居于雌的地位。

② 牡，雄。

③ 下，谦下。取，取得(信赖)。

④ “下以取”与“下而取”，大国以谦下取得小国的信赖，小国以谦下才能取得大国的信任。

第62章

道者，万物之奥。善人之宝，不善人之所保。[①]

美言可以市尊，美行可以加人。[②]人之不善，何弃之有？故立天子，置三公，虽有拱璧以先驷马，不如坐进此道。[③]

古之所以贵此道者何？不曰求以得，有罪以免邪？故为天下贵。

本章阐述道的作用。

① 奥，藏，有庇荫的意思。

② 市，收买，博得。加，凌驾。

③ 何弃之有，怎么能把他舍弃？三公，太师、太傅、太保。拱璧，圆镜形中有孔的玉。驷马，四匹马驾的车。进，地位低的人向地位高的人进贡东西。

第63章

为无为，事无事，味无味。[①]大小多少，报怨以德。

图难于其易，为大于其细。[②]天下难事，必作于易；天下大事，必作于细。是以圣人终不为大，故能成其大。[③]

夫轻诺必寡信，多易必多难，是以圣人犹难之，故终无难矣。[④]

本章前半部分讨论无为的思想，后半部分讨论矛盾双方相互转化的问题。

① 味无味，把无味当作有味。

② 图，计划，规划。

③ 不为大，不做大事。

④ 犹难之，更重视困难。

第64章

其安易持，其未兆易谋，其脆易泮，其微易散。[①]为之于未有，治之于未乱。

合抱之木，生于毫末；九层之台，起于累土；千里之行，始于足下。

为者败之，执者失之。是以圣人无为，故无败；无执，故无失。

民之从事，常于几成而败之。[②]慎终如始，则无败事。

是以圣人欲不欲，不贵难得之货；学不学，复众人之所过，以辅万物之自然而不敢为。[③]

本章阐述“慎终如始”的处事原则，并重申自然无为的思想。

① 持，保持。兆，征兆。泮，消解。

② 几，快要，差不多。

③ 复，弥补。

第65章

古之善为道者，非以明民，将以愚之。[①]民之难治，以其智多。故以智治国，国之贼；不以智治国，国之福。

知此两者亦稽式。常知稽式，是谓玄德。玄德深矣，远矣，与物反矣，然后乃至大顺。[②]

本章认为治国不是要教民机巧，而是要引导人民保持淳朴。

① 明民，使人民聪明。

② 稽式，法则。大顺，与道高度一致。

第66章

江海所以能为百谷王者，以其善下之，故能为百谷王。[①]

是以圣人欲上民，必以言下之；欲先民，必以身后之。是以圣人处上而民不重，处前而民不害。是以天下乐推而不厌。以其不争，故天下莫能与之争。[②]

本章说明统治者只有“不争”，才能“天下莫能与之争”。

① 百谷王，所有河流的首领。

② 上民，在人民之上，即统治人民。先民，在人民前面，即带

领人民。重，负担，压迫。害，妨害。厌，厌弃。

第67章

天下皆谓我道大，似不肖。夫唯大，故似不肖；若肖，久矣其细也夫！[①]

我有三宝，持而保之：一曰慈，二曰俭，三曰不敢为天下先。慈，故能勇；俭，故能广；不敢为天下先，故能成器长。[②]

今舍其慈且勇，舍其俭且广，舍其后且先，死矣！

夫慈，以战则胜，以守则固。天将救之，以慈卫之。

本章说明在政治、军事、做人方面的三个原则“慈”“俭”“不敢为天下先”。

① 肖，像，相似，此指与具体东西相像。

② 慈，宽容。俭，吝啬，有而不用。器长，万物的首领。

第68章

善为士者不武，善战者不怒，善胜敌者不与，善用人者为之下。[①]是谓不争之德，是谓用人之力，是谓配天，古之极。[②]

本章申述“不争之德”。

① 士，战士的领导，作将帅讲。武，逞勇武。与，对付，应付。

② 用人之力，利用别人的力量。极，准则，法则。

第69章

用兵有言："吾不敢为主而为客，不敢进寸而退尺。"[①]是谓行无行，攘无臂，扔无敌，执无兵。[②]

祸莫大于轻敌，轻敌几丧吾宝。故抗兵相加，哀者胜矣！[③]

本章阐述以退为进的用兵之道。

① 为主，采取攻势，主动进攻。为客，取守势。

② 行无行，无阵势可摆。攘，举起。扔，对抗。兵，武器。

③ 吾宝，即上章的"三宝"。抗兵相加，两军相当。哀，慈悲。

第70章

吾言甚易知，甚易行。天下莫能知，莫能行。言有宗，事有君。[①]夫唯无知，是以不我知。知我者希，则我者贵。是以圣人被褐怀玉。[②]

本章说明自己的思想未被世人理解，所以出现"知我者希"的局面。

① 言有宗，言论有主旨。事有君，行事有主宰。

② 希，少。则，以为法则，效法。贵，难得。被褐怀玉，外着粗衣而内怀美玉。

第71章

知不知，上；不知知，病。[①]夫唯病病，是以不病。[②]圣人不病，以其病病，是以不病。[③]

本章阐述自知之明的思想。

① 知不知，明白自己不知道。不知知，不知道却自以为知道。

② 病病，把病当作病。是以，所以。

③ 以其，因为。

第72章

民不畏威，则大威至！[①]无狎其所居，无厌其所生。夫唯不厌，是以不厌。[②]

是以圣人自知不自见，自爱不自贵。[③]故去彼取此。

本章说明治国治民不能用高压手段。

① “民不畏威”两句，人民不畏惧统治者威力的时候，那么更大的祸乱就要发生了。

② 狎，逼迫。厌，压迫。

③ 见，同“现”，表现。

第73章

勇于敢则杀，勇于不敢则活。[①]此两者，或利或害。[②]天之所恶，孰知其故？是以圣人犹难之。

天之道，不争而善胜，不言而善应，不召而自来，繟然而善谋。天网恢恢，疏而不失。[③]

本章申述柔弱不争的生活态度。

① 勇于敢则杀，勇于奋不顾身就会死。

② 或利或害，或得利或受害。

③ 应，回应，回答。繟，缓慢。恢恢，广大。失，漏失。

第74章

民不畏死，奈何以死惧之？若使民常畏死，而为奇者，[①]吾得执而杀之，孰敢？

常有司杀者杀。夫代司杀者杀，是代大匠斫。夫代大匠斫者，希有不伤其手者矣！[②]

本章对统治者实行的严刑峻法提出抗议。

① 奇，奇诡。为奇，做不正常的事情。

② 司杀者，专门负责杀人的人。斫，砍，削。

第75章

民之饥，以其上食税之多，是以饥。

民之难治，以其上之有为，是以难治。[①]

民之轻死，以其上求生之厚，是以轻死。[②]

夫唯无以生为者，是贤于贵生。[③]

本章谴责统治者的虐政害民，主张治国应淡泊无为。

① 有为，强作妄为，指虐政。

② 求生之厚，养生过于奢厚。

③ 贤于贵生，高于过分看重生命的人。

第76章

人之生也柔弱，其死也坚强。①草木之生也柔脆，其死也枯槁。

故坚强者，死之徒；柔弱者，生之徒。②

是以兵强则灭，木强则折。强大处下，柔弱处上。③

本章申述柔弱胜刚强的思想。

① 坚强，人体变得僵硬。

② 死之徒，属于死亡的一类。

③ 下，劣势。上，优势。

第77章

天之道，其犹张弓欤？高者抑之，下者举之；有余者损之，不足者补之。

天之道，损有余而补不足，人之道则不然，损不足以奉有余。

孰能有余以奉天下？唯有道者。

是以圣人为而不恃，功成而不处，其不欲见贤。①

本章揭露了统治者“损不足以奉有余”的贪婪欺诈。从反面阐述无为的为政之道。

① 见，表现。贤，聪明才智。

第78章

天下莫柔弱于水，而攻坚强者莫之能胜，以其无以易之也。[①]

弱之胜强，柔之胜刚，天下莫不知，莫能行。

是以圣人云："受国之垢，是谓社稷主。受国之不祥，是谓天下王。"正言若反。[②]

本章仍然申述柔弱胜刚强的思想。

① 易，代替。

② 垢，屈辱。社稷，国家。不祥，灾殃，灾难。正言若反，正面的话像反面的。

第79章

和大怨，必有余怨，安可以为善？[①]

是以圣人执左契，而不责于人。[②]有德司契，无德司彻。

天道无亲，常与善人。[③]

本章告诫为政者不得积怨于民。

① 和，和解。怨，仇怨。

② 左契，放债人所持的借债人的借据存根。责，索还欠债。

③ "司契""司彻"都是古代贵族的管账人。司契只凭借据收债，显得宽裕从容；司彻负责税收，对交租纳税者苛严计较。无亲，没有偏爱。与，亲近，帮助。

第80章

小国寡民。使有什伯之器而不用，使民重死而不远徙。[①]虽有舟舆，无所乘之；虽有甲兵，无所陈之。使民复结绳而用之。[②]甘其食，美其服，安其居，乐其俗。邻国相望，鸡犬之声相闻，民至老死，不相往来。

本章描述了老子“小国寡民”的社会理想。

① 寡，少。什伯之器，各种各样的器具。重死，看重死亡，畏死。徙，迁徙。

② 结绳，文字产生前，先人在绳上打结以记事。

第81章

信言不美，美言不信。

善者不辩，辩者不善。

知者不博，博者不知。[①]

圣人不积，既以为人，己愈有；既以与人，己愈多。[②]

天之道，利而不害。圣人之道，为而不争。

本章通过美与真、辩与善、博与知二者之间的关系，阐述“为而不争”的“圣人之道”。

① 信言，真话。辩者，能说会道的人。博，炫耀自己知识广博。

② 积，积藏，贮藏。

［全书完］

戴建业精读老子

产品经理｜张莉莉　书籍设计｜陆　震
技术编辑｜顾逸飞　责任印制｜刘　淼
产品总监｜贺彦军　出 品 人｜吴　畏

图书在版编目（CIP）数据

戴建业精读老子 / 戴建业著. -- 上海：上海文艺出版社, 2019
ISBN 978-7-5321-7291-7

Ⅰ. ①戴… Ⅱ. ①戴… Ⅲ. ①道家②《道德经》- 通俗读物
Ⅳ. ①B223.1-49

中国版本图书馆CIP数据核字(2019)第135588号

出 版 人：陈　徵
责任编辑：陈　蔡
特约编辑：张莉莉
封面设计：陆　震

书　名：戴建业精读老子
作　者：戴建业
出　版：上海世纪出版集团　上海文艺出版社
地　址：上海市绍兴路 7 号　200020
发　行：果麦文化传媒股份有限公司
印　刷：天津丰富彩艺印刷有限公司
开　本：660mm × 960mm　1 / 16
印　张：21.25
字　数：255 千字
印　次：2019 年 8 月第 1 版　2019 年 9 月第 4 次印刷
印　数：25, 001−40, 000
I S B N：978-7-5321-7291-7 / I · 5804
定　价：58.00 元